utb 5461

Eine Arbeitsgemeinschaft der Verlage

Böhlau Verlag · Wien · Köln · Weimar
Verlag Barbara Budrich · Opladen · Toronto
facultas · Wien
Wilhelm Fink · Paderborn
Narr Francke Attempto Verlag / expert verlag · Tübingen
Haupt Verlag · Bern
Verlag Julius Klinkhardt · Bad Heilbrunn
Mohr Siebeck · Tübingen
Ernst Reinhardt Verlag · München
Ferdinand Schöningh · Paderborn
transcript Verlag · Bielefeld
Eugen Ulmer Verlag · Stuttgart
UVK Verlag · München
Vandenhoeck & Ruprecht · Göttingen
Waxmann · Münster · New York
wbv Publikation · Bielefeld

Professionalität und Professionalisierung pädagogischen Handelns
Herausgegeben von Cathleen Grunert

Band II

Jörg Dinkelaker
Kai-Uwe Hugger
Till-Sebastian Idel
Anna Schütz
Silvia Thünemann

Professionalität und Professionalisierung in pädagogischen Handlungsfeldern: Schule, Medienpädagogik, Erwachsenenbildung

Verlag Barbara Budrich
Opladen & Toronto 2021

Die Autoren:
Prof. Dr. Jörg Dinkelaker, Institut für Pädagogik, Martin-Luther-Universität Halle-Wittenberg
Prof. Dr. Kai-Uwe Hugger, Department Erziehungs- und Sozialwissenschaften, Universität zu Köln
Prof. Dr. Till-Sebastian Idel, Institut für Pädagogik, Carl von Ossietzky Universität Oldenburg
Dr. Anna Schütz, Service Agentur „Ganztägig lernen“ Berlin, Deutsche Kinder- und Jugendstiftung Berlin, Brandenburg, Mecklenburg-Vorpommern
Dr. Silvia Thünemann, Erziehungs- und Bildungswissenschaften, Universität Bremen

Bibliografische Information der Deutschen Nationalbibliothek
Die Deutsche Nationalbibliothek verzeichnet diese Publikation in der Deutschen Nationalbibliografie; detaillierte bibliografische Daten sind im Internet über https://portal.dnb.de abrufbar.

Gedruckt auf säurefreiem und alterungsbeständigem Papier.

www.budrich.de

utb-Bandnr. 5461
utb-ISBN 978-3-8252-5461-2

Online-Angebote oder elektronische Ausgaben sind erhältlich unter www.utb-shop.de.

Satz: Linda Kutzki, Berlin – www.textsalz.de
Umschlaggestaltung: Atelier Reichert, Stuttgart
Titelbildnachweis: pixabay, DavidRockDesign
Druck und Bindung: Pustet GmbH & Co KG, Regensburg
Printed in Germany

Inhaltsverzeichnis

Vorwort 9

Professionalität im Handlungsfeld Schule **13**
Till-Sebastian Idel/Anna Schütz/Silvia Thünemann

1 Ansätze der schulbezogenen Professionsforschung 16
 1.1 Der Persönlichkeitsansatz 19
 1.2 Der kompetenztheoretische Ansatz 22
 1.3 Der strukturtheoretische Ansatz 25
 1.4 Der kulturtheoretisch-praxeologische Ansatz 29
 1.5 Der berufsbiografische Ansatz 32

2 Durchgängige theoretische Fragestellungen 37
 2.1 Krise und Routine: Wie planbar ist und wie ungewiss bleibt pädagogisches Handeln? 37
 2.2 Wissen und Können: Kann ich etwas, weil ich es weiß oder weiß ich etwas, weil ich es kann? 42
 2.3 Reflexivität: Kompetenz oder Haltung? 45
 2.4 Organisation und Profession: Was begrenzt die professionelle Autonomie? 49

3 Professionsentwicklung – Diskussionen um aktuelle Herausforderungen 52
 3.1 Die Ausbildung von Lehrpersonen 56
 3.2 Individualisierung und neue Lernkultur 59
 3.3 Kooperation und Multiprofessionalität 63
 3.4 Schulentwicklung und Professionalisierung 65

4 Fazit: Quo vadis? Professionalisierung und Professionsentwicklung im Handlungsfeld Schule 69

5 Literaturverzeichnis 72

Tabelle 1: Ansätze der schulbezogenen Professionsforschung 16
Tabelle 2: Reflexionsfoki der aufgezeigten Diskursstränge zur Professionsforschung 47

Professionalität und Professionalisierung im Handlungsfeld Medienpädagogik **83**
Kai-Uwe Hugger

1 Ausdifferenzierung des medienpädagogischen Berufsfeldes 85
Beispiel Medienkompetenzförderung 85
1.1 Medienpädagogischer Kernbereich 86
1.2 Erster Randbereich 87
1.3 Zweiter Randbereich 87

2 Erwartungen an die Kompetenzen von medienpädagogisch Handelnden 90
2.1 Medienpädagogische Kompetenzanforderungen aus bildungspolitischer Perspektive 90
2.2 Medienpädagogische Kompetenz aus Sicht der Berufspraxis 94
2.3 Zwischen Medienkompetenz, medienpädagogischer Kompetenz, Medienbildung und Mediendidaktik 98

3 Professionalisierung medienpädagogischen Handelns 112
3.1 Medienpädagogik als Profession 114
3.2 Strategien medienpädagogischer Professionalisierung 114

4 Fallbeispiele handlungsorientierter Medienpädagogik 123
Fallbeispiel: Interkulturelle Filmprojekte mit Jugendlichen 123
Fallbeispiel: Verwobenheit von virtuellen und realen Räumen 125
Fallbeispiel: Förderung digitaler Teilhabe 128

5 Fazit 133

6 Literaturverzeichnis 135

Abbildung 1: Schwierige Voraussetzungen für die Entwicklung von medienpädagogischem Handeln im Unterricht aus Sicht von Lehrer*innen einer Hauptschule in Nordrhein-Westfalen. Quelle: Breiter/Welling/Stolpmann 2010, S. 130f. 97

Abbildung 2: Welche Faktoren beeinflussen die Wirkung digitaler Medien im Unterricht. Quelle: Herzig 2014, S. 10 108

Professionalität und Professionalisierung in der Erwachsenenbildung/Weiterbildung **141**
Jörg Dinkelaker

Einleitung 141

1 Dimensionen der Beruflichkeit in der Erwachsenenbildung 144
1.1 Begriffsklärung: Profession – Professionalität – Professionalisierung 144
1.2 Historische Verschiebung der Leitkonzepte 149

2 Programmplanungshandeln als Kern erwachsenenpädagogischer Professionalität 156
2.1 Historischer Ausgangspunkt der Professionalisierungsdebatte 156
2.2 Das Problem der Vermittlung zwischen institutionellen Ebenen (Hans Tietgens) 158
2.3 Prinzipienorientierung trotz einschränkender Bedingungen (Horst Siebert) 162
2.4 Kommunikative Vermittlung divergierender Perspektiven (Wiltrud Gieseke) 166
2.5 Umgang mit widersprüchlichen Handlungsanforderungen (Aiga von Hippel) 168
2.6 Vergleich 172

3 Professionalität auch in der Durchführung von Bildungsveranstaltungen? 174
3.1 Das aufkommende Interesse an der Professionalisierung auch des Lehrens 174
3.2 Zwei Modelle der Professionalität des Lehrens in der Erwachsenenbildung 179

4 Aktuelle Fragen 189
4.1 Die Entgrenzungsdebatte – Gibt es eine professionelle Zuständigkeit auch für die Begleitung des Lernens Erwachsener außerhalb von Bildungsveranstaltungen? 189
4.2 Autonomieermöglichung – Bringt die berufsförmige Begleitung des Lernens Erwachsener eine Infragestellung oder eine Stärkung des Erwachsenenstatus mit sich? 192

4.3 Professionalität ohne Profession – selbstverantwortete Beruflichkeit als Bedingung gelingenden pädagogischen Handelns? 195

5 Über- und Ausblick: Warum sich Fragen der Professionalisierung und der Professionalität in der Erwachsenenbildung in spezifischer Weise stellen 199

6 Literatur 204

Abbildung 1: Die in der Programmplanung zu vermittelnden Ebenen (Grafik: JD) 159
Abbildung 2: Bedingungen und Prinzipien der Programmplanung (aus Siebert 1991, S. 95) 164
Abbildung 3: Entwicklung des Zahlenverhältnisses zwischen HPM und Kursleitenden (aus Kraft 2006, S.3) 175

Vorwort

Der vorliegende Band von Jörg Dinkelaker, Kai-Uwe Hugger, Till-Sebastian Idel, Anna Schütz und Silvia Thünemann ‚Professionalität und Professionalisierung in pädagogischen Handlungsfeldern: Schule, Medienpädagogik, Erwachsenenbildung' ist Teil der Reihe ‚Professionalität und Professionalisierung pädagogischen Handelns'. Die drei Bände dieser Reihe bilden gleichzeitig die Kurseinheiten des gleichnamigen Moduls, das für den Masterstudiengang Bildung und Medien: eEducation an der FernUniversität in Hagen angeboten wird. Sie integrieren deshalb Reflexionsfragen, die die Auseinandersetzung mit den Inhalten unterstützen, sowie Hinweise zu weiterführender Literatur, die eine vertiefende Auseinandersetzung mit den Themen ermöglichen sollen.

Die Reihe besteht insgesamt aus drei Bänden, die einen Einblick in folgende Themen ermöglichen:

- die theoretischen Ansätze, die zu fassen versuchen, was Professionalität und professionelles Handeln in pädagogischen Berufen grundsätzlich ausmacht, die Anforderungen an professionelles pädagogisches Handeln in Bezug auf unterschiedliche Lebensalter sowie aktuelle Diskurslinien im Hinblick auf Professionalisierung und Deprofessionalisierung (Werner Helsper (2021): Professionalität und Professionalisierung pädagogischen Handelns: Eine Einführung),
- die professionellen Handlungslogiken und Herausforderungen für das pädagogische Handeln in den Handlungsfeldern Schule, Medienpädagogik und Erwachsenenbildung (Dinkelaker/Hugger/Idel/Schütz/Thünemann (2021): Professionalität und Professionalisierung in pädagogischen Handlungsfeldern: Schule, Medienpädagogik und Erwachsenenbildung) sowie
- die Anforderungen an das professionelle pädagogische Handeln im Feld der Sozialen Arbeit und den Handlungstypus der Fallanalyse und Fallarbeit als zentrale professionelle Handlungslogik in sozialarbeiterischen Berufen (Fritz Schütze (2021): Professionalität und Professionalisierung in pädagogischen Handlungsfeldern: Soziale Arbeit).

Die Reihe richtet sich sowohl an Studierende und Lehrende im Feld der Erziehungswissenschaft und Sozialen Arbeit als auch an pädagogisch Tätige in ganz unterschiedlichen pädagogischen Berufen. Sie alle bewegen sich in einem Feld, in dem die Vermittlung zwischen einem Wissenschafts- und einem Praxisbezug einen zentralen Anforderungsmodus darstellt. Analysen professionellen pädagogischen Handelns sind damit zwar zum einen wissenschaftliches Terrain, ermöglichen es aber andererseits, sich bereits im Studium, aber auch in der professionellen pädagogischen Arbeit selbst, mit den Strukturen, Anforderungen und Handlungslogiken der beruflichen Praxis kritisch auseinanderzusetzen. An den aufgemachten Diskussionslinien, die immer auch mit Beispielen aus pädagogischen Situationen unterfüttert sind, können sich die eigenen beruflichen Orientierungen, Wahrnehmungen und Bedeutungszuschreibungen schärfen. Eine komparative Bezugnahme auf unterschiedliche Handlungsfelder eröffnet zudem die Möglichkeit, sensibel zu werden für die darin jeweils eingelassenen Handlungsproblematiken professionellen pädagogischen Handelns in ihrer Ähnlichkeit und Differenz. Die vorliegende Buchreihe möchte diesen Prozess begleiten und unterstützen.

In der Gesamtschau fragen die Bände danach, inwiefern pädagogische Berufe als Professionen zu begreifen sind, welchen Logiken und Strukturmerkmalen professionelles pädagogisches Handeln in unterschiedlichen pädagogischen Handlungsfeldern und vor dem Hintergrund differenter Adressat*innengruppen unterliegt und wie dies theoretisch und empirisch gefasst werden kann.

Dabei bewegt sich die Reihe vom Allgemeinen zum Besonderen. Der erste Band ‚Professionalität und Professionalisierung pädagogischen Handelns: Eine Einführung' wurde von Werner Helsper verfasst, der die Diskussion um Profession, Professionalität und Professionalisierung pädagogischen Handelns in der deutschen Erziehungswissenschaft entscheidend vorangetrieben und geprägt hat. Er fragt zunächst in historischer Perspektive nach den „Entwicklungspfaden" pädagogischer Professionen und arbeitet grundlegende Begriffsbestimmungen und Unterscheidungen heraus. Anschließend stellt er unterschiedliche professionstheoretische Ansätze in ihren Grundannahmen und Grundperspektiven vor und diskutiert diese auch vergleichend. Auf dieser Basis werden dann zentrale Aspekte des Professionalisierungsdiskurses in Bezug auf pädagogische Handlungsfelder und die Charakterisierung professionellen pädagogischen Handelns stärker in den Blick genommen. Mit Blick auf die Veränderungen im Lebensverlauf diskutiert Werner Helsper erstmalig aus einer strukturtheoretischen Perspektive die Frage der differenten Anforderungen an professionelles pädagogisches Handeln im Kontext unterschiedlicher Lebensaltersphasen. Einsatzpunkte eines solchen Handelns sieht er in lebensphasenspezifisch relevant werdenden Krisenproblematiken, auf die pädagogisches Handeln jeweils unterschiedlich bezogen ist. Abschließend werden Ökonomisierungs-, Standardisierungs- und Technologisierungsdynamiken sowie sexualisierte Gewalt im pädagogischen Handeln als externe und interne Deprofessionalisierungsrisiken und Herausforderungen für professionelles pädagogisches Handeln diskutiert.

Die beiden anderen Bände der Reihe fragen dann nach Professionalitäts- und Professionalisierungsaspekten in der Spezifik unterschiedlicher pädagogischer Handlungsfelder. Diese Bände wurden von Autor*innen verfasst, die im jeweiligen Handlungsfeld fachlich einschlägig ausgewiesen sind und sich mit professionsbezogenen Themen intensiv auseinandergesetzt haben. In allen handlungsfeldbezogenen Bänden finden sich Anknüpfungspunkte an die theoretischen Ansätze und zentralen Fragestellungen aus dem ersten Band, die für die entsprechenden Handlungsfelder vertieft und weiter ausbuchstabiert werden.

Till-Sebastian Idel, Anna Schütz und Silvia Thünemann zeigen im zweiten Band der Reihe am Feld der Schule wie komplex und weit vorangeschritten der Diskurs in diesem Bereich aktuell ist. Dafür differenzieren sie zwischen unterschiedlichen theoretischen Ansätzen und Forschungszugängen zu den Voraussetzungen und Logiken professionellen pädagogischen Handelns im schulischen Kontext und diskutieren übergreifende Fragestellungen. Schließlich nehmen sie mit Multiprofessionalität, neuer Lernkultur und Schulentwicklung aktuelle Herausforderungen in den Blick. Kai-Uwe Hugger fragt nach der Ausdifferenzierung des medienpädagogischen Berufsfeldes und diskutiert die professionellen Anforderungen an medienpädagogisch Handelnde. Über die Frage nach dem Stellenwert von Medienpädagogik als Profession kann er zwar Professionalisierungsstrategien in diesem Feld aufzeigen, macht aber auch deutlich, dass theoretische Konzepte zum professionellen Handeln im Feld der Medienpädagogik noch eher ein Desiderat sind. Anhand von Beispielen aus der medienpädagogischen Praxis verdeutlicht er seine konzeptionellen Überlegungen zur medienpädagogischen Professionalität. Jörg Dinkelaker beleuchtet schließlich das Handlungsfeld der Erwachsenenbildung und fokussiert den Diskurs rund um das Lernen Erwachsener und die Herausforderungen des Lehrens in diesem Kontext. Zwar erscheint das Programmplanungshandeln als Kern erwachsenenbildnerischer Tätigkeit, jedoch rückt im Professionalisierungsdiskurs zunehmend auch die Frage nach der Professionalisierung des Lehrens in der Erwachsenenbildung ins Zentrum. Schließlich werden angesichts des aktuell auszumachenden breiten Spektrums an Formen und Kontexten des Lernens Erwachsener Fragen der Entgrenzung des Pädagogischen ebenso diskutiert wie die Infragestellung des Erwachsenenstatus aufgrund der Adressierung von Erwachsenen als Lernenden.

Der dritte Band wurde von Fritz Schütze verfasst, der die Diskussion und die empirische Forschung um professionelles Handeln insbesondere im Kontext der Sozialen Arbeit entscheidend geprägt hat. In diesem Band bringt er seine bisherigen Arbeiten zu diesem Thema in einen Gesamtzusammenhang, in dem er die zentrale Arbeitslogik der Sozialen Arbeit als Fallanalyse und Fallarbeit fasst. Diese Perspektive auf das professionelle Handeln in der Sozialen Arbeit wird zunächst in historischer Perspektive und daran anschließend empirisch und anhand zahlreicher Beispiele ausformuliert. Ausführlich diskutiert Schütze den Stellenwert von Biographieanalysen in Anlehnung an die Prämissen rekonstruktiver qualitativer Sozialforschung für die Professionalität Sozialer Arbeit und fragt, wie vor diesem Hintergrund die primäre Aufgabe, Klient*innen bei ihrer biographischen Arbeit zu unterstützen, bewältigt werden kann. Dabei stellt das autobiographische Erzählen aus der Sicht von Schütze das zentrale Medium biographischer Arbeit dar, das in der Sozialen Arbeit angeregt wird und Basis für die Fallanalyse ist. Anders als in wissenschaftlichen Einzelfallanalysen ist das professionelle Handeln dabei jedoch immer mit Beratungsarbeit verbunden und in Paradoxien verstrickt, die nicht grundsätzlich gelöst, sondern allenfalls bearbeitet und reflektiert werden können. In diesem Zusammenhang diskutiert Fritz Schütze ausführlich die Frage, inwiefern die Soziale Arbeit etwa im Vergleich zur Medizin als Profession gefasst werden kann, indem sie sich in ihrer Fallarbeit auf ‚höhersymbolische Wissensbestände' bezieht und mittlerweile aus einem Bewusstsein für die Paradoxien und Herausforderungen professionellen pädagogischen Handelns etwa über die Supervision eine spezifische Form der Fehlerreflexionskultur für deren Bearbeitung implementiert hat. Der Band schafft damit insgesamt einen tiefen Einblick in die beruflichen Anforderungen in der Sozialen Arbeit und deren professionelle Bearbeitung.

Gedankt sei den Autor*innen, die mit großem Engagement die Kurseinheiten für den Studiengang ‚Bildung und Medien' an der FernUniversität Hagen erstellt haben, für die produktive und kooperative Zusammenarbeit und das Sich-Einlassen auf dieses etwas andere Format. Ein besonderer Dank gilt Katja Ludwig, die bei der Konzeption, der Koordination und der Umsetzung eine wertvolle Unterstützerin gewesen ist.

Cathleen Grunert

Professionalität im Handlungsfeld Schule

Till-Sebastian Idel / Anna Schütz / Silvia Thünemann

Schule ist sicherlich das prominenteste unter den pädagogischen Handlungsfeldern, die in diesem Band vorgestellt werden. Die Bedeutung von Schule für die individuelle Lebensbewältigung und das Fortbestehen der Gesellschaft über den Wechsel der Generationen hinweg ist unbestritten. Schule ist untrennbar mit der Tätigkeit von Lehrpersonen, mit dem Lehrer/innenberuf verknüpft. Wer an Schule denkt, denkt daran, wie Lehrer/innen ihrem Auftrag nachkommen, was sie dabei leisten und vielleicht auch, wie sie einen im Positiven oder Negativen geprägt haben.

Lehrerbild als Spiegel gesellschaftlicher Zustände

Das Ansehen des Lehrberufs in der Öffentlichkeit – und auch bei anderen pädagogischen Akteur/innen, in deren Arbeit Schule oft ein negativer Gegenhorizont der eigenen Tätigkeit und der eigenen Klientel ist – ist entsprechend widersprüchlich. Einerseits erhalten Lehrer/innen eine hohe Wertschätzung; in der Berufsprestige-Skala rangiert der Beruf immer wieder unter den ersten drei Plätzen (Institut für Demoskopie Allensbach 2013). Andererseits sind die Vorstellungen über den Lehrberuf auch ambivalent. Es wird anerkannt, dass der Beruf anstrengender und fordernder geworden ist, aber auch kritisiert, dass Lehrer/innen zuviel über ihre Belastung klagen (Institut für Demoskopie Allensbach 2011). Anspruch und Kritik sind laut Terhart notwendigerweise aufeinander bezogen:

> *„Das negative Syndrom von Bildern, Urteilen und Vorurteilen im Blick auf den Lehrerberuf kann nur entstehen, weil es ein direktes Gegenstück hierzu gibt. Dieses Gegenstück sind die in der Öffentlichkeit immer wieder in zeittypischer Inhaltlichkeit und Sprache vorgebrachten Hoffnungen, die an die Lehrerarbeit geknüpft werden."*
>
> Terhart 2010, S. 39

Das gesellschaftlich dominierende Lehrer/innenbild ist

> *„das Ergebnis kollektiver sozialer Konstruktionen, in das eben auch Wünsche und Fantasien, Hoffnungen, Enttäuschungen und bis zu einem gewissen Grad auch später Hass sowie Neid und Missgunst eingehen.“*
> ebd., S. 40

Die Wahrnehmung des Lehrberufs kann also als Spiegel gesellschaftlicher Zustände verstanden werden, und sie lässt zugleich einige zentrale Merkmale erahnen, die im ersten Band dieser Reihe (Helsper 2021) dargestellt wurden: Weil Professionen Berufe von existenzieller Bedeutung für den Einzelnen wie auch für die Gesellschaft sind, werden sie besonders beachtet, und es werden an das Handeln der Lehrkräfte als Professionelle hohe Erwartungen gestellt. Zugleich besitzt die öffentliche Meinung eine Intuition davon, dass sich professionelles Handeln im Medium von Interaktionsbeziehungen vollzieht, deren Gestaltung für die Akteur/innen durchaus auch belastend sein kann. Das Gelingen dieser Beziehungsarbeit ist eine entscheidende Voraussetzung für professionelles Handeln bzw. – im Falle der Lehrer/innenarbeit – für guten Unterricht und den Lernfortschritt der Schüler/innen, der eben nie garantiert werden kann.

Professionalitätsbegriff

Der Begriff der Professionalität wird allerdings in der Alltagssprache oftmals nicht exklusiv für solche Berufe verwendet, die an existenziellen Problemlagen der Lebenspraxis unter Bedingungen von Beziehungsarbeit operieren. Vielmehr wird er inflationär gebraucht, um ein Handeln als in besonderer Weise gekonnt und souverän zu beschreiben. Demgegenüber beschäftigt sich die Professionsforschung damit, professionelles Handeln von anderem verberuflichten Handeln abzugrenzen und die Spezifik von pädagogischer Professionalität immer auch mit Blick auf die Merkmale, Bedingungen und Anforderungen an gelungenes professionelles Handeln zu bestimmen.

Aufbau des Kapitels

Wir knüpfen an die entsprechenden theoretischen Grundlegungen von Werner Helsper (2003, 2004; vgl. auch den ersten Band dieser Reihe: Helsper 2021) an und werden im ersten Schwerpunkt unseres Kapitels *Ansätze der Lehrer/innenforschung* zur Bestimmung pädagogischer Professionalität im Handlungsfeld Schule und die aus ihr resultierenden Implikationen zu Wegen und Formen der Professionalisierung – also zur Frage, wie Lehrpersonen am besten für ihren Beruf qualifiziert werden sollten – beschreiben (Kapitel 1). Neben diesen grundlegenden Konzepten und Modellen zur pädagogischen Professionalität von Lehrpersonen befassen wir uns in einem weiteren Schwerpunkt mit durchgängigen theoretischen Fragestellungen

(Kapitel 2) und aktuellen Diskussionen rund um die Professionsentwicklung im Handlungsfeld Schule (Kapitel 3).

Schule als Handlungsfeld pädagogischer Professionen

Mit der Anlage dieses Kapitels möchten wir Ihnen einen Einblick in jenen Teil der erziehungswissenschaftlichen Professionsdebatte geben, der sich vor dem Horizont eines Wandels von Schule abspielt. Gerade weil sich Schule als pädagogischer Ort in einer Öffnungsbewegung befindet (s. ausführlich in Kapitel 3), sich etablierte institutionalisierte Grenzen und Zuständigkeiten verschieben, immer häufiger verschiedene pädagogische Professionen in der Schule aufeinandertreffen und in der Kooperation Wege des Zusammenhandelns und geteilter Verantwortung gefunden werden müssen, scheint es Sinn zu machen, dass sich nicht nur Lehramtsstudierende, sondern auch andere angehende Pädagog/innen mit Schule und ihrer inneren Verfasstheit befassen. Bis vor wenigen Jahren noch war für andere pädagogische Professionen die Beschäftigung mit Schule und dem Lehrer/innenhandeln eher aus einer Außenperspektive motiviert, und es galt, die Logik des Lehrer/innenhandelns in einem ggf. auch kritisch eingeschätzten System zu verstehen, dessen Teilnahmebedingungen auf einer Verpflichtung („Schulzwang") beruhen und in dem professionelles pädagogisches Handeln auch die Selektionsfunktion von Schule erfüllt. Heute ist Schule zunehmend mit anderen pädagogischen Feldern vernetzt bzw. überlagert sich mit ihnen. Schule ist zu einem multiprofessionellen Handlungsfeld geworden, in dem Akteur/innen auf vielfältige Weise auch ohne Lehramtsstudium als professionelle Pädagog/innen tätig werden können.

Gut zu wissen!

Noch ein paar Anmerkungen zur Nutzung des Texts: In dem uns zur Verfügung stehenden Raum können wir viele Fragen nur anreißen, aber nicht in aller Tiefe ausführen. Wir werden daher auf weiterführende Literatur verweisen. Sie finden außerdem an einigen Stellen im Text Hervorhebungen in Form von Wissensfeldern, die wir in Textboxen vom Fließtext absetzen und mit „Gut zu wissen!" betitelt haben. In diesen stellen wir zentrale Aspekte und Hintergrundinformationen nochmals heraus. Darüber hinaus finden Sie unter einigen Kapiteln Aufgaben zur Vertiefung, mit denen wir Sie zum Nach- und Weiterdenken über den Text anregen wollen.

1 Ansätze der schulbezogenen Professionsforschung

Die schulbezogene Professionsforschung hat sich seit den 1970er Jahren entwickelt und im Zusammenhang mit der Reform von Schule und Lehrer/innenbildung (→ Kapitel 3.1) in den letzten 15 Jahren einen enormen Auftrieb gewonnen. Wir werden im Folgenden fünf Ansätze der Forschung zur Lehrer/innenprofessionalität anhand ihrer Leitkonzepte in gebotener Kürze skizzieren: den Persönlichkeitsansatz (1.1) sowie den kompetenztheoretischen (1.2), den strukturtheoretischen (1.3), den kulturtheoretischen (1.4) und den berufsbiografischen Ansatz (1.5).

<table>
<tr><td colspan="2">Psychologische Perspektive</td><td colspan="2">Soziologische Perspektive</td></tr>
<tr><td colspan="2">eher quantitative Forschung</td><td colspan="2">eher qualitative Forschung</td></tr>
<tr><td>Persönlichkeitsansatz</td><td colspan="2" rowspan="2">Berufsbiografischer Ansatz</td><td>strukturtheoretischer Ansatz</td></tr>
<tr><td>kompetenztheoretischer Ansatz</td><td>kulturtheoretischer Ansatz</td></tr>
</table>

Tabelle 1: Ansätze der schulbezogenen Professionsforschung

Die Sortierung in Tabelle 1 versucht, Ihnen eine Orientierung über das Gelände der schulbezogenen Professionsforschung zu geben, sie ist eine analytische Unterscheidung und daher immer auch anders möglich. In der Forschungspraxis finden sich unterschiedlich scharfe Abgrenzungen und Nähen zwischen den Ansätzen. Man kann sie am einfachsten nach ihren disziplinären Perspektiven und den damit zusammenhängenden forschungsmethodischen Zugängen in zwei Hauptrichtungen unterscheiden. Während sowohl der Persönlichkeits- als auch der kompetenztheoretische Ansatz aus einer psychologischen Perspektive auf Professionalität blicken und ihre jeweilige Forschung mit quantitativen Methoden arbeitet, sind der strukturtheoretische und der kulturtheoretische Ansatz einer soziologischen Perspektive verpflichtet und beforschen den aus diesem Blickwinkel konstruierten Gegenstand der Lehrer/innenprofessionalität mit qualitativen Methoden. Die jeweilige disziplinäre Perspektive entscheidet also darüber, was unter Lehrer/innenprofessionalität und auch Lehrer/innenprofessionalisierung verstanden werden kann und wie sie beforscht werden sollen. Ob man die beiden Hauptrichtungen als komplementär oder als unvereinbar einschätzt, hängt vom Standpunkt des Betrachters ab und hat auch eine wissenschaftspolitische Dimension, denn es geht um Möglichkeiten, Einfluss auf Professionalisierungsprogramme zu nehmen, institutionelle Positionen zu besetzen und Forschungsgelder zu akquirieren. Während in den beginnenden 2000er Jahren eine Frontstellung zwischen psychologischen und soziologischen Ansätzen zu beobachten war, die sich in einem Disput zwischen Werner Helsper als Vertreter der strukturtheoretischen Professionsforschung auf der einen Seite und Jürgen Baumert und Mareike Kunter als Repräsentant/innen der kompetenztheoretischen Professionsforschung auf der anderen Seite in Beiträgen der *Zeitschrift für Erziehungswissenschaft (ZfE)* niederschlug (Baumert/Kunter 2006; Tenorth 2006; Helsper 2007), ist die Situation seither eher davon gekennzeichnet, dass beide Ansätze unabhängig voneinander forschen und sich kaum wechselseitig rezipieren (Tillmann 2014). Dies gilt allerdings nicht für den berufsbiografischen Ansatz in der Lehrer/innenforschung. Dieser liegt quer zu den beiden unterschiedenen Richtungen, er integriert sowohl psychologische und soziologische Konzepte der theoretischen Bestimmung und empirischen Analyse pädagogischer Professionalität in der Schule. Von ihm gehen so wichtige Impulse einer konzeptionellen und forschungsmethodischen Verknüpfung der beiden Hauptrichtungen in der Professionsforschung aus (Hericks/Keller-Schneider 2014; Košinár 2014).

Wir werden in Kap. 1.2 mit Bezug auf durchgängige theoretische Fragestellungen diese Ansätze der Professionsforschung zueinander ins Verhältnis setzen und sie so auf Gemeinsamkeiten und Differenzen hin vertiefen. Grundlegende zentrale Übereinstimmungen wollen wir bereits an dieser Stelle vorweg betonen. Sie markieren – so könnte man sagen – den theoretischen Ausgangspunkt einer jeden lehramtsbezogenen Professionsforschung und spannen so den Rahmen des Professions- und Professionalisierungsparadigmas auf:

Professionelles Handeln ist erlernbar

- Alle Ansätze der erziehungswissenschaftlichen Professionsforschung eint die Ablehnung eines einseitig ausgelegten Leitbildes über den „geborenen Erzieher“, wie es im Kontext des nativistischen Persönlichkeitsparadigmas und in wissenschaftlich elaborierter Form vor allem in der geisteswissenschaftlichen Pädagogik vorherrschte (Spranger 1958) und bis heute in Alltagstheorien populär ist. Zwar fragt der Persönlichkeitsansatz nach den Wirkungsanteilen der nicht-kognitiven personalen Eigenschaften für professionelles Handeln. Grundsätzlich wird in der Professionsforschung aber davon ausgegangen, dass Professionalität durch Lernen erworben und damit in und durch Professionalisierungsprozesse ausgebildet werden kann; das wiederum unterscheidet den Professionellen vom Laien.

Professionalisierung geschieht im Medium wissenschaftlichen Wissens

- Die schulbezogene Professionsforschung – dies wurde auch im ersten Band dieser Reihe (Helsper 2021) zu den allgemeinen theoretischen Grundlagen der Professionsforschung ausführlich dargelegt – geht davon aus, dass die grundständige Lehrer/innenbildung eine wissenschaftliche Angelegenheit ist und Lehrer/innen wissenschaftlich qualifiziert werden müssen, bevor sie in das Berufsleben einsteigen. Lehrer/innenhandeln beruht als umsichtiges Handeln auf einem durch wissenschaftliche Wissensbestände fundierten Urteils- und Entscheidungsvermögen, das erworben, ausgebildet und beständig weiterentwickelt werden kann und muss.

Professionalisierung ist eine lebenslange Aufgabe

- Die Professionalisierung von Lehrpersonen beginnt mit dem Studium, ist mit dem Abschluss des Studiums aber keineswegs zu Ende. Vielmehr wird davon ausgegangen, dass Professionalisierung ein berufslebenslanger Prozess ist, also im Berufsleben fortgesetzt und gestaltet werden muss (Terhart 2001). Lehrpersonen müssen eine „doppelte Professionalisierung“ (Oevermann 1996, S. 124ff.) durchlaufen und einen doppelten Habitus erwerben: im Medium der Wissenschaft während des Studiums und im Medium der Praxis im beruflichen Erfahrungsprozess.

Professionalität ist Handeln unter der Bedingung von Ungewissheit

- Auch wenn die fünf Ansätze diesen Aspekt unterschiedlich stark akzentuieren, so gehen sie dennoch davon aus, dass Lehrer/innenhandeln nicht vollends planbar und standardisierbar ist. Pädagog/innen können Lernen nicht machen, indem sie bspw. ein paar pädagogische Tricks anwenden. Das professionelle Handeln vollzieht sich vielmehr auf der Grundlage eines komplexen Erfahrungswissens, das im Handlungsvollzug stetig aktiviert werden muss und zugleich in impliziten Prozessen des Einübens aufgebaut und organisiert ist. Es entstehen also individuelle Routinen, die wiederum einer stetigen Reflexion bedürfen. Insofern sind Routinisierung und Reflexivität/Reflexion die beiden Seiten derselben Medaille der Lehrer/innenprofessionalität.

Gut zu wissen!

Was ist eigentlich der Unterschied zwischen pädagogischer Professionalität und Professionalisierung? Pädagogische Professionalität bzw. professionelles pädagogisches Handeln ist ein Zustand der Könnerschaft hinsichtlich der spezifischen Herausforderungen der Erziehung und Bildung. Professionalisierung bezeichnet wiederum sowohl den Entwicklungsprozess einer Berufsgruppe zu einer gesellschaftlich anerkannten Profession mit eigenem Wirkungsgebiet als auch die systematische Weiterentwicklung des Wissens und Könnens der Professionellen und der Strukturen, in denen sie tätig sind. Zusammenfassend könnte man sagen, Professionalität ist für Lehrer/innen ein dauerhafter Anspruch und Professionalisierung die dauerhafte, dort hinführende Aufgabe.

1.1 Der Persönlichkeitsansatz

Der Persönlichkeitsansatz in der Professionsforschung ist in den letzten Jahren mehr und mehr in den kompetenztheoretischen Ansatz integriert worden (Baumert/Kunter 2006). Grund dafür ist zum einen die Befundlage zu den relativ schwachen Effektstärken, die ihn als nicht allzu erklärungsmächtig erscheinen lassen. Zum anderen wird anknüpfend an die These von der Erlernbarkeit pädagogischer Professionalität davor gewarnt, Lehrer/innenhandeln und guten Unterricht auf die Frage nach der richtigen „Lehrer/innenpersönlichkeit“ zu verkürzen (Herzmann/König 2016, S. 62). Dennoch lohnt auch weiterhin die Frage nach überfachlichen und nicht-kognitiven Komponenten von pädagogischer Handlungskompetenz, zu denen Persönlichkeitseigenschaften zu zählen sind (Mayr 2014).

Gut zu wissen!

Was sind Persönlichkeitseigenschaften? Im Mittelpunkt des Ansatzes steht die Frage nach der Bedeutung vor allem nicht-kognitiver Persönlichkeitseigenschaften (im Volksmund als „Wesensmerkmale“ bezeichnet), es geht also nicht um Fragen der Bedeutung etwa von Intelligenz. Persönlichkeit wird definiert als ein „Ensemble relativ stabiler Dispositionen, die für das Handeln, den Erfolg und das Befinden im Lehrberuf bedeutsam sind“ (Mayr/Neuweg 2006, S. 183).

Mit dem sogenannten Fünf-Faktoren-Modell aus der Persönlichkeitspsychologie (Costa/McCrae 2008) wird versucht, die fünf zentralen Dimensionen Leitkonzept der menschlichen Persönlichkeit abzubilden (sog. Big Five): Neurotizismus, Extraversion, Offenheit für Erfahrungen, Verträglichkeit, Gewissenhaftigkeit. Darüber hinaus werden spezielle Persönlichkeitsmerkmale (Selbstwirksamkeitserwartung, proaktive Einstellung, effizientes Problembewältigungsverhalten, Ungewissheitstoleranz, Humor, Begeisterungsfähigkeit, berufsspezifische Interessen) und allgemeine Interessen der Person (praktisch-technisch, intellektuell-forschend, künstlerisch-sprachlich, sozial, unternehmerisch, konventionell) in einen Zusammenhang mit Einschätzungen der beruflichen Zufriedenheit und der Wahrnehmung der selbstberichteten Berufsrealität gebracht.

Forschung

Die Untersuchungen, die sich an diesem Leitkonzept orientieren, basieren auf Selbsteinschätzungen und Selbstauskünften der Befragten, beruhen also nicht auf einer Beobachtung ihres Praxisvollzugs oder der Unterrichtsebene selbst. Insbesondere das Thema der Lehrer/innenbelastung spielte in den 2000er Jahren in diesem Forschungsansatz eine größere Rolle und wurde intensiv nicht nur in der Fachdiskussion thematisiert (Rothland 2012; Schaarschmidt 2005). In den Studien, die zum Teil auch als Längsschnittstudien die Veränderbarkeit von Persönlichkeitsmerkmalen untersuchen, zeigt sich, „dass eine sehr niedrige Ausprägung von Extraversion und Gewissenhaftigkeit bzw. höhere Neurotizismuswerte ein Risiko für die unterrichtlichen Leistungen, die Berufszufriedenheit und die Berufsbelastungen darstellen“ (Herzmann/König 2016, S. 66). Eine große Bedeutung für die berufliche Selbstzufriedenheit hat das Maß an Selbstwirksamkeitswahrnehmung. Aber auch zwischen Humor und Toleranz und der beruflichen Handlungskompetenz bestehen Zusammenhänge. Es lässt sich zusammenfassen, dass Persönlichkeitsmerkmale und Interessen Teil der individuellen Lernvoraussetzungen sind, die Einfluss darauf haben, wie sich etwa Lehramtsstudierende auf das Studium oder Lehrer/innen auf Fortbildungen einlassen bzw. ob sie die Lerngelegenheiten aktiv nutzen. Es lassen sich aber kaum direkt-kausale Zusammenhänge von Eigenschaften oder Persönlichkeitsmerkmalen und Kompetenz und Verhalten feststellen. Die Effekte sind vielmehr indirekt und werden über das Lernverhalten vermittelt.

Professionalisierungsverständnis

Wichtig sind die Konsequenzen, die aus diesem Forschungsansatz für die Gestaltung von Professionalisierungsprozessen zu ziehen sind. Zum einen betrifft dies die Eignungsfeststellung in Bezug auf Persönlichkeitsmerkmale, die als relativ stabile und unveränderliche Determinanten der beruflichen Entwicklung gelten. In diesem Zusammenhang wurden in den letzten Jahren an einigen Universitäten online-gestützte Self-Assessments eingeführt, die Studienbewerber/innen zu absolvieren haben. In der Regel genügt hier der Nachweis der Teilnahme am Selbsttest, das Ergebnis ist dagegen nicht von Belang. Dies auch deshalb, weil diese Tests nur eine geringe prognostische Validität haben und sich weitreichende Selektionsentscheidungen, die sich ohnehin auf kognitive Leistungsfeststellungen stützen müssen, auf dieser Grundlage verbieten. Des Weiteren wurden für das Studium und auch für spätere Phasen der beruflichen Entwicklung berufs- und karrierebegleitende Angebote des Mentorings, des Coachings und der Supervision begründet, die sich auch auf die Arbeit an der Persönlichkeit und damit auf Professionalisierung als Persönlichkeitsentwicklung beziehen. In der Regel sind das unverbindliche Maßnahmen, die Lehrpersonen für sich privat, nicht als institutionalisierte Angebote von Seiten der Organisation Schule in Anspruch nehmen können.

Kritik

Kritisch bleibt für diesen Ansatz anzumerken, dass die Frage nach der Stabilität und Veränderlichkeit von Eigenschaften bzw. Persönlichkeitsmerkmalen noch nicht hinreichend geklärt ist, die identifizierten Persönlichkeitsvoraussetzungen nicht spezifisch für den Lehrberuf, sondern für berufliches Handeln generell bedeutsam sind, und sich der Ansatz weit weg von der konkreten Ebene der komplexen Unterrichtsinteraktion bewegt. Herzmann und König resümieren kritisch, dass

> *„der Bezugnahme auf die Lehrerpersönlichkeit ein ‚wiederkehrender Zauber' innezuwohnen (scheint)' und die ‚Suche nach dem geheimnisvollen Lehrer-Gen oder der angeborenen Lehrerbegabung [...] vor dem Hintergrund der Forschung zur Lehrerpersönlichkeit im Sinne eines Allerklärungsanspruchs [...] aufgegeben werden' muss."*
>
> Herzmann/König 2016, S. 72f.

Dennoch bleibt festzuhalten, dass das Lehrer/innenhandeln, seine Qualität und Wirksamkeit, auch eine Frage der Persönlichkeit ist und insbesondere der achtsame, selbstreflektierte Umgang mit sich und auch mit anderen eine Voraussetzung nicht nur für guten Unterricht, sondern auch für die Erhaltung der eigenen Gesundheit und damit mittelbar auch der beruflichen Leistungsfähigkeit ist. Persönlichkeitsbildung sollte daher durchaus auch ihren Platz in der Lehrer/innenbildung in allen Phasen haben, letztere sollte aber auf keinen Fall auf erstere verkürzt werden.

Literaturempfehlungen

Mayr, J. (2014). Der Persönlichkeitsansatz in der Forschung zum Lehrerberuf. In: Terhart, E., Bennewitz, H. & Rothland, M. (Hrsg.). Handbuch der Forschung zum Lehrerberuf. Münster: Waxmann, 189–215.

Mayr, J. & Neuweg, G.H. (2006). Der Persönlichkeitsansatz in der Lehrer/innen/forschung. In: Greiner, U. & Heinrich, M. (Hrsg.): Schauen, was 'rauskommt. Kompetenzförderung, Evaluation und Systemsteuerung im Bildungswesen. Münster: LIT-Verlag, 183–206.

1.2 Der kompetenztheoretische Ansatz

Leitkonzept

Der kompetenztheoretische Ansatz nimmt als einen Untersuchungsbereich den Gegenstand des Persönlichkeitsansatzes in sich auf. Ebenso schließt er an die Expertiseforschung (Bromme 2008) an, die sich insbesondere anhand des Vergleichs von Expert/innen und Noviz/innen, d. h. erfahrenen Lehrpersonen und Berufseinsteiger/innen, mit der Modellierung des Lehrer/innenwissens beschäftigt hat (Shulman 1986).

Gut zu wissen!

Was unterscheidet Expert/innen von Noviz/innen, die sich erst noch Erfahrungswissen aufbauen und aneignen müssen?
Expert/innen für Lernen und Unterricht

- verfügen über viel und tiefreichendes Wissen, das sie flexibel einsetzen können,
- steuern das Unterrichtsgeschehen mit einer ganzheitlichen Aufmerksamkeit,
- verknüpfen ihre Expertise mit Anwendungskontexten des Wissens.

Dreh- und Angelpunkt des kompetenztheoretischen Ansatzes ist ein Modell professioneller domänenspezifischer Handlungskompetenz, die auf den Fachunterricht als Kernaufgabe von Lehrpersonen konzentriert ist (Baumert/Kunter 2006). Der Ansatz rückt damit den Kompetenzbegriff in den Mittelpunkt, der in der bildungswissenschaftlichen Forschung wie auch in der Bildungspolitik und Schulentwicklung in den letzten zehn Jahren zu *der* Leitkategorie avanciert ist und ein ganzes Paradigma begründet hat, das sich an kompetenzorientierten Standards ausrichtet (Stichwort: Bildungsstandards).

Gut zu wissen!

Was ist unter Kompetenzen zu verstehen? Kompetenzen sind – mit Bezug auf die kanonische Definition von Weinert (2001) – „die bei Individuen verfügbaren oder von ihnen erlernbaren kognitiven Fertigkeiten und Fähigkeiten, bestimmte Probleme zu lösen, sowie die damit verbundenen Bereitschaften, die Problemlösungen in variablen Situationen erfolgreich und verantwortlich zu nutzen". Im Modell der professionellen Handlungskompetenz werden unter Kompetenz im engeren Sinne spezifische und erfahrungsgesättigte prozedurale und deklarative Wissensbestände gefasst.

Professionsverständnis

In dem generischen Modell der Handlungskompetenz werden zum einen in Anlehnung an eine bekannte analytische Strukturierung des Professionswissens von Lehrpersonen nach Shulman (1986) die drei Bereiche des Fachwissens, des Fachdidaktischen Wissens und des Pädagogischen Wissens unterschieden, woran auch die disziplinäre Logik der akademischen Lehrer/innenbildung anschließbar ist, denn Lehramtsstudierende studieren Fächer, Fachdidaktiken und die Erziehungs- und Bildungswissenschaften. Zum anderen wird Handlungskompetenz durch nicht-kognitive, d. h. affektive und motivationale Merkmale erzeugt, worunter fach- und lernbezogene Überzeugungen sowie die Motivation und die Fähigkeiten zur Selbstregulation gezählt werden. Die Kompetenzen sind auf berufliche Anforderungsbereiche bezogen. Sie stehen in der „Funktion [...], zur Qualität von Unterricht und seinen Ergebnissen (z. B. Schülerleistungen) beizutragen" (Herzmann/König 2016, S. 111).

Forschung

In den letzten Jahren wurden einige, auch international vergleichende Studien zur Kompetenzmessung von angehenden und berufstätigen Lehrpersonen durchgeführt (Überblick bei Herzmann/König 2016, S. 113). Diese Studien sind quantitativ angelegt und gehen mit komplexen, verschiedene Ebenen miteinander verknüpfenden Forschungsdesigns vor (Befragungen, Wissenstests, Unterrichtsvideografien). Bislang konnte vor allem die Bedeutung eines gehaltvollen, tiefreichenden und gut strukturierten Fachwissens und auch die Relevanz des fachdidaktischen Wissens für die Qualität des Lehrer/innenhandelns und damit auch des von ihm verantworteten Unterrichtsangebots herausgestellt werden. Einen weiteren Forschungsschwerpunkt bildeten in den letzten Jahren Studien zu Überzeugungen, sog. Beliefs (Oser/Blömeke 2012). Auch hier konnte nachgewiesen werden, wie bedeutsam es für die Art der Unterrichtsgestaltung und ihrer Effekte auf die Lernleistungen der Schüler/innen ist, welche häufig kaum bewussten, sondern impliziten, äußerst stabilen Vorstellungen Lehrpersonen leiten – etwa solche lerntheoretischer Art, also wie Schüler/innen am besten lernen, oder auch solche bezogen auf ein Fach und seine Vermittlungskultur, mithin wie die Sache, ein bestimmter Inhalt, umgangssprachlich gesprochen: der ‚Stoff' am besten aufzubereiten sei.

Die Orientierung am Kompetenzparadigma hat bspw. für die (akademische) Lehrer/innenbildung weitreichende Konsequenzen, da ihre psychologisch-quantitative Ausrichtung an Bedeutung gewonnen hat und Ansätze der Kompetenzmessung bzw. Standardüberprüfung versprechen, die Wirksamkeit und Praxistauglichkeit von Ausbildung überprüfen zu können. Die Ergebnisse solcher Messungen bilden die Basis für eine Anpassung der Curricula und Arrangements der Lehrer/innenbildung und leiten auch hier eine evidenzbasierte Wende ein (→ Ausbildung von Lehrpersonen s. Kapitel 3.1).

Kritik

Die Kritik am kompetenztheoretischen Ansatz betont vor allem die Verkürzung des Kompetenzbegriffs auf parzellierte kognitive Teilkompetenzen und des Wissensbegriffs auf explizites Wissen. Die Vorläufer eines weiter gefassten sozial- und erziehungswissenschaftlichen Kompetenzbegriffs (Aufenanger 1992; Grunert 2012) sind im neuerlichen Kompetenzdiskurs nicht rezipiert worden (vgl. etwa Niekes Modell der pädagogischen Handlungskompetenz, Nieke 2006). Dem kompetenztheoretischen Ansatz wird entgegengehalten, dass das professionelle Handeln zu einem Großteil auf impliziten, also nicht gewussten und auch nicht vormals bewussten Wissensbeständen beruht. Es wird – insbesondere auch von Vertreter/innen der soziologisch orientierten Professionsforschung – bemängelt, dass die universitäre Lehrer/innenbildung unter der Leitvorstellung eines linearen Kompetenzaufbaus einseitig auf verzweckte Ausbildungs- und instrumentelle Lern- bzw. Trainingsprozesse abzielt (vgl. u. a. Helsper 2007). Sie verliert somit ihre Funktion, handlungsentlastete Bildungsprozesse im Medium wissenschaftlicher Wissenskulturen zu ermöglichen. So könnte kein reflexiver, wissenschaftlich gebildeter Habitus kultiviert werden, der für professionelles Handeln konstitutiv sei. Und die universitäre Lehrer/innenbildung würde auch – so der strukturtheoretische Ansatz in seiner Gegenargumentation –

die besondere Strukturlogik des professionellen Handelns verfehlen, weil sie dieses auf seine Rollenförmigkeit zurechtstutze.

!

Literaturempfehlungen

Baumert, J. & Kunter, M. (2006). Stichwort: Professionelle Kompetenz von Lehrkräften. In: Zeitschrift für Erziehungswissenschaft, 9/2006, 469–520.

1.3 Der strukturtheoretische Ansatz

Leitkonzept

Der strukturtheoretische Ansatz orientiert sich an einem soziologischen Zugang und kehrt auf diese Weise die von der psychologischen Professionsforschung favorisierte Perspektive auf die Bestimmung pädagogischer Professionalität um. Er geht nicht von den inneren Dispositionen der professionell Handelnden aus (Eigenschaften, Wissensbestände und Kompetenzen), sondern von der besonderen Handlungs- und Interaktionsstruktur, der spezifischen Tätigkeit, in die Professionelle in institutionalisierten schulischen Unterrichtsprozessen eingebunden sind. Aus diesem Blickwinkel werden auf der einen Seite die Interaktions- und Bewährungsanforderungen auf der Handlungsebene und auf der anderen Seite die Frage nach Schule als einer Einrichtung, die in den widersprüchlichen gesellschaftlichen Funktionszusammenhang eingebunden ist, beleuchtet. Mikro- und Makroperspektiven werden so analytisch in einen produktiven Zusammenhang zu bringen versucht.

Der strukturtheoretische Ansatz wurde vor allem von Werner Helsper (1996, 2002, 2014) im Anschluss an die professionstheoretischen Arbeiten von Ullrich Oevermann (1996, 2002, 2008) weiterentwickelt (vgl. auch den ersten Band dieser Reihe: Helsper 2021). Von ihm übernimmt Helsper die Annahme, dass professionelles Lehrer/innenhandeln drei Funktionen zu erfüllen hat. In erster Linie richtet es sich auf die beiden Funktionen der Wissens- und Normvermittlung, denen die dritte „prophylaktisch-therapeutische“ Funktion nachgeordnet ist. Diese dritte Funktion ist deshalb von Bedeutung, weil Heranwachsende sich entwickeln, indem sie Lern- und Entwicklungskrisen durchlaufen und bewältigen. Diese Krisen müssen nicht immer manifest werden, also aufbrechen und sich zu bedrohlichen Konstellationen von generellen Lebenskrisen ausweiten. Sie prägen aber immer wenigstens latent, als untergründige Prozessdynamik, das Entwicklungsgeschehen. Kinder und Jugendliche werden in ihrem Aufwachsen durch ihre Umwelt beständig mit neuen Herausforderungen und Erwartungen konfrontiert. Gerade die Schule, der Unterricht und das Lehrer/innenhandeln sind hier als Zonen einer systematischen Erzeugung von Krisen, einer sog. Kriseninduktion zu verstehen, weshalb Lehrpersonen auch die Funktion haben, einer psychopathologischen Manifestation und Verfestigung von Krisenmomenten vorzubeugen (→ Krise/Routine s. Kapitel 1.2.1).

Die Kernthese Helspers besagt nun, dass die Aufgabe von Lehrpersonen darin besteht, in einer Situation, die durchzogen ist von unauflösbaren Widersprüchen, pädagogische Arbeitsbündnisse, d. h. auf wechselseitigem Vertrauen und Anerkennung beruhende Beziehungen, zu errichten. Die Widerspruchsverhältnisse, in die Lehrpersonen dabei notgedrungen verwickelt werden, bezeichnet Helsper als *pädagogische Antinomien.*

Gut zu wissen!

Was sind Antinomien pädagogischen Handelns? Antinomien sind Handlungsanforderungen, die sich wechselseitig ausschließen, aber dennoch gleichzeitig bestehen, die nicht auflösbar, sondern lediglich balancierbar sind. Es geht also darum, das eine zu tun, ohne das andere lassen zu können. Pädagogische Antinomien sind in die Interaktionen mit den Schüler/innen eingeschrieben. Lehrpersonen können sie nicht hintergehen, eben weil sie auf der Strukturebene des institutionalisierten Handelns angesiedelt sind. Sie können nur reflexiv mit ihnen umgehen. D. h. die Professionalität von Lehrpersonen lässt sich idealtypisch auch daran bemessen, inwieweit es ihnen gelingt, über diese Widerspruchsverhältnisse und ihre diesbezüglich eigene Verwobenheit immer wieder aufs Neue zu reflektieren.

Helsper hat einige pädagogische Antinomien empirisch rekonstruiert und in einem komplexen Mehrebenenmodell verortet. Wir beschränken uns im Folgenden exemplarisch auf die grundlegendsten strukturtheoretischen Überlegungen (Helsper 2002; vgl. auch den ersten Band dieser Reihe: Helsper 2021):

- *Näheantinomie:* Das professionelle pädagogische Handeln vollzieht sich in einer Beziehung, in der Merkmale einer sachlichen Rollenbeziehung (bspw. angemessene Distanz zu den Klienten) mit solchen einer diffus-affektiven Sozialbeziehung (bspw. persönliche Nähe zu einer Person) eine widersprüchliche Einheit eingehen.

- *Differenzierungsantinomie:* Lehrpersonen treten in einem dreistelligen Arbeitsbündnis zugleich in Beziehung: Erstens zum jeweiligen Lernenden, zweitens zur Lerngruppe als Ganzes und drittens zu den Eltern als weitere Akteur/innen an der Peripherie des Unterrichts. Daraus erwächst die widersprüchliche Anforderung, sich als Lehrperson einerseits in dyadischen Bezugnahmen auf einzelne Schüler/innen und ihre Lerngeschichten bewegen zu müssen (Einzelfallbezogenheit), die aber andererseits immer wieder in den übergreifenden „universalistischen", also für alle in gleicher Weise gültigen Rahmen des Leistungs- und Gerechtigkeitsanspruchs der Schule – dessen, was in der Schule an Wissen, normativen Standards und kulturellen Werten verhandelt wird – zu überführen sind (kollektive Gleichbehandlung).
- *Sachantinomie:* Der Lehrperson obliegt die Aufgabe, zwischen den offiziellen Sachbezügen, die sie als objektivierte Wissensbestände zu Inhalten des Unterrichts werden lassen soll (Fachwissen), und den lebensweltlichen Wissensformen und -beständen, die die Lernenden in den Unterricht mit- und einbringen (Alltagswissen), zu vermitteln.
- *Autonomieantinomie:* Lehrpersonen müssen Schüler/innen zu selbstständigem Handeln auffordern und befähigen (Selbständigkeitsförderung) – ohne sie zugleich damit zu überfordern –, allerdings vollzieht sich das innerhalb der Institution Schule und in dem hierarchischen Machtgefälle zwischen Lehrenden und Lernenden immer auch in einem von Heteronomie durchsetzten Feld (Fremdbestimmtheitszumutungen).
- *Organisationsantinomie:* Zudem bewegt sich professionelles Lehrer/innenhandeln zwischen den Verfahrensregeln der Organisation Schule (Organisationsroutinen) und der notwendigen Offenheit für die unvorhersehbare, nicht standardisierbare Ereignishaftigkeit der Interaktion mit den Schüler/innen (Offenheit/Kreativität), auf die sich Lehrende ebenso handelnd einlassen wie sie sie reflektierend durcharbeiten müssen. Professionelles Handeln ist daher immer fallbezogen, es ist immer in Situationen, Geschichten und Episoden verankert, kurz: es folgt einer kasuistischen Logik, auf die Lehrpersonen zumeist routiniert reagieren.

Aufgrund dieser komplexen und antinomischen Strukturlogik sind Lehrpersonen in eine potenziell ungewisse Handlungsdynamik verstrickt, die pädagogische Professionalität so anforderungsreich macht (s. Kapitel 1.2.1).

Professionsverständnis

In der strukturtheoretischen Professionstheorie wird vor dem Hintergrund dieser idealtypischen Rekonstruktion der professionellen Handlungsstruktur ein professioneller Habitus, also eine Idealform angemessenen Lehrer/innenseins gezeichnet, die zweierlei umfasst und im Sinne einer ‚doppelten Professionalisierung' ausgebildet werden soll:

1. Angesichts der antinomischen Struktur des Handelns müssen Lehrkräfte einerseits über den Habitus einer souveränen Routine verfügen, die sich im berufsbiographischen Professionalisierungsprozess auf der Grundlage des aufgeschichteten Erfahrungswissens nach und nach aufbaut. Die Ausbildung von Routine ist nur im beruflichen Erfahrungsprozess, also in der Schul- und Unterrichtspraxis selbst möglich, wo sich die angehende Lehrperson als professionell bewähren muss.
2. Gleichermaßen müssen Professionelle auch andererseits einen reflexiven Habitus besitzen, den sie in ihrer wissenschaftlichen Ausbildung in der Auseinandersetzung mit Forschung und Theoriewissen erwerben. Vor allem in der universitären Ausbildung und ihrer Praxisform des wissenschaftlichen Arbeitens kann der reflexive Habitus kultiviert werden, weil unter Bedingungen der – mit Blick auf die Handlungsdynamik des professionellen Handelns – Handlungsentlastung gearbeitet wird.

Routine einerseits und Reflexion andererseits bilden demnach die beiden untrennbaren Seiten des strukturtheoretischen Professionsverständnisses. Der strukturtheoretische Ansatz plädiert also für ein klares wissenschaftliches Studium, das seine Sinnhaftigkeit nicht dadurch erfährt, dass es eine direkte handlungsinstruierende Bedeutung für die spätere Praxis in sich trägt. Zudem lässt sich mit dem strukturtheoretischen Ansatz die Forderung nach Reflexionspausen und -räumen im Schulalltag begründen, in denen in konzeptionell fundierter Weise (etwa Super- und Intervision) die eigenen Erfahrungen gemeinsam mit anderen reflexiv durchgearbeitet werden.

Forschung

- Das Programm der strukturtheoretischen Professionsforschung setzt im Großen und Ganzen daran an, die antinomische Strukturiertheit pädagogischer Arbeitsbündnisse und die jeweils unterscheidbaren Formen des Umgangs qualitativ, d. h. unter Rückgriff auf Methoden des Sinnverstehens zu rekonstruieren. Dabei wird vor allem die Variation des professionellen Lehrer/innenhandelns in unterschiedlichen Schulkulturen systematisch in den Blick genommen (Helsper et al. 2001; Helsper 2008). Denn es ist aus strukturtheoretischer Sicht davon auszugehen, dass je spezifische Schul- und Lernkulturen – z. B.

reformorientierte vs. traditionsverhaftete Schulen, Gymnasien vs. Gesamtschulen, Grundschulen vs. Sekundarschulen – Felder sind, in denen sich pädagogische Antinomien in besonderer Weise ausprägen und wiederum von spezifisch gelagerten Lehrer/innenhabitus bearbeitet werden.

Kritik

Kritik hat die strukturtheoretische Professionsforschung vor allem von Seiten der kompetenztheoretischen Forschung erfahren. Ihr wurde eine überdehnte Konstruktion pädagogischer Professionalität vorgeworfen, die mit einer „generalisierten Erziehungserwartung" überfrachtet sei (so Tenorth 2006, S. 585) und den Lehrberuf als „unmöglichen Beruf" (ebd., S. 583) überproblematisiere.

!

Literaturempfehlungen:

Helsper, W. (2002). Lehrerprofessionalität als antinomische Handlungsstruktur. In: Kraul, M., Marotzki, W. & Schweppe, C. (Hrsg.): Biographie und Profession. Bad Heilbrunn: Klinkhardt, 64–102.

Helsper, W. (2004). Antinomien, Widersprüche, Paradoxien: Lehrerarbeit – ein unmögliches Geschäft? Eine strukturtheoretisch-rekonstruktive Perspektive auf das Lehrerhandeln. In: Koch-Priewe, B., Kolbe, F.-U. & Wildt, J (Hrsg.): Grundlagenforschung und mikrodidaktische Reformansätze zur Lehrerbildung Bad Heilbrunn: Verlag Julius Klinkhardt, 49–99.

1.4 Der kulturtheoretisch-praxeologische Ansatz

Leitkonzept

Der kulturtheoretisch-praxeologische Ansatz hat sich erst in den letzten Jahren herausgebildet (Bennewitz 2014). Er liegt eng an der Schnittstelle zum strukturtheoretischen Ansatz, mit dem er die Orientierung am Instrumentarium der qualitativ-rekonstruktiven Forschung teilt. Im Unterschied zum strukturtheoretischen Ansatz setzt dieser Ansatz jedoch nicht strukturalistisch, sondern an neueren praxistheoretischen Arbeiten in den Sozialwissenschaften und Ideen des Poststrukturalismus an, die sich für die materiell-symbolischen Formen von Kultur interessieren (Reckwitz 2000/2006; Schatzki 1996; 2002, 2010). Der Ansatz geht davon aus, dass diese Formen in sozialen Praktiken nicht nur aufgeführt, sondern auch hervorgebracht werden. Darin liegt das reproduzierende und zugleich das produktive bzw. transformierende Potenzial von Praktiken, die damit die spezifische Kultur bzw. Geordnetheit – bspw. einer Schule, eines bestimmten Unterrichts oder einer Lerngruppe – zum Ausdruck bringen. Bezieht man dieses Theorieangebot auf die Frage nach pädagogischer Professionalität, so wird diese in sozialen und vor allem pädagogischen Praktiken verkörpert. In seinem praktischen Vollzug ist das professionelle pädagogische Handeln an die Ordnungen der konkreten Schulen bzw. ihre institutionalisierten Lern- und Schulkulturen gebunden, die es zugleich reproduziert und transformiert (Reh et al. 2015).

Gut zu wissen!

Was ist unter Praktiken zu verstehen? Das Vokabular des kulturtheoretischen Ansatzes ist um das Leitkonzept sozialer Praktiken zentriert (Reckwitz 2004). In sozialen Praktiken – wie bspw. begrüßen, lesen oder essen –, die auf eine bestimmte, kulturell spezifische Weise aufgeführt werden, wird eine soziale Ordnung vollzogen und dabei immer wieder aufs Neue hergestellt. Dabei determiniert die Ordnung die Praktiken nicht gänzlich, sie eröffnet aber einen Möglichkeitsraum, was in der Ordnung überhaupt denk-, sag- und machbar bzw. für andere im sozialen Geschehen anschlussfähig, also als Praktik zu erkennen ist. Ordnungen präfigurieren zwar die Gestalt bestimmter Praktiken, jedoch verleihen erst die Praktiken den Ordnungen ihre Form und Geltung: Handlung und Struktur sind hier also unauflösbar ineinander verflochten.

Forschung

Als Spielart einer qualitativen Unterrichts- und Bildungsforschung lenkt der Ansatz den Blick auf den Geschehensvollzug in der Ordnung von Unterricht, in dem Praktiken aller Beteiligten zusammenwirken. Praxistheoretische Schul- und Professionsforschung konzentriert sich also noch stärker darauf, die Aufführung der schulischen Praxis (doing school) und des professionellen pädagogischen Handelns (doing teacher) nachzuvollziehen. Im Mittelpunkt steht demnach das konkrete, beobachtbare körperliche und sprachliche Tun der unterschiedlichen Akteur/innen. Der kulturtheoretisch-praxeologische Ansatz schärft damit die besondere Aufmerksamkeit für die Mikroprozesse des Geschehens im Unterricht, die in vielen anderen Forschungsansätzen eine Black Box bleiben. Praxistheoretische Schul- und

Professionsforschung geht wie eben dargelegt davon aus, dass sich die Praxis in immer anderen Wiederholungen reproduziert und eben auch stetig erneuert. Wiederholung und Veränderung werden zusammengedacht und nicht auseinandergehalten. Dies macht den Ansatz besonders attraktiv für die Erforschung von Veränderungsprozessen im Kontext der Schul- und Unterrichtsreform (Idel/Rabenstein 2016; Reh et al. 2015; Budde 2013; Breidenstein/Rademacher 2017). Die vorliegenden Studien stützen sich vor allem auf ethnografische Zugänge. Unterricht und die ihn tragenden Praktiken von Lehrpersonen und Schüler/innen werden teilnehmend beobachtet, in manchen Studien auch videografisch aufgezeichnet. Neben ethnografischen Studien, die sich auf die Beschreibung von Praktiken konzentrieren, die Unterricht ausmachen, widmen sich stärker wissenssoziologisch ausgerichtete Studien der Rekonstruktion von impliziten Orientierungen, die den Akteur/innen zwar i. d. R. als nicht bewusst gewusstes Wissen verborgen sind, aber ihr praktisches Handeln durchaus leiten (Sturm/Wagner-Willi 2016).

Professionsverständnis

Noch wurde daraus keine praxistheoretisch profilierte Bestimmung von pädagogischer Professionalität im engeren Sinne hergeleitet (Bennewitz 2014). Professionalisierung als Prozess des Lehrer/innenwerdens kann nach diesem Ansatz aber als Geschehen beschrieben und interpretiert werden, in dem sich angehende Lehrpersonen sukzessive in pädagogische Ordnungen einüben, also lernen, die die Ordnung konstituierenden Praktiken zu vollziehen (Pille 2013) und sie damit mitzugestalten. Professionelle sind dann als Akteur/innen zu verstehen, die in je schul- und lernkulturell spezifische pädagogische Ordnungen eingebunden sind und im Mitvollzug dieser Ordnung ein praktisches Repertoire und die darin enthaltenen handlungsleitenden Orientierungsrahmen erwerben. Dieses Handungsrepertoire ist als Teil des individuellen professionellen Wissens, was bspw. angemessenes Handeln ist, zu verstehen.

Reh et al. (2015) haben zudem mit ihrer Theorie der Lernkultur erste praxistheoretische Überlegungen angestellt, die das theoretische Desiderat, was unter pädagogischer Professionalität verstanden werden kann, bearbeiten. Professionelles Handeln wird dabei über den Begriff pädagogischer Praktiken anerkennungs- und subjektivierungstheoretisch genauer bestimmt (vgl. auch Ricken 2015; vgl. auch den ersten Band dieser Reihe: Helsper 2021). Pädagogische Praktiken sind hier solche, in denen sich Lehrende und Lernende in der spezifischen Zuwendung zu der zu lernenden Sache als lern- und leistungsfähige Subjekte ansprechen. Analysiert wird dies als machtvolles Geschehen, in dem die Lernenden mit Bezug auf implizite soziale und pädagogische Normen in soziale Positionen eingerückt werden, die ihnen unterschiedliche und auch sozial hierarchisierte Lernräume eröffnen. Vereinfacht gesagt wird bspw. den als engagiert bekannten Schüler/innen ein anderer Handlungsspielraum zugestanden, als den vermeintlich als unengagiert geltenden Schüler/innen. Professionelles Handeln ist in diesem Kontext dann mit Blick auf seine machtvollen Adressierungs- und Positionierungsformen, die damit verbundenen Wirkungen auf der Schüler/innenseite und die damit verknüpften Umgangsweisen der Professionellen zu beschreiben. Hier findet sich ein Anschluss an das Professionsverständnis des strukturtheoretischen Ansatzes, ohne jedoch den Vorteil des kulturtheoretischen Ansatzes zu verspielen, nämlich Veränderungen des professionellen Lehrer/innenhandelns im Kontext der Veränderungen des Handlungsfeldes Schule beschreibbar zu machen (Idel/Schütz 2017).

Kritik

Kritisch lässt sich an der jungen praxistheoretischen Professionsforschung nicht nur die bisher fehlende theoretisch gehaltvolle Beschreibung eines Modells pädagogischer Professionalität anmerken, sondern auch die theoriestrategische Schwierigkeit, in einem Ansatz, der in erster Linie beschreibend das pädagogische Geschehen ins Auge fasst, auch ein normativ gehaltvolles Gelingensmodell pädagogischer Professionalität zu entfalten, so wie es in den anderen theoretischen Ansätzen zur pädagogischen Professionalität der Fall ist.

!

Literaturempfehlungen

Bennewitz, H. (2014). „doing teacher" – Forschung zum Lehrerberuf in kulturtheoretischer Perspektive. In: Terhart, E., Bennewitz, H. & Rothland, M. (Hrsg.). Handbuch der Forschung zum Lehrerberuf. Münster: Waxmann, 262–284.

Reh, S., Fritzsche, B., Idel, T.-S. & Rabenstein, K. (2015). Lernkulturen. Rekonstruktion pädagogischer Praktiken an Ganztagsschulen. Wiesbaden: Springer VS.

1.5 Der berufsbiografische Ansatz

Leitkonzept

Als letztes wollen wir Ihnen den berufsbiografischen Ansatz in der Professionsforschung in seinen Grundzügen vorstellen. Die zentrale Ausgangsannahme dieses Ansatzes ist die Einsicht, dass „pädagogische Professionalität ein berufsbiografisches Entwicklungsproblem“ ist (Terhart 2001). Pädagogische Professionalität wird demnach dezidiert aus einer Entwicklungsperspektive untersucht. Es interessiert das Lehrer/insein als Prozess des Lehrer/inwerdens und Lehrer/inbleibens, der nicht erst mit dem Lehramtsstudium beginnt, sondern in die vorberufliche Bildungsbiografie hineinragt. In dieser werden Erfahrungen mit Schule und dem Lehrer/insein aus der Position der Schüler/innen heraus gewonnen, deren Wirkmächtigkeit für die Frage, wie man sich als Lehrer/in versteht, was man als guten Unterricht erachtet, wie Schüler/innen lernen (sollen) etc., nicht hoch genug eingeschätzt werden kann. Zentrales Anliegen der berufsbiografischen Professionsforschung ist es also, den lebenslangen Prozess zu untersuchen, in dem eine berufliche bzw. professionelle Identität aufgebaut, erhalten, aber auch verändert wird. Für die – im Zentrum der bildungspolitischen Aufmerksamkeit stehenden – ersten beiden Phasen der Lehrer/innenbildung (Studium und Referendariat) folgt daraus, dass diese nicht Berufsfertigkeit, sondern nur Berufsfähigkeit vermitteln können – und zwar im Sinne einer Fähigkeit und einer Bereitschaft, sich auf den beruflichen Entwicklungsprozess einlassen zu können und zu wollen.

Forschung

In den frühen Arbeiten wurde der Blick der berufsbiografischen Professionsforschung noch unter einer sozialisationstheoretischen Perspektive auf die institutionalisierte Berufslaufbahn ausgerichtet. Es interessierten die Veränderungen der beruflichen Identität, der Haltungen zu Schule und Unterricht. In den Studien wurde versucht, eine institutionalisierte normalbiografische Ablaufstruktur und Entwicklungspfade des Durchschreitens der beruflichen Entwicklung in Phasen- und Stufenmodellen herauszuarbeiten (Fuller/Brown 1975). Diese reichten von der grundständigen Ausbildung über den Berufseinstieg, Phasen der Stabilisierung und Innovativität im Berufsleben bis hin zum Rückzug und dem Ausstieg aus der beruflichen Bewährungsdynamik am Ende der Berufslaufbahn (Huberman 1991) als „allgemeingültige Berufsverläufe auf einer sehr abstrakten Ebene“ (Herzmann/König 2016, S. 99). Früh beschrieben wurde etwa der sog. Praxis-Schock bzw. der Einstellungswandel von Berufseinsteiger/innen: Nach einer Identifizierung mit liberal-reformorientierten schulpädagogischen Orientierungen folgte im Berufseinstieg eine Auskühlphase, in der frühere konservative Einstellungsmuster wieder aktiviert wurden, um dann später wieder zu innovativeren Orientierungen auf einem mittleren Niveau zurückzukehren (Müller-Fohrbrodt et al. 1978). Ebenso ist die Frage der Berufswahlmotive Forschungsgegenstand eher sozialisationstheoretisch angelegter Studien (Cramer 2013).

In der aktuellen Forschung der letzten Jahre wird wesentlich stärker dem Sachverhalt Rechnung getragen, dass Entwicklungsprozesse von Professionellen mit ihrer jeweiligen Gesamtbiografie und den je konkreten Entwicklungsräumen der schulischen Einrichtungen, in denen sie tätig sind, verbunden sind. Aus dieser Sicht wird daher das Wechselspiel von Biografie und Profession genauer untersucht (Kraul/Marotzki/Schweppe 2002). Im Mittelpunkt steht die erfahrungsbiografische Verarbeitung beruflicher Sozialisationsprozesse in konkreten schulischen Entwicklungsmilieus (Stelmaszyk/Kunze 2008). Nun geht es weniger darum, abstrakte institutionalisierte Phasierungen und berufsbiografische Entwicklungssequenzen zu rekonstruieren, die mehr oder weniger für alle Professionellen in gleicher Weise wirksam sind. Vielmehr differenziert sich der Forschungsblick aus, indem die eigensinnigen Lernprozesse und biografischen Strukturierungen von Professionalisierungsverläufen zum Forschungsgegenstand werden (bereits früh: Flaake 1989 sowie Combe 1983). Prominent bezog sich dies im Kontext der aufkeimenden erziehungswissenschaftlichen Frauenforschung in den 1990er Jahren und der Entwicklung hin zur Feminisierung des Lehrberufs auf Studien zur Berufsbiografie von Lehrerinnen und deren doppelter Vergesellschaftung in der familiären Reproduktionsarbeit und im Beruf (Buchen 1991; Schönknecht 1996; zu Männern im Lehrerberuf vgl. aktuelle Studien von Baar 2010). Heute trägt diese Blickverschiebung insgesamt auch der soziokulturellen Ausdifferenzierung der Lehrerschaft und den unterschiedlichen Zugangswegen zum Lehrberuf Rechnung (z. B. Quer- und Seiteneinstiege).

Ein sich im Rahmen der berufsbiografischen Professionsforschung zunehmend etablierender Zugang ist der Entwicklungsaufgabenansatz, der sich zunächst aus der erziehungswissenschaftlichen Bildungsgangforschung (Meyer 2004) als qualitativ forschender Ansatz entwickelt hat, später aber in fruchtbarer Weise durch kompetenztheoretische Modellierungen in der Verbindung mit quantitativen Methoden erweitert wurde (Hericks/Keller-Schneider 2014; Košinár 2014). Im Mittelpunkt dieser Spielart der berufsbiografischen Professionsforschung steht die Annahme, dass sich Professionalität in den Formen der Bearbeitung von beruflichen Entwicklungsaufgaben herausbildet. Entwicklungsaufgaben resultieren aus berufsfeldspezifischen objektiven Anforderungsstrukturen, die von den professionellen Lehrpersonen jeweils subjektiv wahrgenommen, individuell mit Bedeutsamkeit aufgeladen, in zu bearbeitende Herausforderungen transformiert und damit auf eine je spezifische Art und Weise bearbeitet werden müssen (Hericks 2006). Hericks hat in seiner qualitativen Studie zum Berufseinstieg vier Entwicklungsaufgaben – Rollenfindung, Vermittlung, Anerkennung und Kooperation – herausgearbeitet und ihre phasenspezifische (Um-)Akzentuierung im zweijährigen Prozess des Berufseinstiegs untersucht. Keller-Schneider konnte in einer quantitativ angelegten Studie das Modell bestätigen und an die psychologische Belastungs-Bewältigungs- bzw. Coping-Forschung anschließen (Keller-Schneider 2010). Košinár hat in einer Anschlussstudie zu Professionalisierungsverläufen im Referendariat die Bearbeitungsprozesse in ihrer Tiefenstruktur als diskontinuierliche Prozesse der Lösung von Erfahrungskrisen charakterisiert (Košinár 2014, S. 101).

Gut zu wissen!

Was ist der Habitus? Hericks hat das Entwicklungsaufgabenmodell mit den soziologischen und kulturtheoretischen Überlegungen von Pierre Bourdieu zur Habitusbildung verbunden (Bourdieu 1987). Bourdieu bezeichnet mit dem „Habitus“ allgemein das Auftreten einer Person (bspw. Kleidung, Sprache, Geschmack und Lebensstil), der u. a. auf deren soziale und kulturelle Herkunft schließen lässt. Der Habitus von Professionellen verknüpft wiederum ihr Handeln mit den sozialen Strukturierungen des Handlungsfelds Schule, in das sie eingebunden sind. Der Habitus entsteht als innere Disposition sozialisatorisch bzw. erfahrungsbiografisch angeeigneter Wahrnehmungs-, Denk- und Handlungsmuster in der Reaktion auf gesellschaftliche Anforderungen und die zu ihrer Bewältigung zur Verfügung stehenden Möglichkeitsräume, in denen eine offene Lösungsmenge für Entwicklungsaufgaben angeboten wird. Der Habitus hat handlungsstrukturierende Kraft, er erzeugt und präfiguriert Handlungen, ohne diese in starrer Weise zu determinieren und wirkt so wiederum in die Strukturierung des Feldes zurück.

Professionsverständnis

Professionalisierung – so kann man im Allgemeinen die Perspektive des berufsbiografischen Ansatzes resümieren – ist als Prozess zu verstehen, in dem Erfahrungen produktiv bearbeitet werden müssen. D. h. die Entstehung pädagogischer Professionalität beruht im Wesentlichen auf einem im Berufsleben erworbenen Erfahrungswissen, aber die bloße Erfahrung macht noch keine pädagogische Professionalität. Vielmehr müssen Erfahrungen verfügbar, angeeignet und durchgearbeitet werden. In der bildungstheoretischen Denkfigur des Entwicklungsaufgabenansatzes besteht die Möglichkeit, sich seine eigenen Habitualisierungen und die Feldbedingungen, unter denen der Habitus hervorgebracht und reproduziert wird, reflexiv zugänglich zu machen und damit in der berufsbiografischen Identitätsarbeit auf sich und das Feld bezogene Veränderungspotenziale zu erkennen und anzugehen. Der Professionelle entwickelt sich, indem er sich seinen Erfahrungskrisen stellt und sich auf Entwicklungsaufgaben einlässt. Dazu wiederum braucht es – dies ist insbesondere eine Konsequenz aus der berufsbiografischen Professionsforschung – Formate und Angebote in allen Phasen der Lehrer/innenbildung und auch in der pädagogischen Organisation Schule, die es ermöglichen, am eigenen professionellen Selbst zu arbeiten, um Handlungs- und Veränderungsfähigkeiten über die gesamte Berufsbiografie hinweg zu erhalten.

Kritik

Kritisch anzumerken wäre, dass der Fokus auf die individuelle Berufsbiografie bislang dem Bedingungsfeld von Schule als Organisation nicht in ausreichendem Maße Rechnung trägt. Weiterführend wären hier Studien zu unternehmen, die das Zusammenspiel von Berufsbiographie und strukturellem Wandel bspw. Prozessen der Schulentwicklung in den Blick nehmen.

!

Literaturempfehlungen

Keller-Schneider, M. & Hericks, U. (2014). Forschungen zum Berufseinstieg. Übergang von der Ausbildung in den Beruf. In: Terhart, E., Bennewitz, H. & Rothland, M. (Hrsg.): Handbuch der Forschung zum Lehrerberuf. Münster, New York: Waxmann, 386–407.

Stelmaszyk, B. & Kunze, K. (2008). Biographien und Berufskarrieren von Lehrerinnen und Lehrern. In: Handbuch der Schulforschung, 2. Aufl. Wiesbaden: Springer VS, 795–812.

?

Aufgaben

Aufgaben zur Vertiefung

1. Erweitern Sie die Tabelle 1: *Ansätze der schulbezogenen Professionsforschung*, indem Sie in den Zellen stichwortartig jeweils für den Ansatz zusammenfassen, wie Professionalität verstanden und Professionalisierung als Prozess von Akteur/innen gefasst wird!
2. Formulieren Sie anhand der Kritik am kompetenztheoretischen und strukturtheoretischen Ansatz eine These, inwiefern beide Ansätze sich grundsätzlich konträr oder vielleicht eher komplementär zueinander verhalten!

2 Durchgängige theoretische Fragestellungen

Die bisherigen Ausführungen zeigen die Professionalität im Lehrer/innenberuf als ein sehr herausforderungsreiches und komplexes Geschehen. Doch was macht professionelles Lehrer/innenhandeln eigentlich aus und unter welchen konstitutiven Bedingungen geschieht es? Diese Frage wird in den oben dargestellten Diskursansätzen zur Professionstheorie unterschiedlich diskutiert. Deshalb möchten wir in diesem Kapitel durchgängige theoretische Fragestellungen verfolgen und zentrale Aspekte entlang der Diskursansätze aufzeigen: Das Verhältnis von Krise und Routine im professionellen Handeln, die Bedeutung von Wissen und Können, Sichtweisen auf Reflexion und schließlich das Verhältnis von Organisation und Profession.

2.1 Krise und Routine: Wie planbar ist und wie ungewiss bleibt pädagogisches Handeln?

Strukturtheoretischer Blick auf Krise

Kernaspekte des strukturtheoretischen Ansatzes sind das Verhältnis von *Krise und Routine* und die *stellvertretende Deutung in einem krisenhaften Geschehen*. Beide Aspekte haben, wie schon im Kapitel 1.3 ausgeführt, ihren Ursprung in der oevermannschen Professionstheorie und werden u. a. von ihm und Helsper für den Lehrer/innenberuf ausdifferenziert (Oevermann 1996, 2002, 2008; Helsper 2002, 2004, 2011; vgl. auch den ersten Band dieser Reihe: Helsper 2021). Oevermann geht in seinen Überlegungen von den tradierten Professionen (Ärztestand, Pfarrer, Juristen) aus und skizziert die *Krise* als konstitutiv, sowohl für die professionell Handelnden als auch für die Klientel. Dabei nimmt er eine Umbewertung des Begriffs vor (Oevermann 1996, S. 75): Es geht nicht um die Bewältigung psychischer Krisen, sondern um die Sicherung bzw. sukzessive Entfaltung einer Autonomie der Lebenspraxis, verstanden als das Bemühen, die eigene Persönlichkeit zu entwickeln. Das Individuum benötigt hierbei das Wissen und die Erfahrung Professioneller, die die nächsten Entwicklungsschritte deutend aufzeigen und begleiten. Dieses wird als *stellvertretende Deutung* bezeichnet.

Da es im Kontext von Schule um die Aneignung von Wissen, um die Sozialisation in den Werte- und Normkanon einer Gesellschaft und schließlich um Bildungsprozesse der Schüler/innen geht, wird unter strukturtheoretischer Perspektive das professionelle Lehrer/innenhandeln als quasi-therapeutisches in einem krisenhaften Geschehen angesehen. U. a. haben Helsper (2003) und Combe (2015) das Krisenhafte des Unterrichtsgeschehens ausbuchstabiert. Auch im Kontext von Unterricht sind mit ‚Krise' keine dramatischen, außergewöhnlichen Ereignisse gemeint, sondern „Konstellationen, in denen etablierte Selbst- und Weltverhältnisse in Frage gestellt werden" (Combe 2015, S. 130). Das Lehrer/innenhandeln ist somit im *Ungewissen* verortet, das heißt, es ist hinsichtlich seiner Auswirkungen letztlich ergebnisoffen. So kann unter einer pädagogischen Perspektive Lernen und Bildung immer auch als krisenhaft verstanden werden, da das so vertraut Gekonnte und Gewusste in seiner Geltung hinterfragt und wiederum irritiert werden muss (s. Kapitel 1.3).

Die Krisenhaftigkeit gilt nun unter strukturtheoretischer Perspektive nicht nur für die Lern- und Entwicklungswege der Schüler/innen, sondern auch für das professionelle Lehrer/innenhandeln. Lehrer/innen müssen sie als Normalfall ihrer Handlungslogik akzeptieren. Combe und Kolbe fassen das so zusammen:

> *„Erst wenn die Krisenhaftigkeit der Handlungspraxis, die den Umgang mit Lern- und Entwicklungsprozessen charakterisiert, als Normalfall akzeptiert wird, können die Bedingungen schärfer in den Blick kommen, die es möglich erscheinen lassen diesen Beruf professionell auszuüben."*
>
> Combe/Kolbe 2008, S. 859

Doch was macht das Ungewisse professionellen pädagogischen Handelns aus? Oevermann skizziert dieses anhand eines Vergleichs mit dem Tätigkeitsfeld von Ingenieur/innen und macht dabei grundsätzliche Differenzen aus (Oevermann 1996, 139ff; ders. 2008, S. 25): Beim ingeneurialen Handeln geht es nicht darum, eine bestimmte Klientel in der Persönlichkeitsentwicklung bzw. im Bildungsprozess zu begleiten, sondern um die Aufgabe, aufgrund spezifischen Wissens und routinierter Gewissheiten standardisierbare technologische Lösungen für definierte Probleme zu konstruieren. Hingegen bestehen das Unterrichten wie auch das pädagogische Handeln generell nicht aus Standardsituationen im normierten Kontext, sondern aus einzelfallbezogenen Krisenkonstellationen, verstanden als ergebnisoffene Bildungs- und Erfahrungskrisen der Schüler/innen. Zu deren Bearbeitung benötigen sie die Unterstützung professioneller Lehrkräfte, die aufgrund ihres Expertenwissens mit angemessenen Handlungen helfen, eine autonome Lebenspraxis herzustellen oder zu stabilisieren (stellvertretende Deutung).

Dabei kann Ungewissheit „als nicht absehbare Folge der intendierten Handlungen und ihrer Absichten in unmittelbarer, mittelfristiger und langfristiger Zukunft“ (Helsper 2002, S. 71) verstanden werden.

Für Lehrende bedeutet professionelles pädagogisches Handeln, die Aneignungsprobleme der Schüler/innen zu verstehen und ihnen durch eine mäeutische Vorgehensweise zu neuen Erkenntnissen bzw. zu Schritten der Selbstwerdung zu verhelfen. Es bedeutet weiterhin für Lehrende, die konstitutive Offenheit und Krisenhaftigkeit ihres Tuns, also die nicht kalkulierbaren Auswirkungen anzuerkennen und riskante Entscheidungen zu treffen, die aber auf einem spezifischen professionellen Wissen und Können (→ Wissen/Können s. Kapitel 2.2) basieren und damit nachträglich begründbar sind. Das heißt, erst ein spezifisches Wissen spannt den Legitimationsrahmen des Handelns unter Entscheidungsdruck und ermöglicht eine nachträgliche Begründbarkeit. Hier zeigt sich, dass professionelles Lehrer/innenhandeln im Gegensatz zum ingeneurialen Handeln nur in einem begrenzten Maße auf routinisiertem Erfahrungswissen fußt, nahezu frei von anwendbaren Technologien ist und eher ein individuelles Fallverstehen benötigt. Situativ erarbeitete Lösungen müssen – das ist ein Kernmerkmal professionellen Handelns – hinsichtlich ihrer Angemessenheit reflexiv bearbeitet, nachträglich begründet sowie stets erneut in die Krise geführt, also unter veränderten Kontextbedingungen infrage gestellt werden.

> *„Die Nicht-Standardisierbarkeit der professionalisierungsbedürftigen Dienstleistung ist in deren Charakter von stellvertretender Krisenbewältigung begründet, und diese Bestimmung der stellvertretenden Krisenbewältigung leitet sich ihrerseits daraus ab, dass in strukturtheoretischer Betrachtung für die Lebenspraxis die Bewältigung von Krisen nicht der Grenzfall, sondern der Normalfall ist, in dem sich die Autonomie von Lebenspraxis allererst konstituiert und aus dem sich der Grenzfall der Routine jeweils als Ergebnis eines Prozesses der Bewährung einer Krisenlösung ableitet.“*
>
> Oevermann 2008, S. 26

Voraussetzung für die stellvertretende Krisenbearbeitung ist das *pädagogische Arbeitsbündnis*, das Schüler/innen und Lehrer/innen eingehen. Es kann als symbolisches Agreement verstanden werden, in dem Schüler/innen sich in ihrer Rolle als Lernbedürftige zeigen und Lehrer/innen mit ihrem spezifischen Wissen und Können sich auf die Wissensvermittlung bzw. auf das Angebot von stellvertretenden Deutungen einlassen – und zwar unter

Anerkennung der Schüler/innen ‚als je für sich ganze Personen'. Unterricht kann nach Combe und Kolbe damit als „Aushandlung von Bedeutung" (2008, S. 858) oder nach Combe als „kollektive Praxis" (2015, S. 119) verstanden werden. Vertreter/innen dieses Ansatzes berufen sich auf Luhmanns Theorie sozialer Systeme (Luhmann 1984, zit. nach Combe 2015, S. 118) und sprechen von einer „doppelten Kontingenz", die das Arbeitsbündnis kennzeichnet, da es in dieser Aushandlungspraxis für jede Deutungsleistung bzw. Handlung auf beiden Seiten eine Vielzahl an Alternativen gibt, die Schüler/innen und Lehrkräfte unter den Bedingungen eines situativen Handlungsdrucks im Unterricht interpretieren und auswählen müssen. Es gilt, das eigene Tun mit den Deutungsleistungen der Anderen abzustimmen und hinsichtlich der Anschlussfähigkeit zu überprüfen. Das pädagogische Arbeitsbündnis erscheint unter dieser Perspektive als fragile und störanfällige Einlassung, die fortwährend Kurskorrekturen erfordert und immer wieder neu ausgehandelt werden muss.

Zusammenfassend formuliert ist aus einer *strukturtheoretischen Perspektive* professionelles pädagogisches Handeln durch seine Krisenhaftigkeit und stellvertretenden Deutungsleistungen bestimmt und findet im Kontext von *Unbestimmtheit* statt, es ist *nicht technologisierbar*, sondern immer einzelfallbezogen und somit nicht durch systematisches Üben gänzlich routinisierbar.

Kompetenztheoretischer Blick auf Routinen

Demgegenüber diskutiert der aus der kognitionspsychologischen Forschung hervorgegangene *kompetenztheoretische Ansatz* die Begriffe Krise, stellvertretende Krisendeutung und Unbestimmtheit des Lehrer/innenhandelns kritisch. Vertreter/innen des Ansatzes unternehmen eine eindeutige Beschreibung der Aufgabenbereiche für Lehrkräfte (Unterrichten, Erziehen, Beurteilen, Beraten und Innovieren), die den Kern der bildungswissenschaftlichen Standards der Lehrerbildung der KMK bilden und dort weiter ausdifferenziert wurden (KMK 2004). Unterrichten ist aus der kompetenztheoretischen Perspektive das „Kerngeschäft" (Tenorth 2006, S. 585) von Lehrer/innen und wird durch den sukzessiven Aufbau von grundsätzlich erlern- und trainierbaren sowie klar definierten Kompetenzen erlernt. Die Einsicht in die prinzipielle Erfolgsunsicherheit des Lehrer/innenhandelns und seine nur begrenzte Standardisierbarkeit verbindet der kompetenztheoretische Ansatz also mit der Vorstellung von der grundsätzlichen Erlernbarkeit erfolgreichen Lehrer/innenhandelns und der Perspektive einer durch verbesserte Lehrer/innenkompetenz steigerbaren Unterrichtsqualität. Mitgedacht wird dabei jedoch auch, dass die Beziehung zwischen Unterricht und Lernerfolg weder linear-kausaler noch technisch-instrumentaler Art ist (Terhart 2011, zit. n.

Herrmann 2013, S. 13). Die Qualität unterrichtlichen Handelns wird im Kontext dieser Denkfigur erhöht, indem angemessenes kompetentes Handeln routinisiert wird. Während Expert/innen über Routinen verfügen, sind Noviz/innen noch dabei, diese zu bilden. Unterricht wird hier also weniger unter der Prämisse von Unbestimmtheit diskutiert, vielmehr setzt man auf die Entwicklung von *Routinen*. Herrmann fasst zusammen: „In dieser Perspektive erweist sich die Professionalität von Lehrkräften vor allem in deren Eigenschaft als Experten für die Planung, Gestaltung, Durchführung, Reflexion und Evaluation von Lehr- und Lernprogrammen" (Herrmann 2013, S. 12f). Anders als im strukturtheoretischen Ansatz wird jegliches Lehrer/innenhandeln unterrichtsbezogen gesehen. „Auch ‚Erziehung' läuft immer mit im Prozess" (Tenorth 2006, S. 585), jedoch unter dem Dach des unterrichtlichen Handelns.

> *„Der Beruf der Lehrerin oder des Lehrers bleibt schwierig – aber er ist [...] mit einem professionstheoretisch klar zu bezeichnenden Handlungsrepertoire zu bewältigen, und man kann lernen, die Arbeit besser oder schlechter zu machen und im Lichte von Kompetenzerwartungen und Standards über ihn zu sprechen, wie das ja auch geschieht (und zugleich auch vehement in seinem Sinn bestritten wird)."*
>
> Tenorth 2006, S. 584

Geteilte Prämisse beider Ansätze

Trotz der unterschiedlichen Schwerpunktlegung zeigt sich die Nicht-Standardisierbarkeit des Binnengeschehens professionellen Handelns als geteilte Prämisse der beiden diskutierten Ansätze zur Professionalität von Lehrkräften. Woraus bestehen nun die eigentlichen Herausforderungen für Lehrer/innen? Rothland und Terhart formulieren es mit Rückgriff auf Tenorth so:

> *„Angesichts der zahlreichen Widersprüche, Rollenkonflikte, gegensätzlichen Erwartungen und schwierigen Voraussetzungen für eine befriedigende Erfüllung der Berufsaufgaben besteht die eigentliche Leistung der Lehrer und ihre Professionalität darin [...], dass es ihnen gelingt, das Lehren und Lernen im Unterricht in der schulischen Praxis zu gestalten, obwohl sie so vielen Unsicherheiten, widersprüchlichen Anforderungen und Vorgaben ausgesetzt sind und obwohl kein Konsens und keine Eindeutigkeiten zu erwarten sind."*
>
> Tenorth 2004, zit. n. Rothland/Terhart 2007, S. 22

Man könnte also sagen, dass es der Bildung von Routinen bedarf, um im krisenhaften Geschehen handlungsfähig zu sein und zu bleiben – und zugleich eines reflexiven Umgangs mit den eigenen Routinen, also der Bereitschaft, sich zu irritieren oder irritieren zu lassen, dazuzulernen und sich offen zu halten für die Spezifika des Einzelfalls.

? Aufgabe

Aufgabe zur Vertiefung

Zeigen Sie auf, was im theoretischen Diskurs unter Krise und Routine verstanden wird und diskutieren Sie, in welchem Zusammenhang diese Phänomene mit Bildung bzw. Professionalisierung stehen!

2.2 Wissen und Können: Kann ich etwas, weil ich es weiß oder weiß ich etwas, weil ich es kann?

Lehrer/innen sollen Lehr- und Lernprozesse planen, organisieren, gestalten, evaluieren und reflektieren (vgl. Standards für die Lehrerbildung 2004, S. 3). Über welches *Wissen und Können* bzw. welche *Expertise* (Bromme 2008) oder *Kompetenzen* (Baumert/Kunter 2006) müssen sie dafür verfügen und verhilft Wissen selbstläufig zu Können? Oder anders formuliert: Kann ich etwas, weil ich es weiß, oder weiß ich etwas, weil ich es kann? Entspringt aus Theoriewissen eine unmittelbare praktische Handlungsfähigkeit, ein Können? Diese Fragen möchten wir entlang der eingeführten Diskursstränge bearbeiten.

Systematiken professionellen Wissens

Aus der *kompetenztheoretischen Professionsforschung* ist eine Systematik professionellen Wissens bekannt: Baumert und Kunter unterscheideen im Anschluss an Shulman Fachwissen, Pädagogisches Wissen, Fachdidaktisches Wissen sowie jüngst auch Organisations- und Beratungswissen (Baumert/Kunter 2006, S. 482). Bromme wiederum differenziert zwischen Fachwissen und professionellem Wissen, das sich zusammensetzt aus curricularem, pädagogischem und fachspezifisch-pädagogischem Wissen sowie der Philosophie des Schulfachs, dem Bedeutungsgehalt des Fachinhalts für Bildungsverständnis und Leben (vgl. Bromme 1997). Bastian und Helsper (2000) wiederum differenzieren aus der Perspektive der *strukturtheoretischen Professionsforschung* wissenschaftliches Wissen, implizites Handlungs- und Erfahrungswissen, selbstbezüglich-biographisches Wissen über sich selbst sowie Fallwissen, das reflexiv zwischen theoretischem und erfahrungsbasiertem Wissen vermittelt.

Zum Verhältnis von Wissen und Können

Jeder dieser Kategorisierungsansätze verweist darauf, dass erst in der gekonnten Verknüpfung dieser Wissensformen professionelles Handeln entstehen kann. Das Fachwissen der Lehrer/in (knowing-that) ist nämlich ebensowenig ein Garant für die Initiierung von Lernprozessen auf Seiten der Schüler/innen wie pädagogisches Know-How ausreicht, um einen Sachverhalt angemessen aufzubereiten und zu erläutern. Genausowenig kann fundiertes Erfahrungswissen stabile und kausale Handlungsempfehlungen für jegliche Situationen hervorbringen. Es liegt also die Schlussfolgerung nahe, dass Wissen in komplexen Prozessen in Können überführt werden muss, damit die Lehrkräfte in den jeweiligen hochkomplexen Situationen professionell handeln können, funktionale Kompetenzen aufbauen (kompetenztheoretischer Ansatz) oder mit der potenziellen Krisenhaftigkeit des Unterrichtsgeschehens umgehen können (strukturtheoretischer Professionalisierungsansatz).

Überführungsidee

Dieser Überführungsidee ist weiter nachzugehen und dafür lohnt nun die in der Überschrift bereits angekündigte Frage, ob man etwas kann, weil man es weiß – oder eher umgekehrt, man etwas weiß, weil man es kann. Diese Fragen verweisen auf das sogenannte Theorie-Praxis-Dilemma und die Frage, wie Wissen in Können überführt werden kann. Das ist deutlich komplexer als die Anwendung eines Rezeptes, das nur praktisch umgesetzt werden muss. Ein idealerweise situativ flexibles berufliches Handlungswissen zeigt sich in beruflichen Routinen ebenso wie im Umgang mit Krisen. Es bedarf sowohl der Fachexpertise in den Unterrichtsfächern sowie in den Bildungswissenschaften als auch einer Auseinandersetzung mit wissenschaftlichen Erkenntnissen über das Berufsfeld, seinen gesellschaftlichen Kontext und über die Art und Weise, wie man in diesem durch Sozialisations- und Professionalisierungsprozesse zu einem Mitglied, sprich ‚zu einer vollwertigen Lehrperson' wird. Dabei muss bzw. kann es nicht zwangsläufig darum gehen, theoretisches Wissen direkt, eins zu eins in praktisches Können zu überführen oder Theorie unmittelbar in Praxis, vielmehr erfüllt beides unterschiedliche Funktionen. Die größtenteils spontane, intuitive oder kreative Handlungsfähigkeit in der Situation ist natürlich angewiesen auf praktisches Können. Aber gerade die konstitutive *Begründungsbedürftigkeit* professionellen Handelns bedarf gleichermaßen eines explizierbaren theoretischen sowie praktischen Wissens. Die Begründung „das habe ich schon immer so gemacht" ist ebensowenig angemessen und professionell, wie ein deduktiv-kausales Verständnis der Wissensanwendung, dass im Falle von X immer nach Schema Y zu verfahren sei. Zudem muss das individuelle Erfahrungswissen über die Welt und wie sie ist reflexiv erschlossen werden, hängt doch von diesen meist impliziten, subjektiven Konzepten maßgeblich ab, wie wir etwas oder jemanden wahrnehmen (Berliner/Carter 1989). Nur so ist es möglich, stereotypen Zuschreibungen und Vorurteilen auf die Spur zu kommen, die das eigene Handeln mitregieren.

Handeln als Strukturort der Vermittlung

Ein solches Verständnis von Wissen läuft dann ggf. auch dem zuwider, was häufig angeführt wird, wenn Lehrer/innen äußern, kaum von dem theoretischen Wissen zu profitieren, das sie sich in der Universität angeeignet haben (Terhart et al. 1994). Während hier die Praxisferne allgemeingültiger Theorien überbetont wird, wird das implizite Wissen, das Wahrnehmung und Praxis präfiguriert und fallsensibel adaptiert werden kann, übergangen. Geht man also davon aus, dass der Strukturort der Vermittlung von Wissen und Können das professionelle Handeln selbst ist und dieses sich seiner Explizierbarkeit immer auch entzieht (s.o.), zeigt sich gleichzeitig, wie naiv solche Aussagen sind. Das Wissen, das uns handlungsfähig macht, sollte stattdessen eher als ein Konglomerat unterschiedlichster Herkünfte verstanden werden, das es uns ermöglicht, Dinge zu erkennen, zu benennen und zu beurteilen sowie einerseits angemessen reagieren und andererseits die Beurteilung der Situation auch begründen zu können.

Die Frage, ob man etwas kann, weil man etwas weiß, oder etwas weiß, weil man etwas kann, ist entsprechend mit sowohl als auch zu beantworten. Im Kern geht es also darum, professionell handeln zu können, indem verschiedene Wissensformen – ganz holzschnittartig unterschieden das theoretische wie praktische – sinnhaft aufeinander bezogen werden, um Situationen verstehen und angemessen reagieren zu können. Professionalität wäre in dieser Sicht dann – wie Combe und Kolbe formulieren – „ein Vermögen, Handlungen zu verknüpfen" (2008, S. 865). Es entsteht keinesfalls als unmittelbare Übertragung von bspw. Ausbildungswissen auf die pädagogische Praxis, sondern allmählich durch die reflexive Auseinandersetzung mit fremder und vor allem der eigenen Praxis, wozu theoretisches Wissen nötig ist (→ Reflexivität s. Kapitel 2.3).

? Aufgaben

Aufgaben zur Vertiefung

1. Diskutieren Sie, worin der Unterschied zwischen den Tätigkeiten von Lehrer/innen einerseits und den von Ingenieur/innen andererseits besteht! Greifen Sie dabei auch auf ihre Kenntnisse über die spezifische Verfasstheit des Lehrer/innenberufs zurück, die Sie in Kapitel 1 erworben haben!

2. Finden Sie konkrete Beispiele für die hier angesprochenen Wissens- und Könnensbereiche und stellen Sie Überlegungen dazu an, in welchem Verhältnis Wissen und Können bei einem guten Lehrer/einer guten Lehrerin stehen sollten.

2.3 Reflexivität: Kompetenz oder Haltung?

Professionelles pädagogisches Handeln ohne Reflexion ist in allen bisher dargestellten theoretischen Perspektiven undenkbar. Daher lohnt eine Auseinandersetzung mit den schillernden und nicht selten inflationär gebrauchten Begriffen der Reflexion – als der Praxis des Reflektierens – und der Reflexivität als Bezeichnung einer professionellen Haltung.

Reflexion als professionelle Anforderung

Im Modus des „Handelns unter Druck“ (Wahl 1991), unter Bedingungen von *Ungewissheit* und *fehlender Technologie* (→ Krise/Routine s. Kapitel 2.1) sind Professionelle auf eine komplexitätsreduzierende *Routinisierung* ihres Handelns angewiesen. Dazu bedienen sie sich „professioneller Schemata“ (Tenorth 2006, S. 589; Neuweg 2011, S. 468), die im beruflichen Ausbildungs- und Erfahrungsprozess angeeignet und verfeinert werden und angesichts der Unwägbarkeiten der Unterrichtssituation Handeln ermöglichen sollen. Um aber nicht einem Schlendrian der Praxis (vgl. Herbart 1806, 7), also einer bloßen Reproduktion erfahrungsgesättigter und insofern in ihrer Angemessenheit subjektiv kaum bezweifelbarer Handlungsvollzüge zu verfallen, sollen Professionelle eine reflexive Haltung sich selbst und ihrer Praxis gegenüber einnehmen können. Sich auf den Fluss der Praxis performativ einlassen und sich aus ihm in kritischer Distanzierung und in theoretischer Perspektive herausheben zu können, sind die beiden Register professionellen Handelns.

Reflexion als verbindendes Moment der Ansätze

Im Gegensatz zur meist spontanen, ungerichteten Alltagsreflexion als wenig methodisches Nachdenken über sich in erlebten Situationen, wird *professionelle Reflexivität* als die verschiedenen Ansätze der Professionsforschung verbindendes Moment jedoch jeweils unterschiedlich konkretisiert: In der *kompetenztheoretischen Professionsforschung* (s. Kapitel 1.1.2) geht es darum, mit dem Fokus auf (fach)didaktische und pädagogisch-psychologische Wissensbestände an der eigenen Expertise zu arbeiten und sich die eigenen impliziten Überzeugungen („beliefs“) und subjektiven Theorien zu vergegenwärtigen. Das Schlagwort lautet hier Reflexionskompetenz, und diese soll eingeübt werden. In der *strukturtheoretischen Professionsforschung* (s. Kapitel 1.1.3) wird Reflexion bezogen auf die unaufhebbaren Widerspruchskonstellationen institutionalisierter Bildungsprozesse (Antinomien), die professionelles Handeln konstitutiv durchdringen. Hier geht es darum, Reflexivität als Kern einer professionellen Haltung zu kultivieren. Während der Persönlichkeitsansatz (s. Kapitel 1.1.1) vor allem auf eine Reflexion der eigenen Stärken und Schwächen im Sinne ihrer Bearbeitung zielt, rückt in der berufsbiographischen Professionsforschung (s. Kapitel 1.1.5) die professionelle Identitätsarbeit in der Bewältigung von beruflichen Anforderungen ins Zentrum der Reflexion („Entwicklungsaufgaben"). Auch wenn Praxistheorien (s. Kapitel 1.1.4) stark auf das implizite, gerade nicht so ohne weiteres mental verfügbare Wissen anspielen, lässt sich das für professionelles Handeln so fundamentale Verhältnis von Routine und Reflexion ebenso praxistheoretisch integrieren. Denn auch Praktiken haben reflexive Momente: Erstens sind Praktiken konstitutiv instabil, sie verändern sich im Vollzug – sie bleiben erkennbar, sind aber niemals ganz identisch. Zweitens können Praktiken im Moment des Vollzugs gerade an ihren Bruchstellen, dort wo es stockt im Handlungsfluss, wo etwas aus dem Takt gerät, rückbezügliche Denkprozesse auslösen, die sich sowohl auf die pädagogischen Praktiken selbst als auch auf ihre Situiertheit, d. h. ihre nie voll durchschlagende Vor-Prägung durch pädagogische Ordnungen richten können. Sie werden dann wiederum zum Gegenstand von Praktiken des Reflektierens, denn auch Reflexion ist ein Tun, ist ein Vorgang des Abstandgewinnens, der in Praktiken vollzogen werden muss. Und diese Praxen der Reflexion – als Routinen des kultivierten Misstrauens seinen eigenen Praktiken gegenüber und als Reflexion des eigenen Eingebundenseins in Ordnungen, an deren Mächtigkeit man mitwirkt – müssen ebenso in der Lehrer/innenbildung bzw. in Professionalisierungsprozessen eingeübt werden, damit sie im Fall ihres notwendigen Gebrauchs auch verfügbar sind.

Reflexion als Professionalisierungsmotor?

Obwohl etwa in der *strukturtheoretischen Professionsforschung* von der Notwendigkeit gesprochen wird, Reflexion in Form eines „habitualisierten Misstrauens" (Helsper 2002, S. 74) seinem eigenen Handeln gegenüber von Beginn des Lehramtsstudiums an durch den berufsbiographischen Prozess hindurch zur Routine werden zu lassen, wird sie in der Regel doch entsprechend der eingangs genannten Differenzformel der Routine entgegengesetzt, sei es als einsames Denken des Professionellen im Sinne eines autonomen Selbstbildungsprozesses oder einer kollektiven Praxis von kooperierenden Akteur/innen, die in der Entwicklung ihres Unterrichts und ihrer Schule als Organisation gemeinsam ihre routinierte Praxis gegen den Strich lesen. Reflexivität „als Schlüsselkompetenz von Professionalität" (Combe/Kolbe 2008, S. 859) gilt somit als Bearbeitungs- bzw. Bewältigungsmodus der Ungewissheit, als Korrektiv der Routine und als maßgeblicher Professionalisierungsmotor.

Tabelle 2: Reflexionsfoki der aufgezeigten Diskursstränge zur Professionsforschung

Kompetenztheoretischer Ansatz	• Professionalisierung als Kompetenzaufbau • Blick auf eigene Kompetenzen/ Expertise und Analyse der Prozesse und Ergebnissse des Handelns • Reflexion subjektiver Theorien (beliefs) und evidenzbasierte Weiterentwicklung der eigenen Praxis
Strukturtheoretischer Ansatz	• Professionalisierung als Aufbau von Handlungsfähigkeit durch Wissen und Können • Blick auf eigenes Handeln innerhalb spezifischer Strukturen • Reflexive Auseinandersetzung mit der eigenen Praxis
Berufsbiographischer Ansatz	• Professionalisierung als berufsbiographische Entwicklungsaufgabe • Blick auf eigene berufliche Gewordenheit • Offenlegung subjektiver Theorien und Arbeit an Entwicklungsaufgaben
Persönlichkeitsansatz	• Professionalisierung als Persönlichkeitsentwicklung • Blick auf eigene Stärken und Schwächen und deren Bearbeitung
Kulturtheoretisch-praxeologischer Ansatz	• Professionalisierung als Aufbau und Entwicklung eines Repertoires pädagogischer Praktiken • Blick auf das eigene Tun und die Reaktionen darauf innerhalb eines spezifischen Möglichkeitsraums • Reflexive Auseinandersetzung mit der eigenen Praxis im spezifischen kulturellen Kontext

Befunde der Schul- und Professionsforschung werden deshalb nicht selten mit Reflexionsaufforderungen an die schulischen Akteur/innen verknüpft und folgen damit der Anspruchsformel „Professionalität durch Reflexivität" (zu dieser Diskussion s. Reh 2004, S. 363). Denn diese Form der Zuwendung zu sich selbst, der „Bewusstheit über das eigene Tun" (Combe/Kolbe 2008, S. 859) und der Bekenntnis zum Ge- und Misslingen der eigenen Praxis ist maßgeblich eingebunden in den sogenannten Selbstoptimierungsdiskurs (Lehmann-Rommel 2004). So ließen sich Reflexion und Reflexivität in Anschluss an Foucault (1993) als Selbsttechnologien beschreiben, als Form der Selbstkontrolle, die immer die Gefahr mit sich trägt, Probleme zu dekontextualisieren und zu individualisieren, was deshalb prekär sein kann, weil gerade im Modus der Reflexion eine Trennung von professioneller Rolle und individueller Person schwierig ist (Kurtz 2006). Im Fall einer kollektiven Reflexionskultur, für die Reh plädiert, besteht zudem die Gefahr, dass Reflexion formalisiert wird, wenn bspw. Supervisionen oder kollegiale Beratung zwar durchgeführt, im Sinne einer individuellen Krisenvermeidung jedoch eher pro forma und nicht als tieferreichende Reflexivität praktiziert wird. Das würde dann eher zu Tendenzen der Deprofessionalisierung führen, denn Reflexion als „Erwartung kann durch Verfahren institutionalisiert werden, ihre Erfüllung jedoch kaum" (Matter/Brosziewki 2014, S. 34).

Reflexion als „Perspektivierung des Wissens"

Es soll also eine *spezifische Haltung* zu sich selbst als pädagogisch professionelle/r Akteur/in in einem von Normen, Regeln und Konventionen durchzogenen institutionellen Kontext eingenommen werden. Bspw. geht mit der Norm der Kooperativität, die die professionelle Praxis aktuell im Besonderen präfiguriert (→ Multiprofessionalität s. Kapitel 3.3), auch eine Praxis der explizierbaren Reflexion einher und damit auch der Anspruch an die Professionellen, sich nicht nur rück- und selbstbezüglich der eigenen Praxis zuzuwenden, sondern auch in einer bestimmten Form darüber sprechen zu können. Reh zeigt, dass das Sprechen über die eigene Praxis großes Potenzial für eine „Perspektivierung des Wissens" (Reh 2004, S. 368) und somit eine produktive Bearbeitung von Problemlagen im Sinne des Situationsverstehens und der Problemlösung innehat. „Hier geht es nicht um biografische Selbstvergewisserung, sondern um (zunächst sprachliche) Verfügbarkeit dessen, was sich der Einzelne als Handeln in Geschichten zuschreibt und um die Schaffung organisatorischer Strukturen dafür" (ebd., S. 364).

> *„In der Konsequenz des Dargestellten scheint es notwendig, zwischen Professionalität als einer Steigerungsformel im Sinne von ‚Reflexivität als Bekenntnisstruktur' oder von ‚Reflexivität als organisatorischer Struktur' zu unterscheiden. Während die erste Variante in Gefahr ist, zu einer Essentialisierung der authentischen Persönlichkeit zu gerinnen, ein Modell des sich selbst vollständig transparenten und bewusst alle Handlungen intentional planenden Subjektes als Fluchtpunkt professioneller Selbstverständigung auszumalen, also von einem Kontinuum von Wissen und Handeln, von Intention und Handeln des Professionellen auszugehen, setzte eine andere auf Umbau organisatorischer Strukturen, auf Schaffung neuer Organisationsformate, von in der Arbeitsweise einer Organisation verankerter Orte für kommunikative Reflexivität – und zwar über Unterricht, nicht über mehr oder weniger abstrakte pädagogische Profile einer Schule oder Ähnliches (vgl. auch Bastian/Combe/Reh 2002)."*
>
> Reh 2004, S. 368

Aufgaben zur Vertiefung

Aufgaben **?**

1. Setzen Sie das Kapitel zu Wissen/Können und Reflexion zueinander in Verbindung! Welche Rolle kommt Reflexion beim Auf- und Ausbau professionellen Wissens und Könnens zu? Formulieren Sie dazu (eine) konkrete These(n)!
2. Lassen Sie Sabine Rehs Plädoyer für eine ‚Reflexivität als organisatorische Struktur' noch einmal Revue passieren und fassen Sie ihre zentralen Argumente zusammen! Welche Konsequenzen hat es für die alltägliche Organisation von Schule und für die Anforderungen im Lehrer/innenberuf?

2.4 Organisation und Profession: Was begrenzt die professionelle Autonomie?

Wie autonom sind Lehrer/innen in ihrem Handeln und wie stark wird ihr Handeln durch die Organisation Schule reguliert? Professionelles Handeln ist dann von Nöten, wenn es um lebenspraktische und krisenhafte Probleme der Klient/innen geht. Aus dem aufgezeigten Bedingungsgefüge (→ Krise/ Routine s. Kapitel 1.2.1) des Lehrer/innenhandelns lässt sich ableiten, dass dieses Handeln als professionelles Handeln auf einen autonomen Handlungsraum angewiesen ist, in dem Entscheidungen fallbezogen getroffen werden können. Der Profession steht zwar Orientierungswissen zur Verfügung, im Kern geht es aber um das professionelle Ins-Verhältnis-Setzen dieses Wissens auf den Einzelfall, und dieses bedarf der Handlungsspielräume und des Abwägens von Optionen – und eben nicht eines strengen Regelwerks, das konkrete Handlungen vorgibt.

Begrenzung von Autonomie

Nun können Sie, die/der Sie ja schon in unterschiedlicher Form mit einer Ausbildungsorganisation zu tun hatten, mit Recht einwerfen, dass Ihnen der Begriff der Autonomie hier verdächtig vorkommt. Gelten denn in der Schule keinerlei Regeln für Lehrer/innen? Und genau an dieser Stelle stoßen Sie auf das *Spannungsfeld von Profession und Organisation*, die jeweils in sich unterschiedlich strukturiert sind. Baut die Profession auf Autonomie, wird diese durchaus von organisationalen Rahmenbedingungen und Strukturlogiken begrenzt. In Schulen gelten Vorgaben unterschiedlicher Art, die bestimmen, wie und wann was getan werden soll (bspw. schulbezogene und bildungspolitische Vorgaben, Curricula, Bildungsstandards etc.) oder muss (bspw. Schulgesetze der Länder, Dienstrecht und -verträge etc.). Außerdem sind Schulkollegien zwar formal durch eine sehr flache Hierarchie gekennzeichnet, jedoch sind ggf. in der Praxis Unterschiede zwischen Akteur/innen festzustellen, die mit unterschiedlichen Handlungsspielräumen und Zuständigkeiten einhergehen können. So existieren neben Schul- und Fachbereichsleitung im Zuge der Veränderung von Schule bspw. zunehmend auch Steuergruppen, die die Entwicklung bestimmter Bereiche (bspw. Ganztags- oder Schulprogramm, Bereich Förderpädagogik) verantworten. Zwar ist mit solchen Positionen nur selten Weisungsbefugnis verbunden, jedoch können sie auf informeller Ebene Einfluss auf die Praxis entwickeln.

Neben den Zuständigkeitsbereichen (bspw. auch für bestimmte Fächer) sind auch die Abläufe, die zeitliche bzw. räumliche Organisation des Schultages ebenso wie die Entscheidungsfindung auf der Ebene gesamtschulischer Angelegenheiten, weitgehend festgelegt und lassen sich auch nicht aus fallbezogenen Gründen ohne Weiteres übergehen. Vorgaben, Hierarchien und Strukturen der Organisation Schule gestalten also den Handlungsspielraum der einzelnen Professionellen maßgeblich mit, auch wenn das pädagogische Handeln innerhalb dieser Rahmungen weitestgehend autonom bleibt. Das dabei jedoch nicht zu negierende Spannungsfeld zwischen Profession und Organisation lässt sich gut am berühmt gewordenen *Autonomie-Paritäts-Muster* (Lortie 1972) diskutieren. Es besagt, dass Lehrer/innen als Professionelle einerseits Autonomie bzgl. ihres beruflichen Handelns und andererseits die Gleichbehandlung aller Professionellen und das Gebot der Nicht-Einmischung beanspruchen. Von Seiten der Organisation kann dem Gleichheitspostulat zudem die Hierarchie entgegenstehen, die bspw. entsteht, wenn in Entwicklungsprozessen (→ Schulentwicklung s. Kapitel 3.4) Steuergruppen eingesetzt werden.

Eine die Profession betreffende Veränderung ist aktuell auch in dem ausgeweiteten Anspruch zu beobachten, dass Lehrer/innen untereinander und mit anderen pädagogischen Akteur/innen kooperieren sollen (→ Multiprofessionalität s. Kapitel 3.3). Das Motto „die Praxis des anderen geht auch nur ihn etwas an" (und vice versa) lässt sich dann nämlich nicht mehr durchhalten, wenn sie zum Gegenstand des Austauschs und zu einer gemeinsam zu gestaltenden Aufgabe wird. Diese Veränderung professioneller Praxis bietet jedoch Reflexionspotenziale und somit neben der Einschränkung von Autonomie und Parität zugleich auch Vorteile für die Professionalisierung (→ Reflexivität s. Kapitel 2.3).

Schlussfolgerungen zum Verhältnis von Organisation und Profession

In der professionstheoretischen Debatte werden unterschiedliche Schlussfolgerungen aus solchen Charakterisierungen von Profession und Organisation gezogen (vgl. zusammenfassend Cloos 2014). Oevermann geht so weit, in der Integration von Berufsgruppen in Organisationen und dem damit verbundenen Autonomieverlust den Grund dafür zu sehen, dass die Organisation Schule in der heutigen Verfasstheit als „Behörde" (Oevermann 2008, S. 75) der Professionalisierung der mit ihr verbundenen pädagogischen Berufe entgegensteht. Schütze sieht in der unaufhebbaren Differenz zwischen Organisation und Profession einen weiteren Widerspruch, der im professionellen Handeln bearbeitet werden muss (Schütze 1996; vgl. auch den dritten Band dieser Reihe: Schütze 2021). Olk (1986) hingegen versteht die Organisation als notwendige Rahmung professioneller Autonomie, da sie die Ressourcen bereitstellt, die dafür benötigt werden. Cloos verweist darauf, dass Handlungsspielräume der Professionellen immer auch das Ergebnis von Aushandlungen sind und Organisationen als Arenen solcher „Machtkämpfe, Positionierungen und Legitimationen der Organisationsmitglieder nach innen und nach außen" zu verstehen seien (Cloos 2014, S. 267). Autonomie kommt in dem Beispiel der Kooperation dann eben auch zum Ausdruck, wenn es um die Gestaltung von Aushandlungsprozessen in einer gemeinsamen Praxis geht. Organisationen sollten also „nicht auf Bürokratie und Organisationsstruktur reduziert werden" (Cloos 2014, S. 267), sondern können als professionelle Organisationen den „Spielraum eröffnen, Verantwortung für das eigene Handeln in eher hierarchisch flachen Kollegien zu gestalten" (ebd.).

Aufgaben zur Vertiefung

Aufgaben 

1. Vergleichen Sie die unterschiedlichen Positionen zum Verhältnis von Organisation und Profession! Wie wird jeweils Organisation charakterisiert?
2. Skizzieren Sie eine Situation, in der auch im Sinne des Modells von Cloos eine Gefahr für professionelles Handeln entstünde!

3 Professionsentwicklung – Diskussionen um aktuelle Herausforderungen

Handlungsfeld Schule im Wandel

In diesem Kapitel möchten wir aufzeigen, welche bildungspolitischen Ereignisse bzw. Reformen der letzten Dekade Einfluss auf die Professionalisierung des Lehrberufs hatten. Seit etwa der Jahrtausendwende befindet sich das schulische Handlungsfeld in einem weitreichenden Wandlungsprozess. Wurde Schule lange Zeit als relativ statische, gegen Reformen resistente und regelrecht widerständige Einrichtung charakterisiert, werden sie und die an ihr beteiligten Lehrpersonen und die immer zahlreicheren weiteren pädagogischen Fachkräfte in der Schule seit den 2000er Jahren von einer deutlichen Entwicklungsdynamik erfasst, wie sie zuletzt in der Zeit der großen Bildungsreformen in den späten 1960er und 1970er Jahren zu beobachten war.

Entwicklungen werden in einem Feld im historischen Rückblick verstehbar, indem sie auf Ereignisse zurückgeführt werden, die ihnen vorangegangen sind, sie ausgelöst haben und zugleich natürlich auch wiederum Folgen von gesellschaftlich relevanten Debatten waren. Die gegenwärtige Situation in Deutschland lässt sich vor allem vor dem Hintergrund einer *Internationalisierung* von Bildungspolitik verstehen, in der zum einen bildungsökonomische Perspektiven auf die Ertragsseite schulischer Bildung gerichtet und zum anderen gesellschaftspolitische Ansprüche auf Bildungsgerechtigkeit geltend gemacht werden. Zunehmend nehmen transnationale Organisation wie die OECD, aber auch politisch legitimierte Organe wie die Vereinten Nationen, Einfluss auf nationale Bildungsdiskurse und die Formulierung von Bildungspolitiken (Martens et al. 2013). In diesem Zusammenhang wurden in Deutschland weitreichende *bildungspolitische Reformvorhaben* eingeleitet und mit Befunden aus internationalen Schulleistungsstudien begründet, die metaphorisch verdichtet im Begriff des sogenannten *PISA-Schocks* eine Krise des Schulsystems diagnostizierten, indem sie auf Leistungs- und Gerechtigkeitsprobleme aufmerksam machten. Diese Debatte wurde zudem verstärkt durch die *UN-Behindertenrechtskonvention.*

Gut zu wissen!

Der sogenannte PISA-Schock 2000: Mit der internationalen Vergleichsstudie PISA (Programme for International Student Assessment) der OECD (Organisation für wirtschaftliche Zusammenarbeit und Entwicklung) wurde dem deutschen Bildungssystem ein unterdurchschnittliches Ergebnis hinsichtlich der Leistungen im Vergleich und vor allem mangelnde Chancengleichheit attestiert (Baumert et al. 2001; OECD 2016). Insbesondere die enge Korrelation von sozialer Herkunft und dem Schulerfolg wurde breit rezipiert und führte u. a. zu einer Aufwertung der Bildungspolitik von Bund und Ländern sowie zu entsprechenden Reformvorhaben.

Gut zu wissen!

Die UN-Behindertenrechtskonvention: Das 2006 verabschiedete und 2008 in Kraft getretene „Übereinkommen über die Rechte von Menschen mit Behinderung" verfolgt das Ziel, für Gleichberechtigung von Menschen mit und ohne Behinderung, konkreter für Selbstbestimmung, Diskriminierungsfreiheit und gleichberechtigte gesellschaftliche Teilhabe zu sorgen. Der in Deutschland breit rezipierte Artikel 24 bestärkt Inklusion im Bildungswesen als Menschenrecht und gesamtgesellschaftliche Aufgabe. Mit der Ratifizierung der Konvention im Jahr 2009 hat sich Deutschland verpflichtet, ein inklusives Bildungssystem umzusetzen, das die gemeinsame Beschulung von Menschen mit und ohne Behinderung zur Regel macht.

Beide Ereignisse sind eingebunden in eine breite Debatte um die Frage, wie im deutschen Bildungssystem für *Chancengleichheit* gesorgt wird, wie dem lernenden Individuum Gerechtigkeit zuteil wird und wie auf die gesellschaftlichen Veränderungen (Mediatisierung der Gesellschaft, veränderte Sozialisationsbedingungen und Bildungsanforderungen auch im Zusammenhang mit veränderten Arbeitsmärkten, Bildungsexpansion) reagiert werden kann. Die bildungspolitisch induzierten Reformen setzen an unterschiedlichen Stellen des Schulsystems an und bringen je spezifische Anforderungen an die Professionellen hervor:

Reformen der äußeren Verfassung des Schulsystems

- *Ganztagsschulreform*: Mit dem Investitionsprogramm „Zukunft Bildung und Betreuung" (IZBB) wurde von Seiten des Bundes ab 2003 der Auf- und Ausbau von Ganztagsschulen vorangetrieben, um mehr und andere schulische Förderangebote sowie ein nachmittägliches Betreuungsangebot gewährleisten zu können. Die Bundesländer haben in Folge dessen je eigene Agenden zur Stärkung ganztägiger Beschulung entwickelt. Offene und (teil-)gebundene Formen, der Einbezug von Grund- und Sekundarschulen sowie die Rhythmisierung des Schultages und der Einbezug unterschiedlicher pädagogischer Professionen sowie Laien sind konzeptuell so unterschiedlich, dass nicht von einer einheitlichen Ganztagsschule gesprochen werden kann. Der Begriff spannt sich vielmehr über sehr heterogene Realisierungsformen von Schule mit unterschiedlichen außerunterrichtlichen Angeboten über den Ganztag (Züchner 2015) (→ s. Multiprofessionalität s. Kapitel 3.3).
- *Inklusion*: Ebenfalls länderspezifisch unterschiedlich ist die Umsetzung der inklusiven Beschulung sowie die Definition des Begriffs Inklusion, der nicht nur die gemeinsame Beschulung von behinderten und nicht behinderten Schüler/innen, sondern in einem weiteren Sinne auch das gemeinsame Lernen einer auf unterschiedlichen Ebenen diversen Schülerschaft umfassen kann. Während in manchen Bundesländern Förderschulen nahezu abgeschafft werden, findet sich in anderen eher ein System der Integration einzelner Schüler/innen mit besonderem Förderbedarf in die Regelschule. Hieraus resultiert der Anspruch, dass auch das pädagogische Kollegium so aufgestellt sein muss, dass hinreichendes Wissen und Können zur Bearbeitung dieser Aufgabe vorhanden ist.
- *Sekundarschulreform*: Fast alle Bundesländer entwickeln ihr Schulsystem von einem drei- zu einem zweigliedrigen System im Sekundarschulbereich. Die neu entstandenen Sekundarschulformen neben dem Gymnasium haben vielfältige Erscheinungsformen von der Auflösung der Hauptschule, der Integration von Haupt- und Realschulbildungsgang bis zu Formen, die bis zum mittleren Schulabschluss alle Schullaufbahnoptionen einschließlich des gymnasialen Bildungsgangs offenhalten und auch über eigenständige gymnasiale Oberstufen verfügen können. Auch hieraus resultiert ein enormer Schul- und Unterrichtsentwicklungsanspruch, mit dem die Professionellen konfrontiert sind. Es gilt, die individuelle und die kollektive Praxis den neuen Gegebenheiten und Bedarfen anzupassen.

Reform der schulischen Praxis

Begleitet wird dieser *Umbau der Systemstruktur* von einer Diskussion um die innere Reform der schulischen Vermittlungsarbeit und Lernkultur im Kontext eines erweiterten schulischen Bildungs- und Erziehungsauftrags, der in der Diskussion um Ganztagsschule und Inklusion wirkmächtig artikuliert wird. Schule soll durch *Individualisierung*, individuelle Förderung, durch eine methodisch-didaktische und institutionelle Öffnung sowohl ihr Kerngeschäft, den Unterricht, erneuern wie auch darüber hinaus mehr als nur diesen bieten. Gefordert wird eine Öffnung von Schule und Unterricht, die der Unterschiedlichkeit der Schüler/innen und ihren verschiedenen kulturellen, sozialen und biographischen Hintergründen Rechnung trägt. Die Professionellen sollen die schulischen Angebote im Sinne der Förderung der einzelnen Schüler/innen ausgestalten und zu diesem Zwecke auch miteinander kooperieren (→ Multiprofessionalität s. Kapitel 3.3)

Neue Steuerung des Schulsystems

Zugleich hat sich auf der Ebene der Steuerung des Schulsystems einiges verändert, was grundlegend mit dem gestiegenen bildungspolitischen Steuerungsinteresse (Bildungsmonitoring) zusammenhängt. Unter dem Schlagwort der ‚*Neuen Steuerung*' versammeln sich Elemente wie die kompetenzorientierten, abschlussbezogenen Bildungsstandards für die Kernfächer, auf die sich die Kultusministerkonferenz (KMK) geeinigt hat, ein auf zweijährigen gesamtdeutschen Bildungsberichten beruhendes Systemmonitoring sowie die Teilnahme an internationalen Schulleistungsstudien (bspw. IGLU, TIMMS, PISA), darüber hinaus innerdeutsche Ländervergleiche und Lernstandserhebungen in den einzelnen Bundesländern durch Vergleichsarbeiten zur Überprüfung der Umsetzung der Bildungsstandards. Zu diesem Zweck wurden spezielle Institutionen (bspw. Institut zur Qualitätsentwicklung im Bildungswesen, IQB) geschaffen, die die bundesweiten Studien durchführen, aufbereiten und damit Orientierungswissen für Politik und Praxis bereitstellen.

Kritik wird neben der Fokussierung auf vermeintlich testbare Kompetenzen vor allem an der Anschlussfähigkeit des hier ermittelten Wissens geübt. Außerdem wird die Befürchtung geäußert, dass Unterricht zum ‚Teaching and Learning to the test' wird, was genau jene ebenfalls geforderte Erneuerung der Lernkultur durch individualisierten, am selbständigen und selbstregulierten Lernen orientierten Unterricht konterkariert (→ Individualisierung s. Kapitel 3.2). Auch der bereits in den 1990er Jahren vorangetriebenen Ausweitung der *Schulautonomie* – so können Schulen zunehmend selbst über ihre pädagogischen und curricularen Profile, die Verwendung ihrer Ressourcen und die Organisation des Schulalltages entscheiden – wird mit dieser Entwicklung eine Grenze gesetzt. So stehen also der Ausweitung von schulischer Selbstorganisation nun in verstärktem Maße überprüfbare Standards, an deren Erreichung oder Nichterreichung sich Schulen messen lassen müssen, und die Forderung nach Rechenschaftspflicht (sog. „Accountability") gegenüber (→ Organisation/Profession s. Kapitel 2.4).

Professionelle als Träger der Veränderung

Nimmt man all dies zusammen, lässt sich durchaus die Einschätzung vertreten, dass sich das Handlungsfeld Schule in einem Übergangsgeschehen befindet, das Auswirkungen auf die Fragen nach pädagogischer Professionalität und Professionalisierung hat. Denn in diesem Transformationsprozess werden die Professionellen als Träger und Garanten von Veränderungen adressiert (Idel/Rabenstein 2016). Die gesellschaftliche Bildungskrise wird somit als ein Problem der Professionalisierung der Akteur/innen im Schulsystem gedeutet und ein wesentlicher Schlüssel zur Veränderung von Schule wird in einer reformierten Lehrer/innenbildung gesehen (→ Ausbildung von Lehrpersonen s. Kapitel 3.1). Über Professionalisierungsprozesse soll demnach der Weg des Wandels maßgeblich bereitet werden. Das bedeutet aber auch: Die Resultate und die Entwicklung von Schule – die heute mit einem System des Bildungsmonitorings und der Evaluation unter Dauerbeobachtung gestellt wird – lasten auf den Schultern der Professionellen (→ Schulentwicklung s. Kapitel 3.4). Dabei wird nicht nur auf die Lehrer/innenprofessionalität angespielt, sondern ebenso auf andere pädagogische Professionen. Denn der erweiterte Erziehungs- und Bildungsauftrag von Schule – so ein weitgehender Konsens in der Reformdiskussion – soll in einem multiprofessionellen Zusammenwirken, also durch den Einbezug anderer pädagogischer Fachkräfte erfüllt werden. Damit wird die Monopolstellung der Lehrperson als schulische Leitprofession in Frage gestellt. Diese Debatten sollen nun angesprochen werden.

3.1 Die Ausbildung von Lehrpersonen

Nicht zuletzt ist auch die Organisation und Konzeptualisierung der Lehrer/innenbildung Gegenstand der Bildungsreform. Veränderungen der Lehrer/innenbildung werden als wesentliche Strategie in der Bildungsreform erachtet. In jüngster Zeit nimmt auch der Bund als zentraler Akteur im eigentlich föderalen deutschen Bildungssystem, das durch die Bundesländer gestaltet wird, mit dem millionenschweren Programm der „Qualitätsoffensive Lehrerbildung" Einfluss auf die Weiterentwicklung der ersten Phase (BMBF 2016). Wir wollen hier allerdings nur die wichtigsten Aspekte anreißen, die den Umbau der akademischen Lehrer/innenbildung seit den 2000er Jahren im Großen und Ganzen ausmachen. Auffallend ist, dass trotz der Einsicht in den von uns bereits hervorgehobenen Befund, dass die Professionalisierung von Lehrpersonen eine berufslebenslange Aufgabe ist und das Studium nur berufsfähig, aber nicht berufsfertig macht, nicht in gleicher Weise Anstrengungen unternommen werden, um eine kontinuierliche Professionalisierung auch in der dritten Phase durch einschlägige Angebote zu strukturieren. Die Reform der Lehrer/innenbildung – so könnte man sagen – bleibt dann in den alten Bahnen stecken, wenn sie sich fast ausschließlich auf die Erstausbildung konzentriert.

Gut zu wissen!

Die Lehrer/innenbildung in Deutschland ist in drei Phasen untergegliedert:
1. Phase: Lehramtsstudium an Universitäten/Pädagogischen Hochschulen
2. Phase: Referendariat/Vorbereitungsdienst (Arbeit an Schulen + staatliche Seminare)
3. Phase: Beruf inklusive Fort- und Weiterbildungen

Die meisten Bundesländer haben ihre Studienstrukturen in der Lehrer/innenbildung in den *Bologna-Prozess* einbezogen und so die erste Phase der akademischen Lehrer/innenbildung modularisiert, gestuft und in das ECTS-System der Workload-Kalkulation überführt. Durch die Einführung von längeren und besser strukturierten schulpraktischen Studien in der ersten Phase bis hin zu Praxissemestern im Masterstudium wurde versucht, das für viele akademische Berufe virulente, in der Lehrer/innenbildung und im schulpädagogischen Diskurs aber in besonderer Weise dramatisierte *Theorie-Praxis-Problem* zu mildern. Eine weitere Maßnahme zur Stärkung des Berufsfeldbezugs bzw. der Professionsorientierung im Studium war der Ausbau der Fachdidaktiken (die an vielen Universitäten lange Zeit ein Schattendasein führten) und der professionswissenschaftlichen Bezüge, die früher Domäne der erziehungswissenschaftlichen Begleitstudien im Lehramtsstudium waren.

Kompetenzorientierung

Im Anschluss an die Debatte um die Qualitätsentwicklung und die Steuerung des Bildungswesens wurde auch in der Lehrer/innenbildung das *Kompetenzparadigma* (→ Kapitel 1.2) zur Richtschnur der curricularen Strukturierung. Insgesamt wurde damit die Bedeutung der empirischen Bildungsforschung, die eher psychologisch-quantitativ ausgerichtet ist, in der akademischen Lehrer/innenbildung gesteigert. Sie verspricht, durch Kompetenzmessung bzw. Standardüberprüfung die Wirksamkeit und Praxistauglichkeit von Ausbildung überprüfen und Arrangements der Lehrer/innenbildung entsprechend anpassen zu können, die Lehrer/innenbildung also ebenso wie die schulische Bildung evidenzbasiert steuern zu können (Kunina-Habenich et al. 2012). Die von der Kultusministerkonferenz (KMK) 2004 verabschiedeten *Standards für die Lehrerbildung* sollen dazu beitragen, durch die Ausbildung der Lehrer/innen zur Qualitätssicherung und -entwicklung im Bildungswesen zu sorgen. Die Standards sollen „Zielklarheit und die Grundlage für eine systematische Überprüfung der Zielerreichung" (KMK 2004, S. 1) schaffen.

Neue Dachstrukturen für Lehrer/innenbildung

Auf der Ebene der Universitäten wurde dem oft als fragmentiert wahrgenommenen Lehramtsstudium mit der Gründung von *Zentren für Lehrerbildung* (ZfL) bzw. noch weitergehend der Errichtung von Professional Schools of Education (PSE) eine Dachstruktur geschaffen. Bei beiden handelt es sich um neue institutionelle Gebilde, die die Lehrer/innenbildung im Mikrokosmos der Universitäten stärken und ihren Interessen zu mehr Durchsetzungskraft verhelfen sollen. Damit ist aber auch eine neue Akteur/innenebene entstanden, die nicht selten auch mit eigenen Aktivitäten in Forschung und Lehre in die Gestaltungsautonomie und die Domänen der anderen Fächer eingreift und diese begrenzt, handelt es sich doch bei der Lehrer/innenbildung um Studiengänge, die aus Lehrangeboten und -konzepten ganz unterschiedlicher Fächer bestehen. Eine übergeordnete Struktur kann ebenso die Koordination dieser Studiengänge maßgeblich unterstützen, wie aber zugleich auch die Autonomie der einzelnen Fächer einschränken, was letztlich mit dem Grad der konzeptionellen Gestaltungsmacht zusammenhängt.

Gut zu wissen!

Die Lehreramtsstudiengänge in Deutschland bestehen in der Regel aus einer Kombination aus:

1. den gewählten Fachrichtungen
2. den entsprechenden Fachdidaktiken
3. Erziehungs- und Bildungswissenschaften
4. ggf. und abhängig von der Universität/Pädagogischen Hochschule einem Anteil General Studies/Wahlpflichtbereichen/Schlüsselqualifikationen

Verhältnis von Theorie und Praxis

Mit Blick auf die von uns dargestellten Diskursansätze und Fragestellungen der Professionsforschung scheint für die Anlage der akademischen Lehrer/innenbildung zentral zu sein, wie es ihr gelingt, das Verhältnis zwischen Theorie und Praxis bzw. Wissen und Können auszutarieren, sprich: wie die Anteile des eher theoretischen Studiums mit den Formen erster schulpraktischer Erfahrungsbildungen in einen produktiven Zusammenhang gebracht werden, ohne dass theoretisch konzeptionelle Wissensbestände nur nach einer unmittelbar als praktisch erscheinenden Brauchbarkeit beurteilt werden und umgekehrt auch die Erfahrungsbildung nicht durch eine Art Hyperreflexivität permanent blockiert wird. Es geht also um die Frage, in welchen strukturierten Formen Denken und Handeln aufeinander bezogen und so Lehrer/innenbildung nicht nur in den Bahnen einer sozialisatorischen Aneignung von Routinen, sondern ebenso als Bildungsprozess gelingen kann. Ansätze hierzu werden in der Diskussion um eine *reflexive Lehrer/innenbildung* entwickelt (Berndt et al. 2017).

Aufgabe zur Vertiefung

Diskutieren Sie die skizzierten Veränderungsprozesse des Lehramtsstudiums vor dem Hintergrund der dargestellten Diskursansätze der Professionsforschung! Welche Chancen und Gefahren für die Professionalisierung birgt Ihrer Meinung nach die kompetenztheoretische Wende in der Lehrer/innenbildung?

3.2 Individualisierung und neue Lernkultur

Heterogenitätsdiskurs

In der bildungspolitischen wie auch in der schulpädagogischen Fachdiskussion wird eine Individualisierung von Unterricht als angemessene Reaktion auf die Heterogenität der Lernenden vorgeschlagen. Die zentrale Denkfigur des schulpädagogischen *Heterogenitätsdiskurses* rückt die Wahrnehmung der Diversität der Lernenden in den Mittelpunkt und markiert diese als schulisch relevant, da sie differente Lernausgangslagen hervorbringt (Trautmann/Wischer 2011). Professionelle Pädagog/innen sollen entsprechend diagnostizieren können, um die individuellen Ausgangslagen anerkennen und mit adäquaten pädagogischen Maßnahmen der individuellen Förderung darauf reagieren zu können (Idel 2016a, S. 96). *Individuelle Förderung* wurde in die Präambeln vieler Schulgesetze als proklamiertes Ziel aufgenommen. Als grundlegendes Prinzip erhält es auch in den Reformen der äußeren Verfassung des Schulsystems und insbesondere im Topos der Inklusion Unterstützung. Durch die Auflösung von Formen der Sonderbeschulung und die Aufnahme aller Heranwachsenden in allgemeinbildende Regelschulen wird die systemische Homogenisierungslogik ebenso durchbrochen wie durch die Abschaffung von Hauptschulen und die Integration aller allgemeinen Bildungsgänge in neuen Sekundarschulformen. Im schulpädagogischen Diskurs wird der Forderung Nachdruck verliehen, sich von „Homogenisierungsfiktionen" (Tillmann 2004) zu verabschieden und stattdessen die Heterogenität der Schüler/innen nicht als Belastung und auch nicht bloß als Herausforderung, sondern in konstruktiver Weise als Normalität, Chance und Wert im schulischen Lernprozess zu begreifen. Selten wird dabei jedoch reflektiert, inwiefern Schule, Unterricht und das professionelle pädagogische Handeln selbst Differenzen hervorbringen, die ja nicht nur von außen in die Schule hineingetragen und dort durch einen individualisierenden heterogenitätssensiblen Unterricht kompensiert werden, sondern nicht selten ebenfalls Benachteiligungen produzieren. Ansätze einer kulturtheoretisch-praxeologischen Unterrichtsforschung mit ihrem Fokus auf die Vollzugslogiken der Praxis beschäftigen sich mittlerweile intensiv mit den Prozessen der Differenzkonstruktion im reformierten Unterricht (Bleidick 1988; Katzenbach 2015; Idel 2016a).

Gut zu wissen!

Was ist unter Individualisierung im Kontext von Schule und Unterricht zu verstehen? „Individualisierung umfasst das Auswählen und Bereitstellen individuell passender Lernangebote auf der Basis einer zuvor erfolgten Erfassung der Lernvoraussetzungen einzelner Schüler/-innen" (Bohl 2013, S. 250). Rabenstein/Wischer definieren Individualisierung als „Anspruch, den Einzelnen zu fördern und das Lernen besser auf die Bedürfnisse, Interessen, Stärken und Schwächen des Einzelnen abzustimmen" (Rabenstein/Wischer 2016, S. 7). Eine so verstandene Individualisierung benötigt individualisierende Lernangebote, „bei denen die Lernenden die Zugänge frei wählen, sie sich die gemeinsame Sache auf ihre je eigene Weise erschließen sowie selbst erfahren und erproben können, welche Herausforderungen ihnen beim Verstehen der Sache am besten helfen" (Wittek/Herrmann/Bastian 2016, S. 77). Sie können im weiteren Sinne als an individualisierenden Aufgabenformaten, einem hohen Maß an

Entscheidungsspielräumen und zahlreicheren Möglichkeiten der individuellen Zuwendung ausgerichtete Unterrichtsform verstanden werden (Idel 2016a, S. 94).

Welche Folgen hat nun der Ruf nach Individualisierung für das professionelle Handeln der an schulischen Lernprozessen maßgeblich beteiligten Pädagog/innen? Der Diskurs verlangt nicht nur nach einer veränderten Praxis, sondern bringt damit auch vielfältige Anforderungen für die beteiligten Professionellen hervor und transformiert die Grundbedingungen pädagogischen Handelns in Schule und Unterricht maßgeblich.

Neue Lernkultur

Unter dem Leitbegriff der *neuen Lernkultur* wird in der schulpädagogischen und didaktischen Diskussion eine reformpädagogische Öffnung des Unterrichts empfohlen und es wird spiegelbildlich dazu zum Teil einseitig verkürzend das lehrer/innengelenkte Unterrichtsgespräch bzw. der sogenannte ‚Frontalunterricht' diskreditiert. Ins Feld geführt werden aus der *Reformpädagogik* bekannte Formen des selbständigen Lernens an individualisierten Arbeitsplänen, des kooperativen Lernens im Projektunterricht, Jahrgangsmischung statt Jahrgangsunterricht sowie alternative Formen der Leistungsbeurteilung und eine prozessorientierte und an individuellen Bezugsnormen – den Lerngeschichten der einzelnen Schüler/innen – ausgerichtete Feedbackkultur bzw. Lernberatung. In der programmatischen schulpädagogischen Literatur erfährt das Bild der Lehrkräfte eine neue Nuancierung. Sie erscheinen hier als Lernbegleiter/innen, die Lernprozesse durch individualisierte Aufgaben und entsprechendes Material vorstrukturieren, die Schüler/innen durch individuelle Lernberatung begleiten und sich ansonsten in ihrer Instruktionsfunktion zurückhalten. An die Stelle der Lehrer/innen, die zeigen, erklären, das kollektive Gespräch lenken, sollen nun die Lernenden treten, die je für sich oder im Lernverbund mit ihren Mitschüler/innen Fragen aufwerfen, Wege der Problemlösung suchen und dabei die zu lernende Sache entdecken (Bohl/Kucharz 2009; Breidenstein/Rademacher 2017; Breidenstein 2014).

Individualisierung verändert pädagogische Praxis

Die Praxis des individualisierten Unterrichts und der verstärkte Ruf danach werden in den oben aufgeführten Theorieansätzen unterschiedlich diskutiert. Im Fokus des kompetenztheoretischen Ansatzes werden insbesondere die notwendigen diagnostischen Kompetenzen und die Bereitschaft und Fähigkeit hervorgehoben, adaptive Aufgaben zu stellen und den Schüler/innen durch Scaffolding („Gerüst erstellen") passgenaue und weiterführende Hilfestellungen zum selbständigen Arbeiten zu geben. Hier wird deutlich, über welche neuen *Kompetenzen* Lehrende im Zuge der veränderten Lernkultur verfügen müssen (von Bülow/Götz 2015; Liebers et al. 2015).

Strukturtheoretisch reflektiert hat die Veränderungen von Unterricht insbesondere Helsper (2016). Er rekonstruiert auf der Grundlage des von uns oben dargestellten Antinomien-Ansatzes zwei wesentliche Verschiebungen im individualisierten Unterricht, die wir skizzenartig anführen möchten: Erstens markiert er die Verschiebung eines sachbezogen-distanzierten zu einem diffus-sorgenden, familialisierten *Arbeitsbündnis* zwischen Lehrer/innen und Schüler/innen, in dem der Personenbezug in den Mittelpunkt rückt, über den dann ein Bezug zur Sache erst hergestellt werden kann (Helsper 2016, S. 229). Damit werden aus Sicht des strukturtheoretischen Ansatzes die pädagogischen Antinomien „stärker in Richtung einer emotionalen Nähe- und Vertrauensorientierung, eines diffusen Personenbezugs, einer interaktiven Offenheit und Ungewissheit sowie in Richtung individualisierend-differenzierender Bezüge verschoben" (ebd., S. 231). Helsper macht auch auf die Chancen und Risiken dieser Verschiebung aufmerksam: Der Chance einer Stärkung der ‚prophylaktisch-therapeutischen' Dimension des Lehrer/innenhandelns würde die Gefahr von emotionalen paradoxen Verstrickungen und damit verbundenen Inkonsistenzen gegenüberstehen. Zweitens identifiziert Helsper eine Verschiebung zwischen dem Klassenarbeitsbündnis und dem dyadisch-individuellen Arbeitsbündnis. Während im herkömmlichen zentralen Klassenunterricht „das universalistisch ausgerichtete Klassenarbeitsbündnis dominant im Zentrum" stünde (ebd., S. 233), müssten im individualisierten Unterricht die häufiger werdenden dyadischen Arbeitsbündnisse an „universalistische Klassenbezüge rückgebunden, also reuniversalisiert" werden (ebd., S. 234). Dadurch würde es „auch anspruchsvoller und schwieriger, diese heterogeneren und ausdifferenzierten dyadischen Arbeitsbündnisse an ein für alle Schülerinnen und Schüler geltendes universalistisches, Prinzipien der Gleichbehandlung bzw. der Legitimation und Begründung von Ungleichbehandlung genügendes Klassenarbeitsbündnis zurückzubinden" (ebd.). Diese Ergebnisse betonen, inwiefern sich die Grundbedingungen pädagogischen Handelns in Schule und Unterricht aktuell zu transformieren scheinen.

Aus der Perspektive auf pädagogische Praktiken, die der kulturtheoretisch-praxeologische Ansatz der Professionsforschung einnimmt, lässt sich die Frage aufwerfen, ob *Praktiken des Sorgens* – im Sinne einer individuellen Bezugnahme auf die Heranwachsenden, die deutlich über fachunterrichtliche Vermittlungsprozesse hinausgeht und weitere Teile der ganzen Person der Schüler/innen berührt – neben *Praktiken der Vermittlung* auf der Seite des professionellen Handelns in der Schule an Bedeutung gewinnen – und damit auch in der professionstheoretischen Konzeptualisierung des Handelns die sorgende Dimension pädagogischer Arbeitsbündnisse stärker berücksichtigt werden sollte (Idel/Schütz 2017). Hier zeigt sich besonders deutlich, inwiefern sich der Lehrberuf fundamental zu wandeln scheint.

Aufgaben 

Aufgaben zur Vertiefung

1. Diskutieren Sie die Zusammenhänge zwischen dem Heterogenitätsdiskurs und dem Ruf nach Individualisierung im Unterricht!
2. Wie werden in den einzelnen Ansätzen zur Professionalität von Lehrpersonen die gestiegenen Ansprüche an das professionelle Handeln in einem individualisierten Unterricht theoretisch gefasst und problematisiert?

3.3 Kooperation und Multiprofessionalität

Erweiterter Erziehungs- und Bildungsauftrag

Die Reform in Richtung einer *neuen Lernkultur* bezieht sich nicht nur auf eine Erneuerung des Unterrichts in Richtung Individualisierung und Inklusion, sondern ebenso auf das darüber hinausreichende Angebotstableau unterschiedlich weit vom Unterricht entfernter Lernformate, die insbesondere in der Ganztagsschule angeboten werden. Der im Zuge dessen als erweitert zu verstehende Erziehungs- und Bildungsauftrag scheint nur durch Kooperationen verschiedener Berufsgruppen zu bewältigen zu sein (Olk/Speck/Stimpel 2011): durch eine *intraprofessionelle Kooperation* unter Lehrkräften – einschließlich der Sonderpädagog/innen – und durch eine *multiprofessionelle Kooperation* zwischen Lehrkräften und anderen pädagogischen Professionen vor Ort. So sind als Folge der genannten Reformbestrebungen an Schulen neben den Lehrkräften als ‚klassische' Profession verschiedene andere (pädagogische) Berufskulturen vorzufinden: bspw. Erzieher/innen, Vertreter/innen der Schulsozialarbeit und -pädagogik, Schulpsycholog/innen sowie im Zuge der inklusiven Schulentwicklung Sonderpädago/innen. Die Ausgestaltung der professionellen Teams variiert je nach Schulform. Fest steht, dass sich durch diese Professionsvielfalt vor Ort der Lehrberuf stark verändert hat: weg vom „strukturellen Einzelgänger" (Maykus 2009, S. 308), der im vormittäglichen Schulbetrieb für den Unterricht zuständig ist, hin zu einer vernetzt arbeitenden Lehrkraft, die in Kooperation mit anderen Pädagog/innen am gemeinsamen Bildungsauftrag arbeitet. Dadurch vollzieht sich ein Wandel der ansonsten eher individualistisch angelegten Lehrer/innenprofessionalität zu einer teamorientierten und vernetzten Professionalität in der pädagogischen Organisation Schule (vgl. Idel 2016b, S. 24).

Gut zu wissen!

Was lässt sich eigentlich als Kooperation verstehen? Stephan Maykus unterscheidet unter Rückgriff auf van Santen/Seckinger (2003) zwischen einer eher organisatorischen Koordination und einer Kooperation gemeint als „eine konkrete Abstimmung (..), die im Rahmen einer geteilten oder sich überschneidenden Zielstellung vorgenommen wird. Kooperation soll dabei Handlungsabläufe optimieren bzw. die Handlungsfähigkeit der Beteiligten erhöhen" (Maykus 2009, S. 307).

Kooperationsdiskurs und -praxis

Sowohl die intraprofessionelle Kooperation zwischen den Lehrkräften als auch die multiprofessionelle Kooperation sind im schulpädagogischen Diskurs theoretisch wie empirisch differenziert bearbeitet worden (zur Übersicht siehe Idel 2014; Baum/Idel/Ulrich 2012; Breuer 2015; Kunze 2016; Olk/Speck/Stimpel 2011), jeweils aber unter unterschiedlichen Blickrichtungen. Grundlagentheoretisch ist zur (multi-)professionellen Kooperation ein eher normativ gefärbter Diskurs vorzufinden, der den Mehrwert einer Kooperation, wie z. B. Entlastungsmöglichkeiten oder eine vermutete Qualitätssteigerung der pädagogischen Arbeit, hervorhebt. Gleichzeitig werden intensive und ko-konstruktive Kooperationsformen favorisiert (Gräsel et al 2006). Kooperation wird auf diese Weise ausschließlich als positiv und wie eine Breitbandlösung für viele schulische Herausforderungen diskutiert. Empirisch eröffnet sich jedoch der Blick auf eine Praxis, die weit entfernt von programmatischen Forderungen ist: Befunde verschiedener Studien zeigen, dass die (multi-)professionelle Kooperation viele Herausforderungen für die Akteur/innen birgt und durchaus auch störanfällig ist (Kunze 2016, S. 8; Olk, Speck/Stimpel 2011). Olk et al. beispielsweise zeigen in einer Studie zur multiprofessionellen Kooperationspraxis an Ganztagsschulen, „dass Kooperation sowohl von schulischer als auch von sozialpädagogischer Seite als ambivalent betrachtet wird" (2011, S. 67). Dreh- und Angelpunkt der ambivalenten Einstellung sei das Aufeinandertreffen der unterschiedlichen

Handlungslogiken und Professionsverständnisse von Schule und Jugendhilfe (ebd.). Ebenfalls sind die normativ geforderten intensiven Kooperationsformen im schulischen Alltag kaum vorhanden. Eher sind lockere Kooperationsgefüge zu finden, in denen die Akteur/innen in einem arbeitsteiligen Nebeneinander zusammenarbeiten. Ein zentrales Begründungsmuster verweist bei diesen Befunden auf die tradierte professionseigene Autonomie des Lehrberufs (s. Dietrich 2016), die das Lehrer/innenhandeln insbesondere auf unterrichtlicher Ebene vor Einmischungen schützt, bei gleichzeitiger „Dominanz der schulischen Leitprofession" (Breuer 2015, S. 115) (→ Organisation/Profession s. Kapitel 1.2.4). Im Kooperationsgefüge müssen dann Fragen wie diese geklärt werden: Welchen Anspruch auf Autonomie und Zuständigkeit im Klassenzimmer sind die Lehrkräfte bereit zugunsten einer Kooperation mit anderen Professionen aufzugeben? Wie gelingt die gemeinsame Arbeit am Erziehungs- und Bildungsauftrag angesichts der sehr verschiedenen Blicke aufs Kind? Wie können eine „Zuständigkeitsdifferenzierung" (Breuer 2015) entlang der Expertise der involvierten Professionen und anstelle normativ geforderter intensiver Kooperationsformen eine „differenzsensible Kollegialität" (Idel 2016b) gelingen?

Aufgaben zur Vertiefung

Aufgaben 

1. Befunde zur Kooperation an Schulen eröffnen den Blick auf eine Praxis, die weit entfernt von programmatischen bildungspolitischen Forderungen ist. Zeigen Sie anhand des Textes von Idel (2016b) zentrale Befunde auf und diskutieren Sie die Forderung einer „kollaborativvernetzenden Professionalität" (ebd., S. 38)!
2. Entwickeln Sie Überlegungen zu Kooperationsmöglichkeiten zwischen Schule und anderen Feldern professionell pädagogischen Handelns (z. B. Medienpädagogik, Erwachsenenbildung, Sozialpädagogik/Soziale Arbeit)! Welche Chancen, aber auch Stolpersteine können Sie ausmachen?

3.4 Schulentwicklung und Professionalisierung

Entwicklung als Anspruch

Professionalität ist für Lehrer/innen ein dauerhafter Anspruch und Professionalisierung eine dauerhafte Aufgabe, die das Berufsleben begleitet. In diesem Verständnis wird deutlich, dass der Professionalisierungsdiskurs an den des lebenslangen Lernens (Kraus 2001) anschließt. Das betrifft mittlerweile nicht mehr nur die einzelnen Professionellen, sondern insbesondere auch die Organisationen, in denen sie tätig sind. Schulen sind ebenso vor den Anspruch gestellt, sich kontinuierlich weiterzuentwickeln. Sie sollen ein eigenes Profil entwickeln, die Qualität ihrer Arbeit regelmäßig evaluieren und somit dynamische und lernende Organisationen sein. Dabei sollen sie ebenso die Weiterentwicklung ihres Personals vorantreiben wie die Weiterentwicklung der Schule, die nur durch die professionelle Akteursschaft des Personals, deren Bereitschaft und Engagement denkbar ist (→ Organisation/Profession s. Kapitel 1.2.4).

Gut zu wissen!

Was ist Schulentwicklung? Mit dem Begriff wird weder der Prozess der selbstläufigen Fortschreibung einer Praxis noch die historische Dimension der Entwicklung des Schulwesens benannt. Vielmehr bezeichnet „Schulentwicklung […] den selbstorganisierten systematischen Prozess einer Einzelschule hin zur qualitätsorientierten Profilbildung innerhalb staatlicher Vorgaben" (Rahm/Schröck 2013, S. 99).

Erweitertes Anforderungsprofil

Diesem Anspruch folgend wird das *Anforderungsprofil* an Lehrer/innen maßgeblich erweitert: Neben dem Kerngeschäft des Unterrichtens, Erziehens, Beratens und Betreuens sollen Lehrer/innen auch innovieren, evaluieren, kooperieren, lernen und leiten (vgl. Rahm/Schröck 2013, S. 113). Nach diesem Verständnis wird gefordert, dass professionelle Akteur/innen …

- *miteinander kooperieren*: Im Idealfall tauschen sie sich aus, ergänzen, unterstützen sich und arbeiten zusammen im Sinne einer maximalen Ausschöpfung der Ressourcen zur Unterstützung der Schüler/innen.
- *sich der Herausforderung stellen, Neues auszuprobieren*: Sie sollen also innovativ sein, sich fortbilden, sich informieren über neue Entwicklungen und dieses Wissen in die Schul- und Unterrichtsentwicklung einbringen.
- *ihre Routinen hinterfragen und die eigene Praxis evaluieren*: Sie zeigen sich nicht nur für den eigenen Unterricht verantwortlich, sondern auch für Maßnahmen der Schul- und Unterrichtsentwicklung in sogenannten professionellen Lerngemeinschaften. Hier übernehmen sie ggf. auch leitende Funktionen.

- *eine professionelle Haltung einnehmen*: Sie zeigen sich durch die Bereitschaft zu Kooperation und Reflexion als lernende Lehrende bzw. als Entwicklungssubjekte.

Von der Input- zur Outputsteuerung

Dass Lehrer/innen dies tun, ist historisch gesehen keinesfalls neu, sehrwohl aber der explizite Anspruch an sie, genau dies tun zu sollen. Mindestens seit der von Picht 1964 ausgerufenen „Bildungskatastrophe" in der BRD und der Dahrendorfschen Schrift „Bildung ist Bürgerrecht" (1965) und den darin formulierten kritischen Diagnosen zur Leistungsfähigkeit und Funktionalität des Bildungssystems gilt die Schule als reformbedürftig. Es folgte ein Jahrzehnt der Systemreformen mit Gesamtschulversuchen, bevor sich in den ausgehenden 1970er und beginnenden 1980er Jahren zeigte, dass die Suche nach dem besseren Schulsystem vor allem entlang politischer Richtungen verlief und zudem die Unterschiede zwischen den Schulen deutlich unterschätzt wurden zugunsten der erwarteten Unterschiede zwischen den einzelnen Schulformen. Auf das zuvor geltende Prinzip der bildungspolitischen Steuerung ‚top down', also qua Bildungsplanung (Lehrpläne, Verordnungen, Ressourcenzuweisung) sowie durch die Professionalisierung des Personals durch die Reform der Lehrer/innenbildung (Akademisierung), folgte nun in den 1990er Jahren eine bildungspolitische Steuerungspolitik, die auf dem Verständnis der „Einzelschule als pädagogische Handlungseinheit" (Fend 1986, S. 275) aufbaute und den Schulen ein großes Maß an Autonomie bei der Profilbildung und der Gestaltung eines eigenen pädagogischen Programms zugestand. Schule wurde nun nicht mehr ausschließlich als bürokratisch zu verwaltende Institution verstanden, sondern zunehmend als lernende Organisation, die ihre spezifischen Herausforderungen und Gestaltungsbedarfe erkennt und aktiv bearbeitet (vgl. Fullan 1999; Krainz-Dürr 1999 und zusammenfassend Rahm/Schröck 2013, S. 101). Hieraus resultiert maßgeblich der Impuls für die Integration der Entwicklungsarbeit in das Anforderungsprofil der Professionellen. Einen weiteren Schub produzierte der sogenannte PISA-Schock 2000 (s. Einleitung zu Kapitel 3), in dessen Zuge sich die zuvor etablierte ‚bottom up'-Strategie zu einer Steuerung qua nun verordneter Selbststeuerung verschärfte. Heute geht es in allen bildungspolitischen Steuerungsimpulsen und -programmen darum, Qualität im Sinne der systemischen Output-Optimierung zu sichern. Alle gleichermaßen anzulegenden Bildungsstandards, externe Evaluation und u. a. regelmäßige Vergleichsarbeiten sowie Vergleichsstudien dienen nun der evidenzbasierten Systemsteuerung und einem systematischen Bildungsmonitoring (vgl. KMK 2015).

Es muss also reflektiert werden, dass Schulentwicklung trotz der gesteigerten Gestaltungsautonomie keinesfalls ein alleiniges und autonomes Projekt von Einzelschulen ist. Sie ist eingespannt in Steuerungs- und Monitoringprozesse der Bildungspolitik und Schulverwaltung. Schulen sind mit bildungspolitischen Entscheidungen konfrontiert, die Aufgaben produzieren und den Output regulieren, und sie müssen Rechenschaft ablegen über das eigene Entwicklungsprogramm und die Qualität der Praxis, die sowohl intern, aber auch extern regelmäßig evaluiert wird. Somit steht der mit den Anforderungen der Entwicklungsarbeit verbundenen Handlungsautonomie immer auch eine Kontrolle als Gegengewicht und begrenzendes Moment gegenüber.

Professionalisierung in Schulentwicklungsprozessen

Die selbstorganisierte, bewusste und systematische Entwicklungsarbeit innerhalb bildungspolitisch gesetzter Rahmenbedingungen ist der operative Kern organisationaler und pädagogischer Schulentwicklung und im Idealfall zudem Impulsgeber für *professionelle Kompetenzentwicklung* (vgl. Bastian/Combe/Reh 2002), da sie eine „Disposition für die kooperative Lösung unvorhergesehener Problem- und Krisenlagen auf der Ebene der einzelnen Schule" (ebd., S. 417) und ihrer Akteur/innen zugleich erfordert und idealerweise auch hervorbringt. Schulentwicklung findet in diesem Sinne auf mehreren Ebenen statt, sie betrifft die Organisation, das Personal und den Unterricht. Der gemeinsame Kern von individuellen Professionalisierungs- und organisationalen Entwicklungsprozessen besteht in der Infragestellung von Routinen und in der Akzeptanz von Krisen als Normalzustand, denn Lernen und die Veränderung der Handlungspraxis können als solche verstanden werden. Es ist daher auch nicht verwunderlich, dass solche Prozesse jeweils auch Formen des Widerstands auf Seiten der Professionellen hervorbringen (s.u.).

? Aufgaben

Aufgaben zur Vertiefung

1. Fassen Sie in einer These zusammen, wie Schulentwicklung und die Professionalisierung von Lehrer/innen zusammenhängen!
2. Überlegen Sie, was jeweils Bremsen und Motoren dafür sind, dass a) Schulen und b) Professionelle ihre eigene Praxis hinterfragen!
3. Überlegen Sie, unter welchen Bedingungen ein Widerstand seitens der Akteur/innen gegen Veränderungen aus professionstheoretischer Sicht als professionell oder eher unprofessionell begründbar wäre Formulieren Sie dazu eine begründete These. Anregungen dazu gibt Ihnen auch das folgende Fazit des Kapitels.

4 Fazit: Quo vadis? Professionalisierung und Professionsentwicklung im Handlungsfeld Schule

In diesem Kapitel haben wir Ihnen zentrale theoretische Konzepte zur Fassung der Begriffe *Professionalität* und *Professionalisierung* im Feld Schule mit einem Schwerpunkt auf Lehrer/innen dargestellt, entlang ihrer zentralen theoretischen Linien, Fragen und Begriffe diskutiert und Sie außerdem mit aktuellen Debatten im Zuge des Wandels des Handlungsfelds Schule bekannt gemacht. Mit den dargestellten Debatten haben wir die Dynamik des Handlungsfelds Schule akzentuiert. Diese Dynamik verändert auch die professionelle Konstellation in Schule und Unterricht, so dass geschlussfolgert werden kann, dass Schulentwicklung und Professionsentwicklung Hand in Hand gehen (Idel et al. 2016). Mit dem Begriff der Professionsentwicklung wird nicht nur auf die im Bildungsdiskurs formulierten Veränderungserwartungen, den Transformationsdruck und den faktisch stattfindenden Wandel der angestammten Leitprofession des schulischen Feldes, also auf die Lehrer/innenschaft, angespielt. Wir haben versucht, mit der Beschreibung des Wandels deutlich zu machen, dass Professionsentwicklung nun auch das Moment des Übergangs zu einer interprofessionellen Konstellation im Handlungsfeld Schule einschließt. Denn im letzten Jahrzehnt zeichnen sich immer deutlicher die Konturen von Schule als einer multiprofessionellen pädagogischen Organisation ab, die Schule über den ganzen Tag und eine anregungsreiche und chancengerechte Lernkultur vom Unterricht bis zu den extracurricularen Angebotselementen entlang des Prinzips einer für die Heterogenität der Schüler/innen sensiblen individuellen Förderung bieten soll.

Das macht deutlich, dass wir es mit einer vielschichtigen, anforderungsreichen und auch spannungsvollen Professionsentwicklung zu tun haben. Wir wollen abschließend das Spiel von Kräften und Gegenkräften in diesen Prozessen unter der Fragestellung ansprechen, inwiefern sich hier gleichzeitig Tendenzen einer Schwächung und Stärkung von professioneller Arbeit am pädagogischen Ort der Schule überlagern. Aus professionstheoretischer Sicht wäre der Wandel von Schule dann als ein Gewinn und eine Stärkung von pädagogischer Professionalität zu beurteilen, wenn die Gestaltungsautonomie der Professionellen für ihre Dienstleistung wachsen würde.

Beziehen wir dies auf die interprofessionelle Konstellation in Schule, fällt die Antwort zwiespältig aus, denn in der multiprofessionellen Koordination und Zusammenarbeit muss die Gestaltungsautonomie zwischen den verschiedenen Professionellen – Lehrpersonen, Sozialpädagog/innen, Sonderpädagog/innen u. a. – in Aushandlungsprozessen ge- und verteilt werden. Wechselseitige Zuständigkeitsreklamationen eröffnen und schließen Chancen, den eigenen professionellen Einfluss geltend zu machen. Mit dem Blick nach innen ringen die verschiedenen Professionen also miteinander um Wirkungsmöglichkeiten. Nach außen auf die Rahmung der professionellen Arbeit in der Schule geschaut, könnten aber in diesem Zusammenhandeln der verschiedenen Berufsgruppen in der Schule auch Solidarisierungseffekte und Widerstandspotenziale entstehen, um sich gegen überzogene Zumutungen und Erwartungen aus der Umwelt der Schule – Bildungspolitik, Eltern, Wirtschaft etc. – zu behaupten. Dazu zählt auch der Widerstand gegen die Schwächung der professionellen Gestaltungsautonomie und die Beschränkung des Handlungsraums, in dem pädagogische Dienstleistungen erfolgen, also im Unterricht und außerunterrichtlichen pädagogischen Angeboten, im weitesten Sinne im Schulleben, durch Standardisierung, Monitoring und einen vereinseitigenden Fokus auf die Output-Seite fachlicher Lernleistungen im Rahmen der neuen evidenzbasierten Steuerung von Schule. Zu fragen wäre hier also perspektivisch, ob mit dem Einzug verschiedener pädagogischer Professionen in das Handlungsfeld Schule und den daraus resultierenden interprofessionellen Strukturbildungen so etwas wie eine neue starke plurale Gemeinschaft der Professionellen in der Schule entsteht, jenseits einer schulpädagogischen Monoprofessionskultur. Nun sind diese Überlegungen selbst programmatischer Art, schwingt in ihnen doch die Hoffnung mit, dass Professionsentwicklung Schritt hält mit den institutionellen Wandlungsprozessen, nicht unter die Räder gerät und die für professionelles Handeln erforderlichen Strukturbedingungen aufrechterhalten oder sogar ausbauen kann.

In einer multiprofessionellen Organisation, zu der sich Schule aktuell zumindest stellenweise zu entwickeln scheint, geht es darum, die aufgezeigten Entwicklungen zu nutzen. Indem sich in ihr professionelle Gemeinschaften auch unterschiedlicher, aber dennoch beruflich professioneller bzw. professionalisierter Akteur/innen ausbilden, kann ggf. besser oder angemessener auf gesellschaftlich relevante Fragen und Anforderungen reagiert werden. So resümiert Schimank:

> *„Ein Beruf ist in dem Maße professionalisiert, wie es den ihn Ausübenden gelungen ist, ihre Bezugsakteure – insbesondere ihr Publikum – davon zu überzeugen, dass diese umso mehr von den Leistungen der Berufsausübenden profitieren, je unbehelligter diese ihre Professionalität ausleben können."*
>
> Schimank 2014, S. 137

Eine Stärkungsmöglichkeit besteht also darin, mit vereinter Kraft der Pädagog/innen in einer kollaborativ vernetzten interprofessionellen Gemeinschaft die pädagogische Wissensbasis als eine spezifische zu verteidigen. Eine starke interprofessionelle Gemeinschaft setzt jedoch voraus, dass die Organisation Schule ihre Spielräume im Zuge der ausgeweiteten Autonomie zugunsten der Gestaltung der Praxis eben durch die professionellen Akteur/innen ausnutzt und zugleich – idealerweise gedacht – für sich und die beteiligten Akteur/innen Professionalisierungsräume schafft. Und zwar im Sinne der Auseinandersetzung über inner- und interprofessionelle Anschlussmöglichkeiten und Zuständigkeiten, der pädagogischen Begründung für individuelles und kollektives Handeln und auch für Konzepte des Umganges mit konjunkturell veränderlichen Anforderungen und Aufgaben – also kurz gesagt: im Sinne des Austauschs in einer multiprofessionellen Organisation.

Letztlich können wir zusammenfassen, dass Professionalisierung einerseits organisationale Unterstützungsstrukturen, zugleich aber auch eine entwicklungsoffene Haltung auf Seiten der Professionellen braucht. Enormer Handlungsdruck, Überforderung und autonomieeinschränkende Zwänge einerseits sowie veränderungsresistente Selbstkonzepte andererseits hingegen sind Motoren der Deprofessionalisierung (vgl. Hericks/Bonnet 2014, S. 10).

Mit dem Blick auf den dargestellten Wandel des Feldes Schule fällt also auch der Blick auf die Profession im Übergang und sowohl stärkende als auch schwächende Potenziale werden sichtbar. Die pädagogischen Professionen geraten nicht nur im Zuge der Neuen Steuerung unter Druck, vielmehr bestehen auch Chancen, dass sich Professionalität in neuen Formen positionieren und weiterentwickeln kann. Die Frage ‚quo vadis' bleibt also spannend.

5 Literaturverzeichnis

Aufenanger, S. (1992). Entwicklungspädagogik. Die soziogenetische Perspektive. Weinheim: Dt. Studienverlag.

Institut für Demoskopie Allensbach (2011). Allensbacher Berufsprestige-Skala 2011. Allensbach: IfD Allensbach.

Institut für Demoskopie Allensbach (2013). Allensbacher Berufsprestige-Skala 2013. Allensbach: IfD Allensbach.

Baar, R. (2010). Allein unter Frauen. Der berufliche Habitus männlicher Grundschullehrer. Wiesbaden: Springer VS.

Bastian, J. & Helsper, W. (2000). Professionalisierung im Lehrberuf. In: Bastian, J., Helsper, W., Reh, S. & Schelle, C. (Hrsg.): Professionalisierung im Lehrberuf: Von der Kritik der Lehrerrolle zur pädagogischen Professionalität. Opladen: Leske und Budrich, S. 167–192.

Bastian, J., Combe, A. & Reh, S. (2002). Professionalisierung und Schulentwicklung. In: Zeitschrift für Erziehungswissenschaft, 3/2002, S. 417–435.

Baum, E., Idel, T.-S. & Ulrich, H. (2012). Kollegialität und Kooperation in der Schule. Theoretische Diskussion und empirische Befunde. Wiesbaden: Springer VS.

Baumert, J.,Klieme, E., Prenzel, M., Schiefele, U., Schneider, W.,Stanat, P., Tillmann, K.-J. & Weiß, M. (Hrsg.) (2001). PISA 2000. Basiskompetenzen von Schülerinnen und Schülern im internationalen Vergleich. Opladen: Leske + Budrich.

Baumert, J. & Kunter, M. (2006). Stichwort: Professionelle Kompetenz von Lehrkräften. In: Zeitschrift für Erziehungswissenschaft, 9/2006, S.469–520.

Bennewitz, H. (2014). „doing teacher“ – Forschung zum Lehrerberuf in kulturtheoretischer Perspektive. In: Terhart, E., Bennewitz, H. & Rothland, M. (Hrsg.). Handbuch der Forschung zum Lehrerberuf. Münster: Waxmann, S. 262–284.

Berliner, D. & Carter, K. (1989). Differences in processing classroom information by expert and novice teachers. In: Lowych, J. (Hrsg.): Teacher Thinking and Professional Action. Proceedings of the third ISATT Conference. University of Leuven, S. 637–639.

Bleidick, U. (1988). Betrifft Integration: behinderte Schüler in allgemeinbildenden Schulen: Konzepte der Integration: Darstellung und Ideologiekritik. Berlin: Marhold.

BMBF (Hrsg.) (2016): Neue Wege in der Lehrerbildung. Die Qualitätsoffensive Lehrerbildung. Bielefeld: W. Bertelsmann Verlag.

Bohl, T. (2013). Umgang mit Heterogenität im Unterricht. In: Bohl, T. & Meissner, S. (Hrsg.): Expertise Gemeinschaftsschule. Forschungsergebnisse und Handlungsempfehlungen für Baden-Württemberg, Weinheim und Basel: Beltz, S. 243–259.

Bohl, T./Kucharz, D. (2009): Weiterentwicklung des offenen Unterrichts. Weinheim und Basel: Beltz.

Bourdieu, P. (1987). Die feinen Unterschiede. Kritik der gesellschaftlichen Urteilskraft. Frankfurt am Main: Suhrkamp.

Breidenstein, Georg (2014): Die Individualisierung des Lernens und denr Bedingungen der Institution Schule. In: Kopp, B. et. al (Hrsg.): Individuelle Förderung und Lernen in der Gemeinschaft. Wiesbaden: Springer, S. 35–50.

Breidenstein, G. & Rademacher, S. (2017). Individualisierung und Kontrolle. Empirische Studien zum geöffneten Unterricht in der Grundschule. Wiesbaden: Springer VS.

Bülow, Karin von/Götz, Margarete (2015): Die Lehrerinnen- und Lehrerrolle im offenen Grundschulunterricht: Beobachterin und Beobachter oder Akteurin und Akteur? In: Hörmann, Otto/Heihs, Ingrid (Hrsg.): Primarstufe – Zukunft gestalten. Wien: Lit Verlag, S. 129–168.

Breuer, A. (2015): Lehrer-Erzieher-Teams an ganztägigen Grundschulen. Kooperation als Differenzierung von Zuständigkeiten. Wiesbaden: VS Springer

Bromme, R. (1997). Kompetenzen, Funktionen und unterrichtliches Handeln des Lehrers. In: Weinert, F. E.: Encyklopädie der Psychologie. Pädagogische Psychologie Bd. 3: Psychologie des Unterrichts und der Schule. Göttingen: Hogrefe, S. 177–212.

Bromme, R. (2008). Lehrerexpertise. In: Schneider, W. & Hasselhorn, M. (Hrsg.): Handbuch der Pädagogischen Psychologie. Göttingen: Hogrefe, S. 159–167.

Buchen, Sylvia (1991). Ich bin immer ansprechbar. Gesamtschulpädagogik und Weiblichkeit. Eine sozialpsychologische Frauenstudie. Weinheim: Deutscher Studienverlag.

Budde, Jürgen (2013). Unscharfe Einsätze: (Re-)Produktion von Heterogenität im schulischen Feld. Wiesbaden: Springer VS.

Cloos, P. (2014). Organisation, Profession und die Herstellung von Differenz. In: Tervooren, A., Engel, N., Göhlich, M., Miethe, I. & Reh, S. (Hrsg.): Ethnographie und Differenz in pädagogischen Feldern. Internationale Entwicklungen erziehungswissenschaftlicher Forschung. Bielefeld: transcript, S. 257–271.

Combe, A. (1983). Krisen im Lehrerberuf. Eine strukturtheoretisch-sozialgeschichtliche Deutung von aktuellen Handlungsproblemen. Bensheim: päd.extra.

Combe, A. (2015). Schulkultur und Professionstheorie: Kontingenz als Handlungsproblem des Unterrichts. In: Böhme, J., Hummrich, M. & Kramer, R.-T. (Hrsg): Schulkultur: Theoriebildung im Diskurs. Wiesbaden: Springer VS, S. 117–135.

Combe, A. & Kolbe, F.-U. (2008). Lehrerprofessionalität: Wissen, Können, Handeln. In: Helsper, W. & Böhme, J. (Hrsg.): Handbuch der Schulforschung. Wiesbaden: Springer VS, 2. Aufl., S. 833–851.

Costa, T., Jr., & McCrae, R. R. (2008). The Revised NEO Personality Inventory (NEO-PI-R). In G. Boyle, G. Matthews, & D. Saklofske (Eds.), Sage handbook of personality theory and assessment (Vol. 2, pp. 179–198). Los Angeles, CA: Sage Publications.

Cramer, C. (2013). Beurteilung des bildungswissenschaftlichen Studiums durch lehramtsstudierende in der ersten Ausbildungsphase im Längsschnitt. In: Zeitschrift für Pädagogik, 1/2013, S. 66–82.

Dahrendorf, R. (1965). Bildung ist Bürgerrecht. Plädoyer für eine aktive Bildungspolitik. Hamburg: Christian Wegner.

Dietrich, F. (2016). Kollegialität – Handlungskoordination ‚alter Schule'? Kooperation als Ende des Einzelkämpfertums? In: Journal für LehrerInnenbildung, 1/2017, S. 45–48.

Fend, H. (1986). Was ist eine gute Schule? In: Westermanns Pädagogische Beiträge, 7/1986, S. 8–12.

Flaake, K. (1989). Berufliche Orientierungen von Lehrerinnen und Lehrern. Frankfurt a.M.: Campus Verlag.

Foucault, M. (1993). Technologien des Selbst. In: Foucault, M., Martin, R., Martin, L. H., Paden, W. E., Rothwell, K. S., Gutman, H. & Hutton, P. H. (Hrsg.): Technologien des Selbst. Frankfurt am Main: S. Fischer, S. 24–62.

Fullan, M. (1999). Die Schule als lernendes Unternehmen. Konzepte für eine neue Kultur in der Pädagogik. Stuttgart: Klett-Cotta.

Fuller, F. F. & Brown, O. H. (1975). Becoming a teacher. In: Ryan, K. (Ed.): Teacher education, 74. Yearbook of the National Society of Education, Part 2. Chicago: University of Chicago Press, S. 25–52.

Geulen, D. (2010). Sozialisationstheoretische Ansätze: In: Krüger, H.-H. & Grunert, C. (Hrsg.): Handbuch Kindheits- und Jugendforschung. Opladen: Leske und Budrich, S. 83–98.

Gräsel, C., Fußangel, K. & Pröbstel, C. (2006). Lehrkräfte zur Kooperation anregen – eine Aufgabe für Sisyphos? In: Zeitschrift für Pädagogik 52 (2006) 2, S. 205–219.

Grunert, C. (2012). Bildung und Kompetenz. Theoretische und empirische Perspektiven auf außerschulische Handlungsfelder. Wiesbaden: VS Verlag

Berndt, C., Häcker, T. & Leonhard, T. (Hrsg.) (2017). Reflexive Lehrerbildung revisited. Traditionen – Zugänge – Perspektiven. Bad Heilbrunn: Verlag Julius Klinkhardt.

Helsper, W. (1996). Antinomien des Lehrerhandelns in modernisierten pädagogischen Kulturen: Paradoxe Verwendungsweisen von Autonomie und Selbstverantwortlichkeit. In: Combe, A. & Helsper, W. (Hrsg.): Pädagogische Professionalität. Frankfurt a.M.: suhrkamp taschenbuch, S. 521–570.

Helsper, W. (2002). Lehrerprofessionalität als antinomische Handlungsstruktur. In: Kraul, M., Marotzki, W. & Schweppe, C. (Hrsg.): Biographie und Profession. Bad Heilbrunn: Klinkhardt, S. 64–102.

Helsper ,W. (2003). Ungewissheit im Lehrerhandeln als Aufgabe der Lehrerbildung. In: ders. (Hrsg.): Ungewissheit. Weilerswist: Velbrück Wissenschaft, S. 142–161.

Helsper, W. (2004). Antinomien, Widersprüche, Paradoxien: Lehrerarbeit – ein unmögliches Geschäft? Eine strukturtheoretisch-rekonstruktive Perspektive auf das Lehrerhandeln. In: Koch-Priewe, B., Kolbe, F.-U. & Wildt, J (Hrsg.): Grundlagenforschung und mikrodidaktische Reformansätze zur Lehrerbildung Bad Heilbrunn: Verlag Julius Klinkhardt, S. 49–99.

Helsper, W. (2007). Eine Antwort auf Jürgen Baumerts und Mareike Kunters Kritik am strukturtheoretischen Professionsansatz. In: Zeitschrift für Erziehungswissenschaft, 4/2007, S. 567–579.

Helsper, W. (2008). Schulkulturen als symbolische Sinnordnungen und ihre Bedeutung für die pädagogische Professionalität. In: Helsper, W., Busse, S., Hummrich, M. & Kramer, R. T. (Hrsg.): Pädagogische Professionalität in Organisationen. Wiesbaden: Springer VS, S. 115–145.

Helsper, W. (2011). Lehrerprofessionalität – der strukturtheoretische Ansatz zum Lehrerberuf. In: Terhart, E., Bennewitz, H. & Rothland, F. (Hrsg.): Handbuch der Forschung zum Lehrerberuf. Münster: Waxmann, S. 149–170.

Helsper, W. (2016). Pädagogische Lehrerprofessionalität in der Transformation der Schulstruktur – ein Strukturwandel der Lehrerprofessionalität? In: Idel, T.-S., Dietrich, F., Kunze, K., Rabenstein, K. & Schütz, A. (Hrsg.): Professionsentwicklung und Schulstrukturreform. Bad Heilbrunn: Verlag Julius Klinkhardt, S. 217–245.

Helsper, W. (2021). Professionalität und Professionalisierung pädagogischen Handelns: Eine Einführung. Opladen: Barbara Budrich, UTB.

Helsper, W., Böhme, J., Kramer, R.T. & Lingkost, A. (2001). Schulkultur und Schulmythos. Rekonstruktionen zur Schulkultur 1. Opladen: Lese und Budrich.

Herbart, J. F. (1806/1986). Allgemeine Pädagogik aus dem Zweck der Erziehung abgeleitet. In: Benner, D. (Hrsg.): Johann Friedrich Herbart: Systematische Pädagogik – Quellentexte. Stuttgart: Klett-Cotta.

Hericks, U. (2006). Professionalisierung als Entwicklungsaufgabe: Rekonstruktionen zur Berufseingangsphase von Lehrerinnen und Lehrern. Wiesbaden: Springer VS.

Hericks, U. & Bonnet, A. (2014). Professionalisierung und Deprofessionalisierung im Lehrer/innenberuf. Ansätze und Befunde aktueller empirischer Forschung. In: ZISU, 3/2014, S. 3–8.

Herrmann, U.G. (2013). Zwischen Antinomien und evidenzbasiertem Wissen. Zur Debatte über Professionalität im Lehrerberuf. In: schulmagazin 5–10, 4/2013, S. 11–14.

Herzmann, P. & König, J. (2016). Lehrerberuf und Lehrerbildung. Stuttgart: UTB.

Huberman, M. (1991). Der berufliche Lebenszyklus von Lehrern: Ergebnisse einer empirischen Untersuchung. In: Terhart, E. (Hrsg.): Unterrichten als Beruf: Neuere amerikanische und englische Arbeiten zur Berufskultur und Berufsbiograjie von Lehrerinnen und Lehrern, Köln u. a.: Böhlau, S. 249–267.

Liebers, K./Landwehr, B./Marquardt, A. & Schlotter, K. (Hrsg.): Lernprozessbegleitung und adaptives Unterrichten in der Grundschule. Forschungsbezogene Beiträge. Jahrbuch Grundschuleforschung. Wiesbaden: VS Verlag.

Idel, T.-S. (2016a). Individualisierung und Differenz. In: Rabenstein, K./ Wischer, B. (Hrsg.): Individualisierung schulischen Lernens. Mythos oder Königsweg? Friedrich Verlag (Klett Kallmeyer): Seeze, S. 93–108.

Idel, T.-S. (2016b). Zusammenarbeit als Aufgabe von Lehrkräften. Professionstheoretische Überlegungen zu Erfordernissen, Zumutungen und Grenzen von Kooperation. In Lähnemann, C., Leuthold-Wegin, A., Hagelgans, H. & Ritschel, L. (Hrsg.): Professionelle Kooperation in und mit der Schule – Erkenntnisse aus der Praxisforschung. Tagungsband der 20. Jahrestagung Nordverbund Schulbegleitforschung. Münster: Monsenstein und Vannerdat.

Idel, T.-S. (2014). So viel wie nötig, so wenig wie möglich? Erfordernisse, Zumutungen und Grenzen der Kooperation unter Lehrkräften. In: Schulmagazin 5–10, 9/2014, S. 7–14.

Idel, T.-S. & Rabenstein, K. (2016). Lehrkräfte als ‚kreative Subjekte'. Überlegungen zum Verhältnis von Profession und Innovation. In: Idel, T.-S., Dietrich, F., Kunze, K., Rabenstein, K. & Schütz, A. (Hrsg.): Professionsentwicklung und Schulstrukturreform. Bad Heilbrunn: Julius Klinkhardt, S. 278–295.

Idel, T.-S. & Schütz, A. (2017): Steigerung von Ungewissheit im Wandel von Lernkultur und pädagogischer Professionalität an Ganztagsschulen. In: Paseka, A., Keller-Schneider, M. & Combe, A. (Hrsg.): Ungewissheit im Unterricht und Lehrerhandeln. Wiesbaden: VS Verlag. (im Erscheinen)

Katzenbach, D. (2015). De-Kategorisierung inklusive? Über Risiken und Nebenwirkungen des Verzichts auf Etikettierungen. In: Huf, C. & Schnell, I. (Hrsg.): Inklusion in KiTa und Schule. Stuttgart: Kohlhammer, S. 33–55.

Keller-Schneider, M. (2010). Entwicklungsaufgaben im Berufseinstieg von Lehrpersonen. Beanspruchung durch berufliche Herausforderungen im Zusammenhang mit Kontext- und Persönlichkeitsmerkmalen. Münster: Waxmann.

Keller-Schneider, M. & Hericks, U. (2014). Forschungen zum Berufseinstieg. Übergang von der Ausbildung in den Beruf. In: Terhart, E., Bennewitz, H. & Rothland, M. (Hrsg.): Handbuch der Forschung zum Lehrerberuf. Münster, New York: Waxmann, S. 386–407.

KMK (2004). Standards für die Lehrerbildung: Bildungswissenschaften. Zeitschrift für Pädagogik, 51, S. 280–290.

KMK (2015) (Hrsg.). Gesamtstrategie zum Bildungsmonitoring. Berlin und Bonn: KMK. Online verfügbar: https://www.kmk.org/fileadmin/

Dateien/veroeffentlichungen_beschluesse/2015/2015_06_11-Gesamtstrategie-Bildungsmonitoring.pdf

Košinár, J. (2014). Die Bedeutung von Passungserfahrungen für Professionalisierungsverläufe im Referendariat. In: ZISU, 3/2014, S. 29–43.

Kranz-Dürr, M. (1999). Wie kommt Lernen in die Schule? Kritische Erfolgsfaktoren von Schulentwicklung aus der Sicht der Schulentwicklungsforschung. In: Beucke-Galm, M., Fatzer, G. & Rutrecht, R. (Hrsg.): Schulentwicklung als Organisationsentwicklung.⊠Köln: Edition Humanistische Psychologie, S. 423–444.

Kraul, M., Marotzki, W. & Schweppe, C. (Hrsg.) (2002). Biographie und Profession. Bad Heilbrunn: Verlag Julius Klinkhardt.

Kraus, K. (2001): Lebenslanges Lernen – Karriere einer Leitidee. Bielefeld: W. Bertelsmann.

Kunina-Habenicht, O., Lohse-Bossenz, H., Kunter, M., Dicke, T., Förster, D., Gößling, J., Schulze-Stocker, F., Schmeck, A., Baumert, J., Leutner D. & Terhart, E. (2012). Welche bildungswissenschaftlichen Inhalte sind wichtig in der Lehrerbildung? Ergebnisse einer Delphi-Studie. Zeitschrift für Erziehungswissenschaft, 4/2012, S. 649–682.

Kunze, K. (2016): Multiprofessionelle Kooperation – (K)ein Thema der Lehrerbildung? In: Journal für LehrerInnenbildung, 1/2007, S. 7–12.

Kurtz, T. (2006). Unsicheres Handeln. In: Pädagogische Rundschau 60/2006, S. 549–558.

Lehmann-Rommel, R. (2004). Partizipation, Selbstreflexion und Rückmeldung. Gouvernementale Regierungspraktiken im Feld Schulentwicklung. In: Ricken, N. & Rieger-Ladich, M. (Hrsg.): Michel Foucault. Pädagogische Lektüren. Wiesbaden: Springer VS, S. 261–283.

Lortie, D.C. (1972). Teamteaching. In: Dechert, H.-W. (Hrsg.): Teamteaching in der Schule. München: Piper Verlag, S. 37–76.

Luhmann, N. (1984). Soziale Systeme: Grundriss einer allgemeinen Theorie. Frankurt a. M.: Suhrkamp.

Martens, K./Breiter, A./Idel, T.-S./Knipping, C. & Teltemann, J. (2013). Das „PISA Phänomen“: Ein Plädoyer für einen interdisziplinären Ansatz zur Erforschung von Bildungsproduktion im Kontext von Large-Scale-Assessments. TranState Working Papers.

Matter, C. & Brosziewski, A. (2014). Routinierte Reflexion: Zur Individualisierung pädagogischer Reflexionsprobleme. In: Zeitschrift für Soziologie der Erziehung und Sozialisation, 1/2014, S. 23–37.

Maykus, St. (2009). Kooperation: Mythos oder Mehrwert? Der Nutzen multiprofessioneller Kooperation der Akteure schulbezogener Jugendhilfe. In: Prüß, F., Kortas, S., Schöpa, M. (Hrsg.): Die Ganztagsschule: von der Theorie zur Praxis. Anforderungen und Perspektiven für Erziehungswissenschaft und Schulentwicklung. Weinheim und München: Juventa, S. 307–321.

Mayr, J. (2014). Der Persönlichkeitsansatz in der Forschung zum Lehrerberuf. In: Terhart, E., Bennewitz, H. & Rothland, M. (Hrsg.). Handbuch der Forschung zum Lehrerberuf. Münster: Waxmann, S. 189–215.

Mayr, J. & Neuweg, G.H. (2006). Der Persönlichkeitsansatz in der Lehrer/innen/forschung. In: Greiner, U. & Heinrich, M. (Hrsg.): Schauen, was 'rauskommt. Kompetenzförderung, Evaluation und Systemsteuerung im Bildungswesen. Münster: LIT-Verlag, S. 183–206.

Meyer, H. (2004). Was ist guter Unterricht? Berlin: Cornelsen Scriptor.

Müller-Fohrbrodt, G., Cloetta, B. & Dann, H.D. (1978). Der Praxisschock bei jungen Lehrern. Stuttgart: Klett.

Neuweg, G. H. (2011). Das Wissen der Wissensvermittler. Problemstellungen, Befunde und Perspektiven der Forschung zum Lehrerwissen. In: Terhart, E., Bennewitz, H. & Rothland, M. (Hrsg.): Handbuch der Forschung zum Lehrerberuf. Münster: Waxmann, S. 451–477.

Nieke, W. (2006). Professionelle pädagogische Handlungskompetenz zwischen Qualifikation und Bildung. In: Rapold, M. (Hrsg.): Pädagogische Kompetenz, Identität und Professionalität. Baltmannsweiler: Schneider Verlag Hohengehren, S. 35–49.

OECD (2016). PISA 2015 Results (Volume I): Excellence and Equity in Education. Paris: OECD Publishing. Online verfügbar: http://dx.doi.org/10.1787/9789264266490-en

Oevermann, U. (1996). Theoretische Skizze einer revidierten Theorie professionalisierten Handelns. In: Combe, A. & Helsper, W. (Hrsg.), Pädagogische Professionalität. Untersuchungen zum Typus pädagogischen Handelns. Frankfurt/Main: Suhrkamp. S. 70–182.

Oevermann, U. (2002). Professionalisierungsbedürftigkeit und Professionalisiertheit pädagogischen Handelns. In: Kraul, M., Marotzki, W. & Schweppe, C. (Hrsg.): Biographie und Profession. Bad Heilbrunn: Verlag Julius Klinkhardt, S. 19–63.

Oevermann, U. (2008). Profession contra Organisation? Strukturtheoretische Perspektiven zum Verhältnis von Organisation und Profession in der Schule. In: Helsper, W., Busse, S., Hummrich, M., Kramer & R.-T. (Hrsg.): Pädagogische Professionalität in Organisationen. Neue Verhältnisbestimmungen am Beispiel der Schule. Wiesbaden: VS Verlag für Sozialwissenschaften, S. 55–77.

Olk T. (1986). Abschied vom Experten: Sozialarbeit auf dem Weg zu einer alternativen Professionalität. Edition soziale Arbeit. Weinheim: Juventa.

Olk, T., Speck, K. & Stimpel, T. (2011). Professionelle Kooperation unterschiedlicher Berufskulturen an Ganztagsschulen. Zentrale Befunde eines qualitativen Forschungsprojektes. In: Zeitschrift für Erziehungswissenschaft, Sonderheft 15, S. 63–80.

Oser, F. & Blömeke, S. (2012). Überzeugungen von Lehrpersonen. Einführung in den Thementeil. In: Zeitschrift für Pädagogik 4/2012, S. 415–421.

Picht, G. (1965). Die deutsche Bildungskatastrophe. München: dtv.

Pille, T. (2013). Das Referendariat. Eine ethnographische Studie zu den Praktiken der Lehrerbildung. Bielefeld: Transcript.

Rabenstein, K. & Wischer, B. (Hrsg.) (2016). Individualisierung schulischen Lernens. Mythos oder Königsweg? Seelze-Velber: Klett Kallmeyer.

Rahm, S. & Schröck, N. (2013). Schulentwicklung – von verwalteten zu eigenverantwortlichen Schulen. In: Haag, L., Rahm, S. , Apel, J. & Sacher, W. (Hrsg.), Studienbuch Schulpädagogik. Bad Heilbrunn: Verlag Julius Klinkhardt, S. 97–116.

Reckwitz, A. (2006). Das hybride Subjekt. Eine Theorie der Subjektkulturen von der bürgerlichen Moderne zur Postmoderne. Weilerswist: Velbrück.

Reckwitz, A. (2000). Die Transformation der Kulturtheorien. Zur Entwicklung eines Theorieprogramms. Weilerswist: Velbrück.

Reh, S. (2004). Abschied von der Profession, von Professionalität oder vom Professionellen? Theorien und Forschungen zur Lehrerprofessionalität. In: Zeitschrift für Pädagogik, 3/2004, S. 358–372.

Reh, S., Fritzsche, B., Idel, T.-S. & Rabenstein, K. (2015). Lernkulturen. Rekonstruktion pädagogischer Praktiken an Ganztagsschulen. Wiesbaden: Springer VS.

Ricken, N. (2015). Pädagogische Professionalität – revisited. Eine anerkennungstheoretische Skizze. In: Böhme, J., Hummrich, M. & Kramer, R.-T. (Hrsg.): Schulkultur. Theoriebildung im Diskurs. Wiesbaden: Springer VS, S. 137–157.

Rothland, M. (2012). Verachtung als Berufsperspektive? Wie nehmen Lehramtsstudierende das Lehrerbild in der Gesellschaft wahr? Zeitschrift für Bildungsverwaltung, 2/2012, S. 21–36.

Rothland, M. & Terhart, E. (2007). Beruf: Lehrer – Arbeitsplatz: Schule. Charakteristika der Arbeitstätigkeit und Bedingungen der Berufssituation. In: Rothland, M. (Hrsg.): Belastung und Beanspruchung im Lehrerberuf. Modelle, Befunde, Interventionen. Wiesbaden: VS-Verlag für Sozialwissenschaften, S. 11–34.

Santen, E. v. & Seckinger, M. (2003). Kooperation – Mythos und Realität einer Praxis. München: Eigenverlag DJI.

Schaarschmidt, U. (Hrsg.) (2005). Halbtagsjobber? Psychische Gesundheit im Lehrerberuf. Analyse eines veränderungsbedürftigen Zustands. Weinheim und Basel: Beltz.

Schatzki, T. R. (1996). Social Practices. A Wittgensteinian Approach to Human Activity and the Social. Cambridge: Cambridge University Press.

Schatzki, T. R. (2002). The Site of the Social: A Philosophical Account of the Con of Social Life and Change. University Park: The Pennsylvania State University Press.

Schatzki, T. R. (2010). The Timespace of Human Activity: On Performance, Society, and History as Indeterminate Teleological Events. Lexington Books.

Schimank, U. (2014). Governance und Professionalisierung. Notizen zu einem Desiderat. In: Maag Merki, K., Langer, R. & Altricher, H. (Hrsg.) (2014): Educational Governance als Forschungsperspektive. Strategien, Methoden, Ansätze. Wiesbaden: Springer VS.

Schönknecht, G. (1996). Innovative Lehrerinnen und Lehrer. Weinheim: Beltz.

Schütze, F. (1996). Organisationszwänge und hoheitsstaatliche Rahmenbedingungen im Sozialwesen. Ihre Auswirkungen auf die Paradoxien des professionellen Handelns. In: Combe, A. & Helsper, W. (Hrsg.): Pädagogische Professionalität. Untersuchungen zum Typus pädagogischen Handelns. Frankfurt a. M.: Suhrkamp, S. 183–275.

Schütze, F. (2021). Professionalität und Professionalisierung in pädagogischen Handlungsfeldern: Soziale Arbeit. Opladen: Barbara Budrich, UTB.

Shulman, L. S. (1986). Those who understand: Knowledge growth in teaching. Knowledge growth in teaching. In: Educational Researcher, 2/1986, S. 4–14.

Stelmaszyk, B. & Kunze, K. (2008). Biographien und Berufskarrieren von Lehrerinnen und Lehrern. In: Handbuch der Schulforschung, 2. Aufl. Wiesbaden: Springer VS, S. 795–812.

Sturm, T. & Wagner-Willi, M. (2016). Herstellung und Bearbeitung von Leistungsdifferenzen im kooperativ gestalteten inklusiven Fachunterricht. In: Moser, V. & Lütje-Klose, B. (Hrsg.): Schulische Inklusion. Zeitschrift für Pädagogik. 62. Beiheft. Weinheim: Beltz, S. 75–89.

Tenorth, H.-E. (2004). Bildungsminimum und Lehrfunktion. Eine Apologie der Schulpflicht und eine Kritik der der „therapie"-orientierten pädagogischen Professionstheorie. In: Gruehn, S., Kluchert, G. & Koinzer, T. (Hrsg.): Was Schule macht. Achim Leschinsky zum 60. Geburtstag. Weinheim u. a.: Beltz, S. 15–29.

Tenorth, H.-E. (2006). Professionalität im Lehrerberuf. Ratlosigkeit der Theorie, gelingende Praxis. In: Zeitschrift für Erziehungswissenschaft, 4/2006, S. 580–597.

Terhart, E. (2001). Lehrerbildung – quo vadis? In: Zeitschrift für Pädagogik, 4/2001, S. 549–558.

Terhart, E. (2010). Faule Säcke, arme Schweine oder Helden des Alltags? Lehrerbilder zwischen Fremd- und Selbstdeutung. In: Feindt, A., Röbe, E., Rothland, M., Terhart, E. & Tillmann, K.-J. (Hrsg.): Lehrerarbeit – Lehrer sein. Jahresheft XXIV/2010 des Friedrich-Verlags. Seelze: Friedrich- Verlag, S. 38–41.

Terhart, E. (2011). Lehrerberuf und Professionalität. Gewandeltes Begriffsverständnis – neue Herausforderungen. In: Helsper, W. & Tippelt, R. (Hrsg.): Pädagogische Professionalität. Weinheim u.a: Beltz, S. 202–224.

Terhart, E., Czerwenka, E., Ehrich, K., Jordan, F. & Schmidt, H.J. (1994). Berufsbiographien von Lehrern und Lehrerinnen. Frankfurt am Main: Peter Lang.

Tillmann, K.-J. (2004). System jagt Fiktion. Die homogene Lerngruppe. In: Becker, G. & Altrichter, H. (Hrsg.): Heterogenität. Unterschiede nutzen – Gemeinsamkeiten stärken. Seelze: Friedrich, S. 6–9.

Tillmann, K.-J. (2014). Heterogenität – ein schulpädagogischer „Dauerbrenner". In: Pädagogik, 11/2014, S. 38–45.

Trautmann, M. & Wischer, B. (2011). Heterogenität in der Schule. Eine kritische Einführung. Wiesbaden: Springer VS.

Wahl, Diethelm (1991). Handeln unter Druck: Weinheim: Deutscher Studien Verlag.

Weinert, F. E. (2001). Vergleichende Leistungsmessung in Schulen – eine umstrittene Selbstverständlichkeit. In: Weinert, F. E. (Hrsg.): Leistungsmessungen in Schulen. Weinheim und Basel, Beltz, S. 17–31.

Wittek, D., Herrmann, J. & Bastian, J. (2016). Individualisierung und Professionalisierung. Ausgewählte Ergebnisse der Evaluation an Berliner Gemeinschaftsschulen. In: Rabenstein, K. & Wischer, B. (Hrsg.): Individualisierung schulischen Lernens. Mythos oder Königsweg? Seelze: Klett Kallmeyer, S. 76–92.

Züchner, I. (2015). Was ist eine Ganztagsschule? In Hascher, T., Idel, T.-S., Reh, S., Thole, W. & Tillmann, K.-J. (Hrsg.): Bildung über den ganzen Tag. Forschungs- und Theorieperspektiven der Erziehungswissenschaft. Opladen: Barbara Budrich, S. 133–

Professionalität und Professionalisierung im Handlungsfeld Medienpädagogik

Kai-Uwe Hugger

Was zeichnet das Berufsfeld Medienpädagogik aus? Über welche Kompetenzen sollten medienpädagogisch Handelnde verfügen? Was kann als das Besondere *professionellen* medienpädagogischen Handelns bezeichnet werden? Mit welchen professionellen Handlungsanforderungen haben es medienpädagogisch Handelnde in der Praxis zu tun?

Diese Fragen (und natürlich verschiedene Antwortmöglichkeiten) stehen im Mittelpunkt des folgenden Kapitels. Ziel ist es, einerseits einen Überblick zu verschaffen, welche Bedeutung Professionalität und Professionalisierungsprozesse im medienpädagogischen Handlungsfeld einnehmen und andererseits zu verdeutlichen, welchen Sinn es macht, medienpädagogisches Handeln professionstheoretisch zu reflektieren.

Zu diesem Zweck gliedert sich dieses Kapitel in vier Abschnitte: Nach einer kurzen Einführung wird in Abschnitt 2.1 die Medienkompetenzförderung als Beispiel für das ausdifferenzierte medienpädagogische Berufsfeld vorgestellt. Dabei wird auch die Frage thematisiert, was den Unterschied zwischen beruflichem und professionellem Handeln ausmacht. Die gegenwärtigen Erwartungen an die Kompetenzen von medienpädagogisch Handelnden werden in Abschnitt 2.2 thematisiert: Es kann zwischen Erwartungshaltungen unterschieden werden, die aus bildungspolitischer, berufspraktischer und wissenschaftlicher Perspektive formuliert werden. Es wird deutlich gemacht, dass zwar der Prozess der medienpädagogischen Verberuflichung in den letzten Jahren stark voran geschritten ist und auch ein tiefgreifender wissenschaftlicher Diskurs über die gegenwartsadäquaten Zielkonzepte medienpädagogischen Handelns geführt wird (Medienkompetenz, medienpädagogische Kompetenz, Medienbildung, Mediendidaktik). Demgegenüber befinden sich die professionstheoretische Reflexion in der Medienpädagogik sowie die empirische Erforschung des professionell-medienpädagogischen Handelns noch im Anfangsstadium. In Abschnitt 2.3 wird vor diesem Hintergrund zunächst ein konzeptioneller Vorschlag aus strukturtheoretischer Perspektive gemacht, wie medienpädagogisches Handeln auch als professionelles Handeln verstanden werden könnte. Es geht hier also um die Frage, ob bzw. wie man sich berufliches Handeln von medienpädagogisch Tätigen vorstellen kann, in dem (wissenschaftliches) Wissen und (fallbezogenes) Handeln-Können systematisch miteinander verknüpft sind. Dazu werden vier ‚Strategien medienpädagogischer Professionalisierung' vorgestellt, die sich aus zentralen – teils historisch, teils ahistorisch kenntlich werdenden – medienpädagogischen Handlungskonzepten herleiten lassen. Es wird herausgestellt, dass eine sich als handlungs- und medienkompetenzorientiert verstehende medienpädagogische Praxis am besten mit der *vernetzenden* Professionalisierungsstrategie kennzeichnen lässt. Durch drei Fallbeispiele von medienpädagogischen Praxisprojekten aus der außerschulischen Jugendmedienarbeit werden die konzeptionellen Überlegungen zur medienpädagogischen Professionalität vertieft. Herausgearbeitet werden kann hier ein vernetzendes Professionsverständnis in der gegenwärtigen medienpädagogischen Praxis, insbesondere derjenigen, die dem Konzept der Handlungsorientierten Medienpädagogik folgt. Ein Fazit (Abschnitt 2.5) schließt das Kapitel zu Professionalität und Professionalisierung im medienpädagogischen Handlungsfeld ab.

1 Ausdifferenzierung des medienpädagogischen Berufsfeldes

Beispiel Medienkompetenzförderung

Medienkompetenzförderung als Berufsfeld

Im Zuge des stetigen Ineinandergreifens von medialem Wandel und sozialen wie kulturellen Transformationsprozessen verändert sich auch das Profil der beruflichen Anforderungen medienpädagogisch Handelnder: Zu Beginn des 20. Jahrhunderts hatten sie nahezu ausschließlich das Zurückdrängen und Verbot von Medien im Blick (z. B. dem Kinofilm). Zu Beginn des 21. Jahrhunderts sind medienpädagogisch Handelnde vor allem Expert*innen in der komplexen Förderung von Medienkompetenz und Medienbildung. Dazu gehört auch, dass sie die organisatorischen, finanziellen und (medien-)politischen Rahmenbedingungen für die Entwicklung von Medienkompetenz und Medienbildung sowie mediengestützten didaktischen Lehr-Lernarrangements initiieren und gestalten.

Das berufliche Aufgabenfeld der Medienpädagogik umfasst den gesamten Bereich der Erziehung und Bildung sowie des Lehrens und Lernens im Medienbereich. Adressat*innen sind Kinder, Jugendliche und Erwachsene, sowohl Einzelpersonen, Gruppen als auch Organisationen. Zu den wichtigsten Teilbereichen gehören Medienkompetenzförderung und Medienbildung, Mediendidaktik, Medienerziehung und medienpädagogische Beratung. Im Unterschied zu anderen pädagogischen Berufen ist das Berufsfeld Medienpädagogik *medial mitkonstitutiert*, womit zum Ausdruck kommt, dass Gestalt und Veränderungen der beruflichen Praxis, Anforderungen und Rahmenbedingungen nicht ohne den Bezug zum stetigen Ineinandergreifen von medialem Wandel und sozialen wie kulturellen Transformationsprozessen bzw. zu gesellschaftlichen Mediatisierungsprozessen zu verstehen sind.

Medienpädagogische Berufsarbeit zeichnet sich aus durch eine Ausdifferenzierung von Adressat*innengruppen, Arbeitsfeldern und pädagogischen Institutionen (vgl. Hugger 2008b). Dies soll am Beispiel der Medienkompetenzförderung deutlich gemacht werden, die in den letzten Jahren zu einem zentralen Bereich des medienpädagogischen Berufsfeldes herangewachsen ist, wie sich z. B. an den zahlreichen Medienkompetenzprojekten mit Kindern, Jugendlichen und Erwachsenen ablesen lässt, die durch Bund, Länder und Kommunen gefördert werden. Medienkompetenzförderung findet an formalen, non-formalen und informellen Bildungsorten statt, d. h. an

- formalen Bildungsorten: die medienkompetenzorientierte Planung sowie Gestaltung von institutionalisierten Lern- und Bildungssettings (insbesondere in Schule, Ausbildung, Hochschule).
- non-formalen Bildungsorten: die medienkompetenzorientierte Planung sowie Gestaltung von organisierten Bildungsangeboten und -aktivitäten, die auf Freiwilligkeit der Teilnahme basieren (insbesondere in Kindertagesbetreuung, Jugendarbeit, Ganztagsschulen, Betrieben).
- informellen Bildungsorten: die Begleitung von Selbstbildungs- und Selbstlernprozessen mit Medien, die nicht institutionell organisiert sind, also jenseits formaler Bildungsinstitutionen und Lernveranstaltungen angesiedelt sind (z. B. in Familie, Peers).

Arbeitsmarkt Medienkompetenzförderung

Ein medienpädagogischer *Arbeitsmarkt*, der sich auf Medienkompetenzförderung bezieht, lässt sich in *drei Bereiche* mit jeweils verschiedenen Adressat*innengruppen unterteilen. Da es zurzeit kaum verlässliche Zahlen zu diesem Arbeitsmarkt gibt (vgl. Fromme/Biermann 2016), beruht die Darstellung auf eigenen Beobachtungen des medienpädagogischen Stellenmarkts, wie er z. B. durch die stetige Meldung von offenen Stellen im Newsletter der Gesellschaft für Medienpädagogik und Kommunikationskultur (GMK) (https://www.gmk-net.de/) seit Jahren abgebildet wird.

1.1 Medienpädagogischer Kernbereich

Der medienpädagogische Kernbereich umfasst den gesamten klassischen Bereich Bildung und Erziehung. Medienkompetenzförderung richtet sich hier meist auf Kinder, Jugendliche und Familien. Tätigkeitsfelder von medienpädagogisch Handelnden sind insbesondere Kindertagesbetreuung, Jugendarbeit, Schule und Ganztagsschule. In diesem Bereich sind die Arbeitgeber zum überwiegenden Teil öffentliche Träger, Vereine, Jugendverbände, Kirchen etc. Hinsichtlich der Anzahl an einschlägigen, zu besetzenden Stellen scheint er der größte Bereich in diesem Arbeitsmarkt zu sein, obwohl sich dies nicht durch verlässliche Zahlen belegen lässt. Die beruflich Tätigen arbeiten dauerhaft oder zeitlich befristet nicht nur in der direkten Vermittlung von Medienkompetenz an Personen und Gruppen (dazu genauer: Wahl/Klimmt/Sowka 2014), sondern auch stark in der Planung, Einwerbung,

Verwaltung und Evaluation von Projekten, also Aspekten, die auch insgesamt in der pädagogischen Berufsarbeit einen immer größeren Stellenwert einnehmen, wie bereits frühere Berufsfelduntersuchungen deutlich gemacht haben (vgl. Grunert/Krüger 2004).

1.2 Erster Randbereich

Der erste Randbereich umfasst Einrichtungen, die neben ihren Aufgaben für den medienpädagogischen Kernbereich auch Medienkompetenzförderung im weiteren Sinne betreiben: Die beruflich Tätigen arbeiten in der medienpädagogischen Beratung und Fortbildung von pädagogischem Personal und Einrichtungen, die Medienkompetenzprojekte planen und durchführen (wollen). Darüber hinaus arbeiten sie im Bereich der Initiierung und Gestaltung der organisatorischen, finanziellen und (medien-) politischen Rahmenbedingungen für die Entwicklung von Medienkompetenz. Schließlich sind sie in der außeruniversitären Medienforschung tätig. In diesem Sektor sind die Arbeitgeber zum überwiegenden Teil Verbände, Medienzentren, Landesmedienanstalten, Forschungsinstitute, Einrichtungen des Kinder- und Jugendmedienschutzes etc.

1.3 Zweiter Randbereich

Der zweite Randbereich umfasst Kinder- und Jugendmedien sowie Unternehmen aus der Medien- und Kommunikationswirtschaft. Die beruflich Tätigen arbeiten vor allem in der Produktion, Konzeption, Gestaltung und redaktionellen Bearbeitung von Medien bzw. Medieninhalten, die für die Medienkompetenzförderung relevant sind. Zu den Arbeitgebern gehören die öffentlich-rechtlichen und privaten Rundfunksender, Medienproduktionsunternehmen, Verlage, Agenturen oder Software-Unternehmen. Für ausgebildete und qualifizierte Medienpädagoginnen und Medienpädagogen ist dieser Sektor insofern interessant, weil sowohl in der Konzeptions- und Entwicklungsphase als auch in der Realisierungsphase der Medien bzw. Medieninhalte fachlich fundierte Wissensbestände in Medienpädagogik notwendig sind. Dies bezieht sich auf Kenntnisse in den Bereichen Mediensozialisation, Entwicklung von Medienkompetenz und Medienbildung, medienkulturelle Entwicklungsbedingungen, Mediendidaktik, Medienpsychologie.

Eine Absolventenbefragung ...

Nicht unerwähnt bleiben soll ein Ergebnis der Absolventenbefragung des BA/MA-Studiengangs Medienbildung an der Otto-von-Guericke-Universität Magdeburg (Fromme/Biermann 2016), wonach die dortigen Absolventen – entgegen der hier vorgenommenen Gewichtung – nur zu einem relativ *geringen* Anteil im medienpädagogischen Kernbereich arbeiten und stattdessen im Bereich Medienproduktion und Mediengestaltung tätig sind. Ob sich die in diesem Ergebnis ausdrückende Hinwendung medienpädagogischer Absolvent*innen zu Arbeitsstellen in der Privatwirtschaft auch als allgemeiner Entwicklungstrend auf dem Arbeitsmarkt Medienpädagogik interpretieren lässt, ist jedoch schon aufgrund der auf den Magdeburger Studiengang begrenzten Stichprobe sowie fehlender Vergleichsdaten fraglich und offen.

Jenseits dieser sich herausbildenden Struktur (Kernbereich und Randbereiche) wird deutlich: Der medienpädagogische Arbeitsmarkt Medienkompetenzförderung zeichnet sich insbesondere seit den 1990er Jahren durch diversifizierende und ausdifferenzierende Tendenzen aus:

Diversifizierung

Für die Tendenz zur *Diversifizierung* zeigen sich Hinweise in zweierlei Hinsicht: 1) Hinter der professionellen Medienkompetenzförderung steht eine gestiegene Vielfalt an Arbeitgebern, von öffentlichen über freie bis hin zu kommerziellen Trägern. Professionelle Förderung von Medienkompetenz hat also in den letzten Jahren an beruflicher Breite gewonnen, andererseits scheint es ihr an festen, einheitlichen Strukturen zu mangeln (vgl. Wahl 2012, S. 48). 2) Parallel zur Diversifizierung auf Arbeitgeberseite gibt es Hinweise auf eine Vervielfältigung von Arbeitsverhältnissen: Medienpädagogisches Personal ist teils vollbeschäftigt, teils selbstständig, teils in atypischen Verhältnissen beschäftigt (insbesondere befristete Beschäftigungsverhältnisse, Teilzeitbeschäftigungen, Werkverträge, freie Dienstverträge).

Ausdifferenzierung

Die *Ausdifferenzierungstendenz* zeigt sich in den verschiedenen Feldern der Medienkompetenzförderung. Ein Beispiel ist die medienpädagogische Arbeit mit digitalen Medien, die etwa von der Herstellung von diversen Multimediaprodukten über die Durchführung von Internet-Führerschein-Kursen bis hin zur Realisierung von Projekten rund um die Themen Social Media, Datenschutz im Internet, Digital Games et cetera reicht. Ein anderes Beispiel sind Jugendfilm und -videoarbeit, durch die in den letzten Jahren zahlreiche Filmwettbewerbe und -festivals sowie TV- und Videoprojekte speziell für Kinder und Jugendliche bzw. Schüler entstanden sind.

Beruf oder Profession?

Obwohl somit deutlich wird, dass in den letzten Jahren die Verberuflichung der Medienpädagogik vorangeschritten ist, ist dies nicht automatisch mit einer Professionalisierung des Berufs verbunden. Nicht jeder Beruf ist auch ein *professioneller* Beruf. In der klassischen Professionstheorie zählen zu den Professionen Ärzte, Juristen oder Theologen und zwar deshalb, weil sie besondere Kennzeichen haben, vor allem eine wissenschaftliche Ausbildung, Lizenzierung, berufsethische Selbstkontrolle, eigenständige Fachlichkeit usw. Im Zuge der Kritik an der klassischen Professionstheorie ist man aber mittlerweile davon abgerückt, den besonderen Status eines Berufes nur anhand solcher Merkmale zu messen (vgl. auch den ersten Band dieser Reihe: Helsper 2021).

Was einen professionellen pädagogischen Beruf ausmacht, wird heute vielmehr an der Frage gemessen, wie er es versteht, zwischen Wissenschaft einerseits und Lebenspraxis andererseits zu vermitteln. In dieser *strukturtheoretischen* Sicht auf Professionen interessiert in zentraler Weise die Strukturlogik professionellen Handelns (vgl. auch den ersten Band dieser Reihe: Helsper 2021). In Kapitel 2.3 wird diese Sichtweise auf das medienpädagogische Handeln angewendet.

Aufgaben zur Vertiefung

Aufgaben 

1. Stellen Sie sich vor, Sie würden in einem jungen Unternehmen, das Kinder-Apps herstellt, für die Einstellung einer zukünftigen Mitarbeiter*in verantwortlich sein!
2. Welche Argumente sprechen für Sie dafür, einen Medienpädagogen oder eine Medienpädagogin einzustellen? Welche sprechen dagegen?
3. Welche Ausbildung und welche Fähigkeiten und Kenntnisse müsste diese Person aus Ihrer Sicht mitbringen?

2 Erwartungen an die Kompetenzen von medienpädagogisch Handelnden

verschiedene Erwartungen

An das, was medienpädagogisch Handelnde beruflich tun bzw. tun sollen, werden unterschiedliche und teils hohe Erwartungshaltungen geknüpft. Diese werden insbesondere aus

- bildungspolitischer
- berufspraktischer
- wissenschaftlicher

Perspektive formuliert. Die folgenden drei Abschnitte widmen sich beispielhaft diesen Erwartungshaltungen. Dabei wird deutlich, dass die bildungspolitischen Positionen sehr stark den *Nachholbedarf* im Bereich medienpädagogischer Professionalisierung in den unterschiedlichen pädagogischen Handlungsfeldern betonen und zur Formulierung von unterschiedlichen Kompetenzanforderungen für die beruflich Handelnden in der Medienpädagogik führen (Kapitel 2.2.1). Als berufliche Anforderung findet sich Medienpädagogik in allen pädagogischen Handlungsfeldern wieder. Dementsprechend verschieden ist auch, wie die Berufspraktiker*innen medienpädagogische Qualifizierungsbedarfe einschätzen (Kapitel 2.2.2). Die Medienpädagogik als wissenschaftliche Disziplin hat in den letzten Jahren zu einem Kernverständnis der beruflichen Aufgaben von medienpädagogisch Handelnden gefunden, das sich in den vier Zielorientierungen Medienkompetenz, medienpädagogische Kompetenz, Medienbildung und Mediendidaktik widerspiegelt (Kapitel 2.2.3).

2.1 Medienpädagogische Kompetenzanforderungen aus bildungspolitischer Perspektive

KMK-Strategiepapier 2016

Die Bildungspolitik hat sich in den letzten Jahren im Zuge von Digitalisierungsprozessen und Mediatisierung verstärkt zu den Kompetenzen medienpädagogisch Handelnder geäußert. Ein Schwerpunkt liegt dabei auf dem *Handlungsfeld Schule.* In internationaler Perspektive ist insbesondere der von der EU-Kommission in Auftrag gegebene Europäische Rahmen für die digitale Kompetenz Lehrender (DigCompEdu) (Redecker 2017) zu nennen sowie das vom Institute for Propective Technological Studies

(JRC-IPTS) entwickelte Kompetenzmodell Digital Competence Framework (DigComp 2.1) (Carretero et al. 2017), welches eher grundlegende digitale Kompetenzen formuliert. Insbesondere dieses Modell konnte in den letzten Jahren seine Relevanz in wichtigen deutschen Bildungsplänen für Medienkompetenz entfalten, wie etwa im Medienkompetenzrahmen NRW (Medienberatung NRW 2020), in denen die formulierten Kompetenzbereiche des DigComp 2.1 in ähnlicher oder abgewandelter Form auftauchen: information and data literacy, communication and collaboration, digital content creation, safety, problem solving (Carretero et al. 2017).

Die Kultusministerkonferenz (KMK) hat im Jahr2016 das Strategiepapier „Bildung in der digitalen Welt“ vorgelegt, das auch Leitvorstellungen zur Kompetenz von medienpädagogisch Handelnden enthält. In dem Papier werden für Schule, berufliche Bildung und Hochschule gegenwärtige und zukünftige Anforderungen, Handlungsbedarfe und Maßnahmen beschrieben, die sich aus der zunehmenden Bedeutung von digitalen Medien für alle Lebensbereiche ergeben. Für die Schule werden sechs Kompetenzbereiche im Umgang mit digitalen Medien formuliert, die ab dem Schuljahr 2018/19 alle Schüler*innen in den Unterrichtsfächern erwerben sollen (KMK 2016, S. 15ff.):

1. Suchen, Verarbeiten und Aufbewahren
2. Kommunizieren und Kooperieren
3. Produzieren und Präsentieren
4. Schützen und sicher Agieren
5. Problemlösen und Handeln
6. Analysieren und Reflektieren

Aufgaben der Kultusministerkonferenz (KMK)

In Deutschland ist die Verantwortung für Gesetzgebung und Verwaltung von Bildungswesen und Kultur vor allem Ländersache. Die Ständige Konferenz der Kultusminister der Länder in der Bundesrepublik Deutschland (kurz: Kultusministerkonferenz) ist ein Gremium, in dem die für Bildung und Erziehung, Hochschulen und Forschung sowie kulturelle Angelegenheiten zuständigen Minister*innen und Senator*innen der Länder selbstkoordinierend zusammen arbeiten und verbindliche Beschlüsse, Empfehlungen sowie Vereinbarungen treffen.
Mehr dazu: https://www.kmk.org

Kompetenzen der Lehrenden aus KMK-Sicht

Die konkrete Umsetzung der KMK-Zielvorgabe im Unterricht setzt allerdings nicht nur voraus, dass in den Schulen eine entsprechende technische Infrastruktur (z. B. Geräteausstattung, Breitbandausbau) vorhanden sowie ein Medienkonzept (Tulodziecki/Herzig/Grafe 2010, S. 347ff.) entwickelt und fortgeschrieben wird, welches das Lernen mit digitalen Medien und die medienpädagogischen Maßnahmen zur Medienkompetenzförderung und Mediendidaktik systematisiert. Eine wesentliche Voraussetzung sieht die KMK auch in den Kompetenzen der Lehrenden, und zwar in den folgenden vier Bereichen (KMK 2016, S. 25ff.):

- Mediendidaktik
- Medienethik
- Medienerziehung
- Medienbezogene Schulentwicklung

Was unter diesen Kompetenzbereichen konkret zu verstehen ist, wird im Strategiepapier anhand von verschiedenen Beispielen dargestellt (s. Hervorhebung unten). Allerdings wird dabei kein systematischer Bezug zum wissenschaftlichen Diskurs über *medienpädagogische Kompetenz* (vgl. Kapitel 2.3) in der Lehrerbildung hergestellt, was u. a. von Fachverbänden kritisiert wird (GMK 2016).

Über welche medienpädagogische Kompetenz Lehrende an Schulen laut KMK (2016) verfügen sollen:

„Lehrende sollten u. a. in der Lage sein

- die eigene allgemeine Medienkompetenz kontinuierlich weiterzuentwickeln, d. h. sicher mit technischen Geräten, Programmen, Lern- und Arbeitsplattformen etc. umzugehen, um Vorbereitungstätigkeiten, auch in kollegialer Abstimmung, Vernetzung verschiedener Gruppen, Verwaltungsaufgaben sowie einen reibungslosen Einsatz der digitalen Medien im Unterricht und einen sicheren Umgang mit Daten zu gewährleisten
- die Bedeutung von Medien und Digitalisierung in der Lebenswelt der Schülerinnen und Schüler zu erkennen, um darauf aufbauend medienerzieherisch wirksame Konzepte zu entwickeln und den Erwerb von Kompetenzen für den Umgang mit digitalen Medien didaktisch reflektiert und aufbereitet zu unterstützen
- angesichts veränderter individueller Lernvoraussetzungen und des Kommunikationsverhaltens in der digitalen Welt den adäquaten Ein-

satz digitaler Medien und Werkzeuge zu planen, durchzuführen und zu reflektieren; dieser kann sich positiv auf individualisierte, selbstgesteuerte sowie kollaborative Lernprozesse und -ergebnisse auswirken und insgesamt neue Gestaltungmöglichkeiten eröffnen,
- die lerntheoretischen und didaktischen Möglichkeiten der digitalen Medien für die individuelle Förderung Einzelner oder von Gruppen inner- und außerhalb des Unterrichts zu nutzen."

KMK 2016, S. 25f.

Medienpädagogische Kompetenzen in der Jugendarbeit

Bildungspolitische Zielvorgaben für die Kompetenz von medienpädagogisch Handelnden lassen sich in den letzten Jahren auch vermehrt für die *außerschulische Jugendarbeit* ausmachen. Dazu gehört das Positionspapier der Arbeitsgemeinschaft für Kinder- und Jugendhilfe (AGJ) von 2014 mit dem Titel „Mit Medien leben und lernen – Medienbildung ist Gegenstand der Kinder- und Jugendhilfe!" Die AGJ (https://www.agj.de/) versteht sich als Interessenvertretung der Zusammenschlüsse, Organisationen und Institutionen der Kinder- und Jugendhilfe in Deutschland und sieht ihren Auftrag u. a. darin, durch Stellungnahmen, Positionspapiere und Empfehlungen bildungspolitische Lobbyarbeit zu betreiben. Ähnlich der KMK-Position, die für Lehrer*innen spezifisch ausgerichtete Kompetenzen im Rahmen des Schulunterrichts fordert, hat auch die AGJ für die Kinder- und Jugendhilfe ein *domeniales* Verständnis von medienpädagogischen Kompetenzen. Dies bedeutet: Je nach beruflichen Anforderungen im pädagogischen Aufgaben- und Tätigkeitsfeld, wird der medienpädagogische Kompetenzrahmen unterschiedlich konturiert.

Über welche Kompetenzen „medienpädagogische Expert*innen" laut AGJ (2014) in der Kinder- und Jugendhilfe verfügen sollten:

Die Kinder- und Jugendhilfe braucht „Medienpädagoginnen und -pädagogen mit einem spezialisierten und ausdifferenzierten Angebot. Diese medienpädagogischen Expertinnen und Experten beraten, orientieren und qualifizieren darüber hinaus andere Fachkräfte der Kinder- und Jugendhilfe und sind Kooperationspartnerinnen und -partner. Ihre Aufgabe ist zum einen die Vermittlung fundierter Kompetenzen durch aktive Medienarbeit im Umgang mit den Basismedien Audio, Film, Video, Fotografie, darauf aufbauend jeweils aktuelle Entwicklungen der Medientechnik, vernetzter und mobiler Kommunikations-, Produktions- und Präsentationsformen an Fachkräfte sowie an Kinder und Jugendliche. Spezifisches medienpädagogisches Wissen umfasst zum anderen je aktuelle Kenntnisse über die Persönlichkeitsentwicklung und Sozialisation in der digitalen Kultur, den Bildungswert von Offline- und Onlinemedien, institutionelle Strukturen von Medien und ihre gesellschaftliche Eingebundenheit, ethisch-moralische Maßstäbe von Medienhandeln sowie medienrechtliche Fragen oder Probleme des Kinder- und Jugendmedienschutzes. Medienpädagogische Expertinnen und Experten, die auf der Basis kinder- und jugendhilfepolitischer Ziele arbeiten, tragen zur Innovationskraft der praktischen Arbeit bei und sind unverzichtbar für die Kinder- und Jugendhilfe."

AGJ 2014, S. 10

Aufgaben

Aufgaben zur Vertiefung

1. Vergleichen Sie beide Kompetenzbeschreibungen!
2. Welche Unterschiede können Sie feststellen?
3. Wo werden jeweils Schwerpunkte gelegt und wie lassen sich diese Schwerpunktsetzungen in den unterschiedlichen pädagogischen Handlungsfeldern begründen?
4. Was sehen Sie aus der Perspektive des Begriffs der Medienbildung, der Medienpädagogischen Kompetenz und der Mediendidaktik (Kapitel 2.2.3) positiv und was sehen Sie kritisch?

2.2 Medienpädagogische Kompetenz aus Sicht der Berufspraxis

Kontroverse über Berufsbild

Die Forschung in der Medienpädagogik interessiert sich noch nicht lange dafür, welches Berufsbild die medienpädagogischen Praktiker von sich selbst haben und welche Kompetenzen sie für wichtig erachten. Die erste größere Debatte über die beruflichen Kompetenzen in diesem Handlungsfeld wurde vor weniger als 30 Jahren kontrovers geführt. Noch Anfang der 1990er Jahre argumentiert der als Familien- und Kommunikationsberater tätige Jan-Uwe Rogge gegen ein eigenständiges Berufsbild Medienpädagog*in und er bezweifelt sogar, dass sich ein eigenes berufliches Arbeitsfeld entwickeln könnte:

> *„Wenn ich jemanden speziell zum Medienpädagogen ausbilde, wird er später am Arbeitsmarkt kein für sich spezifisches Tätigkeitsfeld vorfinden. Er wird vielmehr gezwungen sein, in den verschiedensten Berufsfeldern zu arbeiten und sich dadurch in Konkurrenz zu Leuten befinden, die möglicherweise gezielt für diese Berufsfelder ausgebildet wurden. Da hat er dann schlechte Karten, denn er wäre als reiner Medienpädagoge ein Generalist mit äußerst unscharf definierten Qualifikationen."*
>
> Rogge 1991, S. 17

Nach Meinung von Schorb (1989), der die Professionalisierungsdebatte über den Beruf des Medienpädagogen/der Medienpädagogin auf dem Bielefelder Forum 1988 der Gesellschaft für Medienpädagogik und Kommunikationskultur (GMK) in einem kurzen Artikel abzuwägen versucht, ist eine Berufsbildbestimmung zum damaligen Zeitpunkt nicht möglich, wenn nicht sogar unerwünscht gewesen. Selbst bei den Medienpädagog*innen, das macht er deutlich, schien die Sensibilität gegenüber den möglichen Gefahren einer Professionalisierung größer zu sein als gegenüber dem Nutzen. Gewarnt wurde vor einer unklaren medienpädagogischen Zielbestimmung, einer „Zersplitterung der Pädagogiken" und dem Beginn eines „Verdrängungswettbewerbs unter MedienpädagogInnen und ihren nicht eigens ausgebildeten KollegInnen" (ebd., S. 47). Demgegenüber setzt sich Schorb für einen klar umrissenen und eigenständigen Kompetenzrahmen von medienpädagogisch Handelnden ein,

> *„um die Notwendigkeit der Medienpädagogik auch denen zu belegen, die bisher ihre Augen verschließen konnten, um die Vielfalt der Bereiche medienpädagogischer Tätigkeiten denen zu erhellen, die bislang nur einen sehr engen (häufig jugendschützerischen) Blick von Medienpädagogik hatten, um den potentiellen MedienpädagogInnen eine Orientierung im zukünftigen Feld ihrer Tätigkeiten zu geben und um den praktizierenden MedienpädagogInnen ihren Standpunkt zu festigen"*
>
> ebd.

Kompetenzdefizite

Seitdem Mitte der 1990er Jahre im Zuge der sich allmählich auch in der Breite der Gesellschaft durchsetzenden Internetnutzung insbesondere aus bildungsökonomischer, politischer und wissenschaftliche Perspektive *Medienkompetenz* als Schlüsselbegriff für die Informationsgesellschaft ausgerufen wurde, hat sich auch immer mehr das berufliche Handlungsfeld Medienpädagogik etabliert. Gegenwärtig kommt die Forschung zu dem

Ergebnis, dass sich viele Pädagog*innen ihren medienpädagogischen Aufgaben und Kompetenzen nicht gewachsen fühlen. Einerseits beschreiben sich die Handelnden in der außerschulischen Medienbildung zwar als „Medienkompetenzarbeiter“ (Wahl/Klimmt/Sowka 2014), die sich nach eigener Aussage um die Vermittlung eines komplexen Sets von Medienkompetenz-Dimensionen bemühen, d. h. Mediengestaltung, Medienkritik und -ethik, Medientechnik, Medienwissen, Medienauswahl, Medienrezeption, Anschlusskommunikation (vgl. Kapitel 2.2.3.1). Andererseits schätzen sich z. B. Fachkräfte der Erziehungsberatung sowie (teil-)stationärer Einrichtungen der Kinder- und Jugendhilfe als nicht medien- bzw. medienpädagogisch kompetent genug ein, so dass sie sich den eigenen Ansprüchen an professionelle Beratung nicht gewachsen fühlen (Wagner/Eggert/Schubert 2016). Als eine der größten beruflichen Herausforderungen sehen sie, mit den Entwicklungen im Medienbereich Schritt zu halten. Sie begrüßen Möglichkeiten der Weiterbildung in diesem Bereich, weisen jedoch auch darauf hin: Für die Weiterqualifizierung im Themenbereich Medien(pädagogik) sei nicht nur ein professionelles, sondern auch persönliches Interesse notwendig, um sich regelmäßig zu informieren und mit neuen Medienangeboten und deren Chancen wie Risiken auseinanderzusetzen. Ähnlich problematisch schätzen Lehrer*innen an weiterführenden allgemeinbildenden Schulen in Nordrhein-Westfalen ihre Kompetenz ein, medienerzieherisch im Unterricht tätig zu sein. Insbesondere hinsichtlich der unterrichtlichen Thematisierung und Reflexion des Medienhandelns von Kindern und Jugendlichen, sehen sich die Lehrkräfte unzureichend vorbereitet und wenig kompetent, so dass sie versuchen, diesen Mangel durch das Hinzuziehen außerschulischer, teils nicht-pädagogischer Akteure, wie z. B. Polizeibeamte bei Fragen von Cybermobbing, zu beheben (Breiter/Welling/Stolpmann 2010).

Ein umfassendes Bild von den Einschätzungen medienpädagogischer Berufspraktiker, das die unterschiedlichen Handlungsfelder berücksichtigt – von der Schule über die Kinder- und Jugendhilfe bis hin zur Erwachsenen-/Weiterbildung – wurde bisher noch nicht wissenschaftlich erhoben. Die bisherigen Untersuchungen beziehen sich zumeist auf einzelne berufliche Segmente des medienpädagogischen Handlungsfeldes und sind vor allem durch qualitative Studien geprägt.

So wurden in der Studie von Breiter, Welling und Stolpmann (2010) im Jahr 2009 leitfadengestützte Gruppendiskussionen mit Lehrer*innen einer nordrhein-westfälischen Hauptschule durchgeführt und mithilfe der Dokumentarischen Methode ausgewertet, um die Orientierungsmuster zu rekonstruieren, die dem Medienhandeln der Lehrkräfte zu Grunde liegen und ihre Praxis begründen. Professionstheoretische Fragen standen nicht im Mittelpunkt der Studie. Die Gruppendiskussion war Teil einer groß angelegten Studie zur Medienkompetenzförderung und zur schulischen Integration digitaler Medien an weiterführenden allgemeinbildenden Schulen in Nordrhein-Westfalen. In der abgebildeten Sequenz der Gruppendiskussion erzählen die Lehrer*innen u. a. von den verschiedenen Zwängen, denen sie im Unterricht unterliegen, z. B. dem Schreiben von Klassenarbeiten. Um die Komplexität der unterschiedlichen Aufgaben zu reduzieren, bleibe nichts anderes übrig, als an der Medienkompetenzförderung zu „sparen", da andere Schwerpunkte wichtiger seien.

Zf: *Ich hab fünf Schüler in meiner Klasse, die Familienhilfe haben (.) das heißt, da kommt einmal in der Woche 'ne Familientherapeutin oder Familienhilfe von (wo), damit diese Menschen überhaupt in der Lage sind, ihr ganz normales Leben einigermaßen in den Griff zu kriegen ne (.) nur, um das zu sagen und diese Schüler soll ich dann auch noch fit machen für dieses und jenes, geht irgendwie gar nicht (.) die kommen montags morgens hier hin, haben ein Wochenende hinter sich, wo, was weiß ich, Alkohol, Pornovideos, Gewalt*
Lf: └*Ganz viel (Medien) (....)*
Zf: *'ne Rolle gespielt hat, wenig Schlaf, stundenlang am Computer gesessen*
Nm: └*Alkohol und und und*
Yl: *Mhm*
Zf: *Ähm, die sind montags morgens überhaupt nicht aufnahmefähig für Schule insgesamt, das stell ich immer wieder fest, also den Montag kann man vergessen, komplett (.) und dann so dienstags, mittwochs kann man anfangen, normalen Unterricht zu machen (.) wir müssen ja auch Klassenarbeiten schreiben, wir müssen ja auch wirklich, ne*
Lf: └*„Ja, wir müssen ja auch noch andere Sachen machen"*
Zf: *diesen Spagat schaffen, ne (.) zwischen Fordern und Fördern und allem Möglichen*
Yl: *Mhm*
Nm: *Deswegen diese besagte Medienförderung und Medienkompetenzförderung ist bei uns schlichtweg (.) leider Stiefkind, und wird auch das bleiben (.) weil es ganz einfach andere Prioritäten gibt (.) das muss man leider so sagen (.) ich find es traurig, ehrlich gesagt, schade, aber, das ärgert mich manchmal auch, dass wir nicht mehr machen, leisten können, als wir eigentlich als Lehrer mal gelernt haben* (Gruppe Sonne)

Abbildung 1: Schwierige Voraussetzungen für die Entwicklung von medienpädagogischem Handeln im Unterricht aus Sicht von Lehrer*innen einer Hauptschule in Nordrhein-Westfalen. Quelle: Breiter/Welling/Stolpmann 2010, S. 130f.

? Aufgaben

Aufgaben zur Vertiefung

Argumente für eine praktische Umsetzung medienpädagogischen Handelns in der Schule

1. Lesen Sie sich bitte die abgebildete Sequenz der Gruppendiskussion genau durch!
2. Wie werden Hinderungsgründe für eine Ausrichtung des Unterrichts auf Medienkompetenz argumentativ vertreten?
3. Welche Orientierung auf Jugendliche und Medien kommt hier zum Tragen?
4. Überlegen Sie, welche anderen Argumentationen, die ebenfalls an die Lebenswelt der Jugendlichen anknüpfen, in Bezug auf medienkompetenzbezogenen Unterricht denkbar wären!

2.3 Zwischen Medienkompetenz, medienpädagogischer Kompetenz, Medienbildung und Mediendidaktik

Welche Erwartungshaltung an medienpädagogisches Handeln gibt es vonseiten des wissenschaftlichen Diskurses? Es werden hauptsächlich *vier Zielorientierungen* unterschieden:

1. *Medienkompetenz bzw. Medienkompetenzförderung.* Wie in Kapitel 2.2.1 deutlich werden sollte, haben nicht zuletzt auch wichtige politische Gremien diese Zielorientierung übernommen.
2. *Medienpädagogische Kompetenz,* die neben der Medienkompetenz auch allgemeindidaktisch relevante Kompetenzbereiche einbezieht.
3. *Medienbildung* als Begriff und Konzept wird teils ergänzend, synonym oder alternativ zu Medienkompetenz benutzt
4. *Mediendidaktik* als Zielorientierung betont – im Gegensatz zu Medienkompetenz und Medienbildung –, wie Medien als Hilfsmittel in Lehr- und Lernprozessen eingesetzt werden.

Im Folgenden geht es um den Diskurs, wie diese Zielorientierungen medienpädagogischen Handelns wissenschaftlich verstanden werden, ob sie miteinander vereinbar sind und in welcher Hinsicht sie zueinander in Konkurrenz stehen. Im darauf folgenden Kapitel 2.3 wird dann thematisiert, dass insbesondere das Konzept der Medienkompetenz für eine gegenwartsadäquate professionstheoretische Reflexion medienpädagogischen Handelns relevant ist.

2.3.1 Medienkompetenz

Im wissenschaftlichen Diskurs wird die Medienkompetenz eines Menschen in ihren unterschiedlichen Dimensionen zu definieren und empirisch zu erfassen versucht. Sie umfasst die Wissensbestände über Medien sowie die Fähigkeit, Medien souverän bedienen, kritisch beurteilen und kreativ gestalten zu können. Obwohl der gegenwärtige Diskurs die neuen Informations- und Kommunikationstechnologien in den Mittelpunkt stellt, weil diese zurzeit die Entwicklungs- und Partizipationschancen von Kindern, Jugendlichen und Erwachsenen entscheidend mitgestalten, orientiert sich Medienkompetenz an einem *weit* verstandenen Medienbegriff, der sowohl die individuelle Mediennutzung – von den klassischen Massenmedien über Computer und Internet bis hin zu mobilen Medien – als auch ihre Bezüge zu Gruppen, gesellschaftlichen Systemen und Kulturen mit einbezieht.

Trotz ihrer Unterschiedlichkeit im Detail weisen alle theoretischen Konzepte von Medienkompetenz zentrale Übereinstimmungen auf (Hugger 2008a):

1. Medienkompetenz rekurriert in zentraler Weise auf die *Selbstorganisationsdispositionen und -fähigkeiten* des Menschen. Kinder, Jugendliche und Erwachsene müssen in ihren immer mehr durch Mediatisierung gekennzeichneten Lebenswelten in der Lage sein, Medien selbst organisiert, reflektiert und kreativ zu nutzen, ihre symbolische Umwelt eigenständig zu strukturieren und mit Sinn zu versehen, und zwar unter medial, sozial wie gesellschaftlich *unbestimmten* Bedingungen, in denen immer weniger feste Traditionen und Autoritäten sowie klare Zielmarken der Lebensführung durchscheinen und erfahrbar werden. Somit ist der Diskurs über Medienkompetenz seit den 1970er Jahren (Baacke 1973) – nicht nur beeinflusst von der Wiederentdeckung sozialer Handlungstheorien, sondern auch von einen Paradigmenwechsel in der Medienwirkungsforschung – die *medienpädagogische Antwort auf einen aktiven Mediennutzer*, der nicht mehr nur *durch* Medien sozialisiert wird. Bezogen auf Kinder und Jugendliche ist das Aufwachsen (mit Medien) verstärkt auch dadurch geprägt, dass die Heranwachsenden sich *selbst* sozialisieren (müssen).
2. Weil aber anzunehmen ist, dass es nicht allen Kindern und Jugendlichen in gleichem Maße erfolgreich gelingt, Medienkompetenz zu erwerben, bleibt eine Unterstützung und Förderung mit Hilfe medienpädagogischer Programme notwendig. Die Entwicklung von Medienkompetenz ist nicht nur in informellen, sondern auch in formellen (z. B. Schule) wie non-formalen (z. B. Jugendarbeit) Bereichen

grundsätzlich über selbst organisierte Lernprozesse zu verwirklichen. Aus diesem Grund gilt *Medienprojektarbeit* als Schlüsselweg zur Medienkompetenz (vgl. Baacke 1999), weil sie einerseits intrinsische Motivation freisetzt, zum anderen in Form ihrer Subjektorientierung mit Selbstsozialisiationsprozessen verbunden ist.

3. Ebenso wie Kompetenz ist auch Medien*kompetenz* ein „Beobachterbegriff" (Schmidt 2005), d. h. er bezieht sich auf „Dispositionen" (Anlagen, Fähigkeiten, Bereitschaften), die es ermöglichen, bestimmte Medien-Handlungen auszuführen. Diesem Zusammenhang liegt die Unterscheidung zwischen (Medien-)Kompetenz und (Medien-) Performanz (d. h. Medien-Handlungen) zu Grunde, die freilich in der wissenschaftlichen Debatte der Medienpädagogik zurzeit nur am Rande eine Rolle spielt. Weil Medienkompetenz nicht direkt beobachtbar ist, kann diese dem Handelnden von Beobachtern lediglich aufgrund einer *Bewertung* zugeschrieben werden (vgl. Erpenbeck/von Rosenstiel 2003). Wie die Performanz der Medienkompetenz bewertet wird, hängt dabei vom jeweiligen *Diskurs* über Medienkompetenz ab, der historisch unterschiedliche Verständnisse des Konzepts hervorbringen kann. So wurde der Diskurs Anfang der 1970er Jahre vor allem mit Blick auf die *Emanzipation* des Subjekts geführt, gegenwärtig stehen deutlicher Selbstsozialisation und die Ermöglichung von Selbstorganisation im Vordergrund.

Das konzeptionelle Verständnis von Medienkompetenz nach Dieter Baacke

Das im wissenschaftlichen Diskurs der Medienpädagogik einflussreichste Konzept von Medienkompetenz hat der Erziehungswissenschaftler Dieter Baacke (1934–1999) entwickelt. Die ersten Anstöße zur Entwicklung seines Konzepts von Medienkompetenz stammen aus der sozial- und sprachwissenschaftlichen Diskussion um *Kompetenz* in den 1970er Jahren: In der Sprachtheorie von Chomsky (vgl. 1972) bezieht sich Kompetenz vor allem auf syntaktische Aspekte der Sprache. Er sieht Kompetenz als strukturerzeugendes Regelsystem, das in der Sprachverwendung (Performanz) wirksam wird. Habermas (1971) übernimmt den Kompetenzbegriff in gesellschaftstheoretische Überlegungen: *Kommunikative Kompetenz* als allgemeine subjektive Basisqualifikation meint für ihn die Fähigkeit des Menschen, sich kommunikativ zu verhalten, d. h. aufgrund fester Regeln des Sprechens sprachliche Äußerungen zu machen und damit Geltungsansprüche zu erheben, die vom Adressaten akzeptiert oder zurückgewiesen werden können. Baacke (1973, 1996) hat dieses Verständnis für die Medienpädagogik fruchtbar gemacht. Er versteht *Medien*kompetenz als eine systemische Ausdifferenzierung von kommunikativer Kompetenz, weil erstere die permanenten Veränderungen der Kommunikationsstrukturen durch „technisch-industrielle Vorkehrungen und Erweiterungen" betont, in denen wir uns kommunikativ-handelnd auch mit Medien ausdrücken (müssen). Medienkompetenz differenziert sich für Baacke (1996, S. 120) in *vier Dimensionen*, die prinzipiell jeder Mensch entwickelt haben sollte:

1. „Medienkritik". Sie bedeutet die Fähigkeit, a) problematische gesellschaftliche Prozesse – wie etwa Medienkonzentration – *analytisch* angemessen zu erfassen, dieses Wissen b) *reflexiv* auf sich selbst und das eigene Handeln anzuwenden und c) in *ethischer* Weise „analytisches Denken und reflexiven Rückbezug als sozial verantwortet" abzustimmen und zu definieren.
2. Mit „Medienkunde" ist das Wissen über unser gegenwärtiges Mediensystem gemeint, das sich a) in eine *informative* Dimension (klassische Wissensbestände, z. B. über unterschiedliche Filmgenres) und b) in eine instrumentell-qualifikatorische Dimension (Bedienungsfähigkeit) unterteilt.
3. „Mediennutzung" ist ebenfalls zweifach zu verstehen, und zwar a) *rezeptiv, anwendend* und b) *interaktiv, anbietend.*
4. „Mediengestaltung", ist einerseits *innovativ* zu verstehen (im Sinne von Weiterentwicklungen des Mediensystems) und andererseits *kreativ*, d. h., dass sie in ästhetischer Weise über die „Grenzen der Kommunikationsroutine hinausgehen" kann.

Onlinetext und -video zu den vier Dimensionen der Medienkompetenz nach Dieter Baacke

Auf der Internetseite des Dieter Baacke Preises sind Ausschnitte eines Textes von Dieter Baacke (2001) veröffentlicht, in dem er die vier Dimensionen seines Konzepts der Medienkompetenz genauer und beispielhaft erläutert. Darüber hinaus kann dort auch ein Video abgerufen werden, in dem Baacke zu seinem Konzept interviewt wird.

Zum Link: https://dieter-baacke-preis.de/ueber-den-preis/was-ist-medienkompetenz/

Die gegenwärtig zu beobachtende Diskussion um Medienkompetenz entzündet sich, neben dem Versuch einer Abgrenzung zum Konzept der Medienbildung (vgl. Kapitel 3.3.3), an verschiedenen Fragen und offenbart einen Ausdifferenzierungs- und Diversifizierungsprozess des Medienkompetenzdiskurses, der seit Mitte der 1990er Jahre anhält. Dazu gehört die Frage, wie das Konzept – teils in Abgrenzung, teils in Ergänzung zu Baackes Vorschlag – präzisiert werden kann (z.B. Aufenanger 2000, Schorb 2017, Sutter 2010, Tulodziecki 2015). Die einzelnen Positionen unterscheiden sich dabei weniger in der grundsätzlichen Anerkennung, dass Medienkompetenz einen zentralen Zielwert der Medienpädagogik darstellt, sondern eher in der Art, wie ihre unterschiedlichen Teil-Dimensionen zu fassen sind. Darüber hinaus spielt die Frage eine Rolle, wie sich in pädagogischen Teildisziplinen Medienkompetenz herleiten lässt. So führen Dewe und Sander (1996) den Begriff in die Kompetenzdebatte der *Erwachsenenbildung* ein und definieren Medienkompetenz als „Sachkompetenz" (tätigkeitsbezogene Qualifikationen, z. B. Zugriffswissen, um Medien bedienen zu können), „Selbstkompetenz" (persönlichkeitsbezogene Grundfähigkeiten, z. B. die Fähigkeit einer reflexiven Medienrezeption) und „Sozialkompetenz" (sozial ausgerichtete Fähigkeiten, z. B. die Nutzungsfähigkeit der Medien als Mittel sozialer Kooperation). Tulodziecki (1998) konkretisiert Medienkompetenz als Erziehungs- und Bildungsaufgabe im *Schulkontext* und fasst darunter die Fähigkeit, in Medienzusammenhängen *sachgerecht*, *selbstbestimmt*, *kreativ* und *sozial verantwortlich* handeln zu können. Für die Schule bedeutet dies die Umsetzung von fünf Aufgabenbereichen:

1. „Auswählen und Nutzung von Medienangeboten"
2. „Gestalten und Verbreiten eigener medialer Beiträge"
3. „Verstehen und Bewerten von Mediengestaltungen"
4. „Erkennen und Aufarbeiten von Medieneinflüssen"
5. „Durchschauen und Beurteilen von Bedingungen der Medienproduktion und Medienverbreitung". (Tulodziecki/Herzig/Grafe, 2010, S. 235).

2.3.2 Medienpädagogische Kompetenz

Drei Kompetenzerwartungen

In der medienpädagogischen Forschung herrscht Einigkeit darüber, dass Handelnde in der Medienpädagogik über sowohl *Medienkompetenz* (vgl. Kapitel 2.2.3.1) als auch *medienpädagogische Kompetenz* verfügen sollten, um ihre beruflichen Aufgaben adäquat zu erfüllen. Handlungsfeldübergreifend für den Aufgabenbereich der Medienkompetenzförderung können drei Kompetenzerwartungen an die Handelnden unterschieden werden, in denen sich sowohl Medienkompetenz als auch medienpädagogische Kompetenz wiederfinden lassen (Hugger 2013):

1. Es ist von ihnen ein *spezifisches medienpädagogisches Wissen* zu erwarten, das ihre Handlungskompetenz absichert. Ohne dieses Wissen ist nicht zu erwarten, dass Medienkompetenzförderung fachlich basiert gelingt. Zu diesem Wissen gehören Kenntnisse über die Persönlichkeitsentwicklung und Sozialisation in der digitalen Kultur, den Bildungswert von Offline- und Onlinemedien, institutionelle Strukturen von Medien und ihre gesellschaftliche Eingebundenheit, ethisch-moralische Maßstäbe von Medienhandeln, medienrechtliche Fragen des Kinder- und Jugendmedienschutzes.
2. Neben dem spezifischen Wissen ist von ihnen ein *besonderes medienpädagogisches Können* zu erwarten, also bestimmte Handlungsfähigkeiten, ohne die Medienkompetenzförderung nicht erfolgreich ist. Zu diesem Können gehören kommunikative Fähigkeiten für den digitalen wie nicht-digitalen Austausch mit den Adressat*innengruppen, medienkulturelle Fähigkeiten für das Decodieren von medialen Artikulationen Heranwachsender, mediengestalterisch-handwerkliche und medienästhetische Fähigkeiten für die handlungsorientierte Arbeit mit Medien (Medienproduktion).
3. Darüber hinaus ist von ihnen die Fähigkeit zu erwarten, *paradoxe Handlungsanforderungen* bzw. unaufhebbare und unumgehbare Widersprüche bei der Medienkompetenzförderung zu erkennen, auszubalancieren und konstruktiv zu bewältigen. Paradoxe medienpädagogische Handlungsanforderungen verdeutlichen die Gegensatzpaare „Medienkompetenz vermitteln und strukturierend eingreifen vs. autonome Aneignungsprozesse zulassen und abwarten", „Medienhandeln von Kindern und Jugendlichen streng kontrollieren vs. Ungewissheit über das Resultat medienpädagogischen Handelns zulassen", „digitale Entscheidungsfreiheit des Adressaten eingrenzen vs. für innovative und kreative virtuelle Interaktionsformen offen sein" (Hugger 2001, S. 107ff.).

Tulodziecki (2012) weist darauf hin, dass Medienkompetenz entweder als Voraussetzung oder als wichtiger Bestandteil der *medienpädagogischen Kompetenz* aufgefasst werden könne. Er selbst plädiert dafür, die Medienkompetenz des Handelnden als *Bestandteil* medienpädagogischer Kompetenz zu verstehen,

„weil der Kompetenzbegriff auf die Handlungsfähigkeit in einem bestimmten Handlungsfeld zielt und die eigene Medienkompetenz als wichtige Disposition für medienpädagogisches Handeln gelten muss."
Tulodziecki 2012, S. 276

Fünf Zielbereiche

Tulodziecki bezieht seine Überlegungen auf zukünftige und gegenwärtige Lehrpersonen in der Schule. Insgesamt ergeben sich für Tulodziecki fünf *Zielbereiche* medienpädagogischer Kompetenz. Die Medienkompetenz findet sich in Zielbereich 1 wieder. Die Zielbereiche 2 bis 4 beziehen sich auf Wissen und Können sowie Handlungsbereitschaft in weiteren Bereichen medienpädagogischer Kompetenz. Demnach sollen zukünftige und gegenwärtige Lehrer*innen bereit und in der Lage sein,

1. „medienkompetent zu handeln, d. h. Medien sachgerecht zu handhaben und Medienangebote in reflektierter Weise auszuwählen und zu nutzen sowie eigene Medienbeiträge im Bewusstsein sozialer Verantwortung zu gestalten und zu verbreiten, Mediengestaltungen und Medieneinflüsse sowie Bedingungen von Medienproduktion und -verbreitung zu durchschauen und kritisch einzuordnen sowie Einflussmöglichkeiten wahrzunehmen,
2. den Stellenwert von Medien für Kinder und Jugendliche in sensibler Weise zu erfassen und bei der Planung, Durchführung und Evaluation von Unterricht mit und über Medien angemessen zu berücksichtigen,
3. vorhandene Medienangebote im Aspekt von Lernen und Lehren zu analysieren und zu bewerten, eigene Medienbeiträge für Lehr- und Lernprozesse zu entwickeln sowie Unterrichtseinheiten und Projekte mit Medienverwendung zu analysieren, vorzubereiten, durchzuführen und zu evaluieren,
4. medienbezogene Erziehungs- und Bildungsaufgaben in Unterricht und Projektarbeit sowie Beratung wahrzunehmen, d. h. vorhandene Beispiele zu analysieren und zu bewerten sowie eigene medienpädagogische Unterrichtseinheiten, Projekte und weitere medienpädagogische Aktivitäten zu planen, durchzuführen und nachzubereiten,
5. personale, ausstattungsbezogene, organisatorische und weitere schulische Bedingungen für medienpädagogische Aufgaben in der Schule zu erfassen, zu gestalten und an der Erarbeitung oder Weiterentwicklung eines medienpädagogischen Konzepts im Sinne von Schulentwicklung mitzuwirken."

Tulodziecki 2012, S. 278f.

Blömeke (2001) sieht als Stärke des Ansatzes von Tulodziecki,

> *„dass er die allgemeindidaktische Diskussion umfassender einbezieht und eine analytisch orientierte, auf Lehr-Lernprozesse bezogene Systematik sowohl für die Ebene der Medienkompetenz als auch für die Ebene der medienpädagogischen Kompetenz entwickelt."*
>
> Blömeke 2001, S. 39

Für eine allgemeine Beschreibung von Medienkompetenz/medienpädagogischer Kompetenz, müsste freilich die Liste der Zielbereiche an die beruflichen Anforderungen in weiteren medienpädagogischen Handlungsfeldern (z. B. der Sozialen Arbeit) angepasst werden.

Aufgabe zur Vertiefung

Aufgabe 

Zu den Zielbereichen medienpädagogischer Kompetenz
Tulodziecki (2012) formuliert die Zielbereiche medienpädagogischer Kompetenz für zukünftige und gegenwärtige Lehrpersonen in der Schule. Überlegen Sie, wie die Zielbereiche für das medienpädagogische Handlungsfeld der außerschulischen Jugendarbeit umformuliert bzw. ergänzt werden können!

2.3.3 Medienbildung

Medienkompetenz als Begriff und Konzept lässt eine Reihe von Fragen offen. Dazu gehört ihre „pädagogische Unspezifität" (Baacke 1996), d. h., sie leitet sich nicht im engen Sinne aus der pädagogischen Begriffstradition her (Bildung und Erziehung). Für eine Reihe von Fachvertreter*innen ist Medien*kompetenz* zu wenig in der Lage, auch einen *genuin pädagogischen* Grundgedankengang zum Ausdruck zu bringen. Aus diesem Grund gibt es in der jüngeren Diskussion zunehmend Versuche, Medien*bildung* (z. B. Jörissen/Marotzki 2009) als Leit- und Zielwert von Medienpädagogik und medienpädagogischem Handeln einzuführen. Medienbildung wird teils synonym zu Medienkompetenz gebraucht, teils aber auch als *Gegenbegriff* zu Medienkompetenz diskutiert. Die letztere Variante wird mit der Forderung einer stärkeren *bildungstheoretischen* Grundlegung der Medienpädagogik begründet. Dabei wird ein *latentes Unbehagen* am Medienkompetenzbegriff festgestellt, weil dieser – wie die Kritiker*innen meinen – vor allem der Vermittlung von instrumentellem Wissen bzw. *Verfügungswissen* entspreche, das also in erster Linie Qualifizierungsfunktion habe. Erst der Bildungsbegriff beinhalte darüber hinaus auch das, was heute eine zentrale gesellschaftliche Aufgabe sei: die Ermöglichung von *Orientierungswissen* (vgl. Marotzki 2004). Die Rede von Medienkompetenz komme einem verkürzten Verständnis von Medienpädagogik gleich. Der Begriff lege ein sozialtechnologisches und affirmatives Verständnis nahe und müsse durch die „grundlegenden Aspekte von Erziehung und Bildung" ergänzt werden (Aufenanger 2000, S. 7).

Reflexionsbegriff

Medienbildung wird damit in erster Linie als *Reflexionsbegriff* verstanden: Erst in der *Reflexion* auf die Medien komme unser Verhältnis zur Welt in unentbehrlicher Weise zum Ausdruck (Moser 2004). Wird die Fähigkeit, sich in ein reflexives, d. h. begründbares und verantwortbares, Verhältnis zu sich und zur Welt zu setzen (z. B. in Bezug auf die Tendenzen einer zunehmenden Kommerzialisierung des Internet und der so eingeschränkten demokratischen Teilhabe im und durch das Netz) als Kern von Bildung profiliert (Selbstbestimmung), wird im Gegensatz dazu Medienkompetenz als den zweckrationalen Kräften des Marktes und der Bildungsplanung ausgeliefert und allzu leicht instrumentalisierbar gekennzeichnet.

Freilich greift die Kritik, Medienkompetenz habe einen vor allem zweckrationalen Charakter, zu kurz, weil sie sich in erster Linie auf bestimmte *Verwendungsweisen* des Begriffs (z. B. in ökonomischen Zusammenhängen) bezieht. Betrachtet man jedoch sein begrifflich präzises Verständnis bzw. seine theoretische Herleitung (Kommunikative Kompetenz), zeigt sich, dass in Medienkompetenz bereits die reflexive Komponente mitgedacht und auch ausformuliert ist, und zwar in den Begriffen Selbstkompetenz, personale Kompetenz oder Medienkritik. Insofern sind die Begriffsverständnisse von Medienkompetenz und Medienbildung durchaus miteinander verschränkt. Dennoch kann festgehalten, dass bisher kein theoretisches Konzept in der Medienpädagogik entwickelt wurde, dass beide Konzepte auf einer theoretisch-systematischen Ebene stringent verbindet, so dass die beiden Zielwerte bis auf weiteres mit unterschiedlichen, d. h. einerseits kompetenztheoretischen, andererseits bildungstheoretischen Forschungstraditionen, begründet werden und folglich nebeneinander stehen.

2.3.4 Mediendidaktik

Während Medienkompetenz und Medienbildung als Zielorientierungen medienpädagogischen Handelns vor allem auf Lern- und Bildungsprozesse über Medien verweisen, steht in mediendidaktischer Perspektive das Lernen *mit* Medien im Vordergrund. Herzig und Aßmann (2009) sehen die grundsätzliche Aufgabe der Mediendidaktik darin,

> *„Medienangebote – mit ihrer jeweiligen medieninternen didaktischen Struktur – so zu verwenden und zu gestalten, dass eine lernwirksame Wechselwirkung zwischen medieninternen Momenten (instruktionales Design, didaktische Struktur der Inhalte, Darstellungs- und Interaktionsformen usw.) und medienexternen Momenten (individuelle Lernvoraussetzungen, personale, reale Begleitung, sozialer Kontext usw.) entsteht."*
> Herzig/Aßmann 2009, S. 897

Die Frage, wie *wirkungsvoll* digitale Medien (z. B. Tablets, Laptops, elektronische Whiteboards) Lehr- und Lernprozesse unterstützen können, spielt in mediendidaktischen – sowie bildungspolitischen – Zusammenhängen eine wichtige Rolle und wird kontrovers diskutiert. Herzig (2014), der in einer lesenswerten Expertise für die Bertelsmann Stiftung den gegenwärtigen Forschungsstand aufarbeitet und zusammenfasst, nennt am Beispiel des schulischen Handlungsfeldes vier konstitutive Faktoren, die die Lernwirksamkeit beeinflussen:

- die *digitalen Medien bzw. Medienangebote* selbst,
- die *Unterrichtsprozesse*, in die die Medienangebote eingebunden sind,
- die *Lehrpersonen und Lernenden*, die also als Akteure am Unterricht unmittelbar beteiligt sind.

Herzig stellt somit heraus, dass die Wirkungsfrage im Schulunterricht nicht isoliert mit Blick auf das technische Medium, sondern nur in systemischen Zusammenhängen sinnvoll diskutiert und beantwortet werden kann. In seiner Auswertung der gegenwärtigen Forschungslage gelingt es ihm aufzuzeigen, dass es zwar hinreichend empirische Belege für spezifische lernförderliche Wirkungen digitaler Medien gebe (vgl. dazu auch Abbildung 2). Allerdings ließen sich Aussagen weder im Hinblick auf einzelne Medienangebote noch im Hinblick auf spezifische Schülergruppen noch im Hinblick auf spezifische Fächer oder Fachkulturen pauschalisieren. Trotz dieser relativierenden Einschätzung sind generell die Erwartungshaltungen gegenüber der Wirkung digitaler Medien und somit auch den Einflussmöglichkeiten, die die medienpädagogisch handelnden Lehrkräfte haben, sehr hoch (vgl. Kapitel 2.2.1).

Was beeinflusst die Wirkungen digitaler Medien im Unterricht?

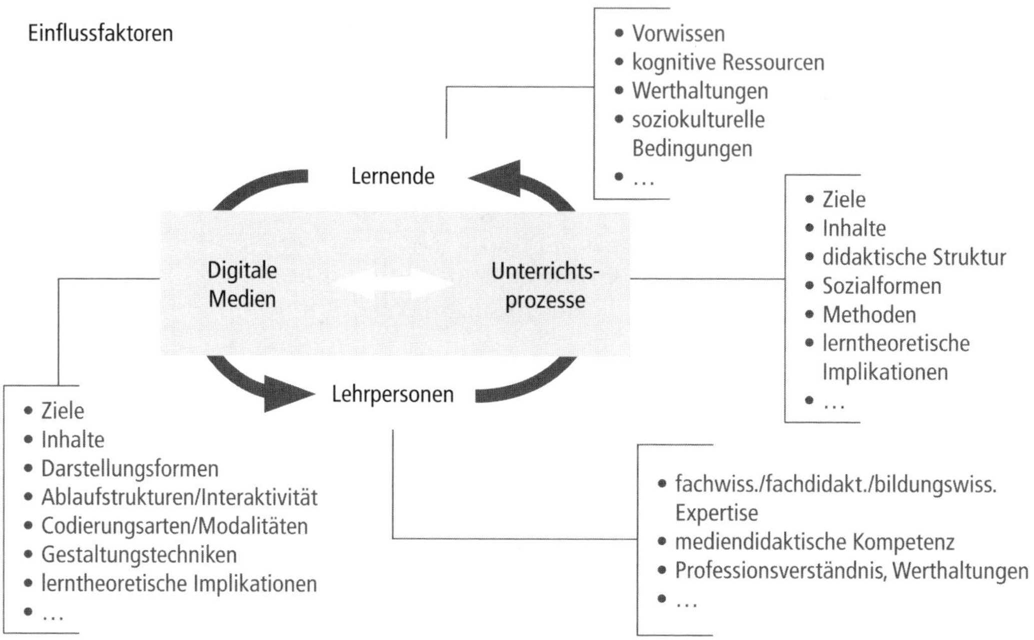

Abbildung 2: Welche Faktoren beeinflussen die Wirkung digitaler Medien im Unterricht. Quelle: Herzig 2014, S. 10

An diesem Modell wird deutlich, dass die medienpädagogisch handelnde Lehrperson nicht der einzige Faktor ist, der ausschlaggebend dafür ist, wie sich digitale Medien im Unterricht auswirken. Sie muss in einem systemischen Zusammenhang weiterer Faktoren betrachtet werden. Als Einflussfaktor lassen sich Lehrer*innen durch ihre mehr oder weniger ausgeprägte fachwissenschaftliche, fachdidaktische und bildungswissenschaftliche Expertise sowie mediendidaktische Kompetenz kennzeichnen. Sie verfügen über ein Professionsverständnis sowie Werthaltungen und Einstellungen, die in jeweils unterschiedlicher Weise die Gestaltung von Lehr-Lern-Situationen und somit auch mittelbar die Unterrichtsprozesse beeinflussen können (ebd.).

Aufgabe zur Vertiefung

Aufgabe **?**

Hürden für das Lernen mit digitalen Medien im Schulunterricht
Im Unterricht soll das Lernen mit Tablets eingeführt werden. Überlegen Sie auf der Basis der Abbildung von Herzig (2014), wie die Einführung von Tablets aus medien-pädagogischer Perspektive sinnvoll begründet und umgesetzt werden könnte bzw. auch was die Einführung behindern könnte!

Mediendidaktische Überlegungen spielen zwar immer dann eine Rolle, wenn es darum geht, Medien und Medienangebote (instrumentell) für die Erreichung eindeutiger pädagogischer Ziele einzusetzen. Es verwundert deshalb nicht, dass mediendidaktische Fragen vor allem in solchen Handlungsfeldern in den Mittelpunkt gerückt werden, in denen formal gut strukturierbare Lernprozesse relevant sind, z. B. in Schule, Hochschule oder beruflicher Ausbildung. Allerdings betonen Tulodziecki/Herzig/Grafe (2010) am Beispiel der Schule, dass sich die Zielorientierungen von Medienkompetenz und Medienbildung auf der einen Seite sowie Mediendidaktik auf der anderen Seite nicht ausschließen dürfen. Dies bedeutet: Medienpädagogisches Handeln in der Schule (sowie in anderen formal strukturierten Lernsettings) sollte notwendigerweise „das Lernen *mit* Medien in einen Reflexionszusammenhang bzw. in den Rahmen eines Lernens über Medien stellen“ (Tulodziecki/Herzig/Grafe, 2010, S. 141). Die Autor*innen verdeutlichen dies anhand eines Beispiels, das sich mit der mangelnden medienkritischen Kompetenz von 15-jährigen Schüler*innen beschäftigt:

> *„In einer Schule, in der Medien vielfältig verwendet werden, haben wir fünfzehnjährige Haupt- und Realschüler gebeten, folgenden Satzanfang zu vervollständigen: Wenn ich entscheiden soll, ob eine Nachricht glaubwürdig ist, achte ich auf folgende Punkte: …*
>
> *Dieser Satzanfang wurde von den Schülerinnen und Schülern u. a. folgendermaßen ergänzt: ob andere diese Nachricht auch senden/ da fällt mir nichts ein/ ob sie logisch klingt/ ob Beweise wie Fotos da sind/ von wo sie kommt, wie oft wird sie gesagt, wo ist sie noch/ meine weibliche Intuition.*
>
> *Wenn in einzelnen dieser Äußerungen auch Ansätze zu einer Prüfung der Glaubwürdigkeit von Nachrichten zu finden sind, verweisen sie*

insgesamt doch auf eine gewisse Hilflosigkeit der Schülerinnen und Schüler, wenn es darum geht, den Wahrheitsgehalt von medialen Informationen einzuschätzen"

Tulodziecki/Herzig/Grafe 2010, S. 141

Freilich ist mit der Diagnose mangelnder Medienkompetenz noch nichts darüber ausgesagt, auf welche Weise die Defizite der Schüler*innen behoben werden können, bzw. wie Medienkompetenzförderung (im Unterricht) gestaltet werden kann. Dies wird genauer thematisiert in den Kapitel 2.3 und 2.5.

Kritik an der mediendidaktischen Dominanz im KMK-Strategiepapier 2016

Die zunächst wissenschaftlich formulierten Zielorientierungen medienpädagogischen Handelns bieten auch Stoff für bildungspolitische Auseinandersetzungen. Dies zeigt der Disput um das KMK-Strategiepapier 2016 (vgl. Kapitel 2.2.1). Die Gesellschaft für Medienpädagogik und Kommunikationskultur (GMK), die als Dach- und Fachverband medienpädagogische Einzelpersonen und Organisationen vertritt, kritisiert die Aussagen und Forderungen der KMK zum medienpädagogischen Handeln in Schule, Berufsausbildung und Hochschule als zu einseitig mediendidaktisch ausgerichtet. In ihrer Stellungnahme zum KMK-Strategiepapier heißt es:

„Betrachtet man das Strategie-Papier unter diesem Gesichtspunkt, so lässt sich eine klare Dominanz der Überlegungen zum Lernen mit Medien gegenüber dem Lernen über Medien feststellen [...]. Mit dieser Dominanz muss dem Strategie-Papier eine vorwiegende funktionale Sichtweise zugeschrieben werden, die auch nicht durch einzelne Hinweise auf Reflexions- und Bewertungsnotwendigkeiten aufgelöst wird. Einzelne Hinweise dieser Art sind zwar wichtig, erscheinen aber im Kontext des Strategie-Papiers insgesamt eher additiv angefügt als integriert – zumal sie inhaltlich nicht systematisch ausgefächert werden (so wirkt z. B. auch die Anfügung des Kompetenzbereichs „Analysieren und Reflektieren" im Kompetenzmodell als letzter Punkt nach fünf eher funktional orientierten Kompetenzbereichen eher als Ergänzung denn als systematisch integrierter Bereich, vgl. dazu auch die Ausführungen unten). [...] Eine Möglichkeit, das Lernen über Medien in dem Strategieentwurf in hinreichender Weise zur Geltung zu bringen, besteht darin, explizit auf wichtige inhaltliche Bereiche zu verweisen, [...] z. B.:

- *Medienangebot: Programme, Strukturen, Zugangs- und Zugriffsmöglichkeiten,*
- *Gestaltungsmerkmale von Medien: Darstellungsformen und Gestaltungstechniken, Gestaltungs- und Interaktionsformen in ihrem Verhältnis zum jeweiligen Inhalt,*
- *Herstellungsprozesse bei Medien: Erzeugung ‚zeichenfähiger Muster', z. B. durch technische Einschreibungen und Übertragungen sowie durch algorithmische Ver- und Bearbeitung sowie Generierung von Daten*
- *Medieneinflüsse: Realitätsvorstellungen, Emotionen, Verhaltens- und Wertorientierungen mit ihren Folgen für soziale Zusammenhänge*
- *Bedingungen der Medienproduktion und Medienverbreitung: technische, rechtliche, ökonomische, personale sowie weitere institutionelle und gesellschaftliche Bedingungen"*

GMK 2016, S. 8

3 Professionalisierung medienpädagogischen Handelns

Die *gesellschaftliche Anerkennung* medienpädagogisch Handelnder bzw. medienpädagogischer Berufspraktiker*innen ist in den letzten Jahren deutlich gewachsen. Medienpädagogisches Handeln wird in der Öffentlichkeit zunehmend als nützlich und unverzichtbar angesehen. Als berufliche Aufgabe muss Medienpädagogik nicht mehr eigens begründet werden; vielmehr müsste besonders legitimiert werden, wenn sie als solche *nicht* umgesetzt wird. Medienkompetenz, Medienbildung und Mediendidaktik werden von staatlicher wie wirtschaftlicher Seite gefordert und sind bei der Formulierung politischer Leitgedanken zur Zukunft von Bildung und Erziehung zur Selbstverständlichkeit geworden.

Entgrenzung

Zudem ist Medienpädagogik als Berufsfeld Teil einer Entwicklung, die in den letzten Jahren in der erziehungswissenschaftlichen Berufs- und Professionsforschung als *Entgrenzung* pädagogischer Berufsarbeit (Grunert/Krüger 2004) diskutiert wird. Dies bedeutet: Auch *medien*pädagogische Berufsarbeit zeichnet sich aus durch a) eine Ausdifferenzierung von Adressat*innengruppen, Arbeitsfeldern und pädagogischen Institutionen, und b) eine neue Mixtur pädagogischer und nicht-pädagogischer Anteile im beruflichen Handeln, d. h. medienpädagogische Arbeitsfelder beinhalten zwar vielfach klassische pädagogische Tätigkeiten mit direktem Klient*innenbezug (unterrichten, lehren, erziehen), teils aber stärker oder sogar überwiegend Tätigkeiten mit Beratungs-, Planungs-, Verwaltungs- und Mediengestaltungsanteilen.

Über die *Professionalisierung* und *Professionalität* medienpädagogischen Handelns ist damit noch nichts ausgesagt. Das Problem ist bekannt: Selbst wenn medienpädagogische Praktiker*innen wissen, dass sie in ihrem Berufsfeld medienpädagogisch tätig sind und meinen, dass sie dies auch professionell tun, bleibt für sie doch eher unklar oder gibt es ganz unterschiedliche Meinungen darüber, was das spezifisch Medienpädagogische ihrer Profession ausmacht (etwa im Vergleich zur Sozialen Arbeit, den dritten Band dieser Reihe: Schütze 2021). und was an der eigenen Tätigkeit das Professionelle ist (im Vergleich zum Handeln [medien-]pädagogischer Laien, wie z. B. den Eltern). Die Professionstheorie kann hier weiterhelfen. Was also macht die Besonderheiten professionellen Handelns im Unterschied zu Formen beruflicher Praxis aus?

Was ist das Besondere professionellen medienpädagogischen Handelns?

Professionelles medienpädagogisches Handeln weist für Hugger (2001, S. 44f.) – z. B. im Vergleich zum professionellen Handeln von Lehrer*innen oder Sozialarbeiter*innen – zwei Besonderheiten auf:

1. den *medial mitkonstituierten Charakter*: Medienpädagogik und medienpädagogisches Handeln seien essenziell mit Entwicklung und Wandel der Medien verbunden. Dies bedeute, dass sich mit Medienwandel und Mediatisierungsprozessen einerseits die Anforderungen an die beruflichen Wissensbestände permanent verändern, andererseits befinden sich dadurch auch die pädagogischen Aneignungs- und Vermittlungsprozesse zwischen medienpädagogischem Angebot (im Bereich von Medienkompetenz, Medienbildung und Mediendidaktik) und medienpädagogischen Adressaten (z. B. Kinder und Jugendliche) in einem stetigen Wandlungsprozess. Mit diesem hätten zwar zwangsläufig alle (pädagogischen) Berufe zu tun (z. B. Lehrer*innen, Sozialarbeiter*innen). Allerdings sei damit das medienpädagogische Handeln qua professionellem Auftrag besonders betraut.
2. die *Querstruktur* des medienpädagogischen Handelns: Eine Besonderheit der Struktur medienpädagogischen Handelns liege gerade darin, dass es mit nahezu allen anderen pädagogischen Handlungsfeldern verknüpft sei: von der Familienbildung, über die schulische und berufliche Ausbildung, die Erwachsenen- und Weiterbildung bis hin zur Online-Beratung und – Unterstützung von Jugendlichen in der Kinder- und Jugendhilfe. Deshalb müsse medienpädagogische Professionalität in Konstellationen der Vernetzung, der Überschneidung und der Gemeinsamkeit mit weiteren pädagogischen Handlungsfeldern verstanden werden.

Aufgabe zur Vertiefung

Aufgabe 

Zum „medial mitkonstitutierten" Charakter medienpädagogischen Handelns
Recherchieren Sie beispielhaft (2 Beispiele), welche Medien und Medienentwicklungen zurzeit besonders stark in medienpädagogischen Projekten thematisiert werden! Unterscheiden Sie nach Projekten, deren Adressaten einerseits Kinder, andererseits Jugendliche sind! Was meinen Sie, welche professionellen Herausforderungen ergeben sich dabei für die medienpädagogisch Handelnden?

3.1 Medienpädagogik als Profession

Kritk an klassischer Professionstheorie

Obwohl eine Etablierung und Expansion des Berufs Medienpädagog*in beobachtet werden kann (Hugger 2020), bedeutet dies noch nicht, dass auch die *Professionalisierung* des Berufes zugenommen hat. Nicht jeder Beruf ist auch ein *professioneller* Beruf. Zugleich kann nicht jede Form beruflichen Handelns als professionelles Handeln bezeichnet werden. In der klassischen Professionstheorie werden den Professionen (z.B. Ärzte, Juristen oder Theologen) besondere Kennzeichen zugeschreiben, wie etwa wissenschaftliche Ausbildung, Lizenzierung, berufsethische Selbstkontrolle, eigenständige Fachlichkeit usw. Im Zuge der Kritik an der klassischen Professionstheorie ist man aber mittlerweile davon abgerückt, den besonderen Status eines Berufes nur anhand solcher Merkmale zu messen.

Strukturlogik professionellen Handelns

Was einen professionellen pädagogischen Beruf ausmacht, wird heute vielmehr an der Frage gemessen, wie er es versteht, zwischen Wissenschaft einerseits und Lebenspraxis andererseits zu vermitteln (vgl. etwa Hornstein/Lüders 1989; Dewe/Ferchhoff/Radtke 1992; Combe/Helsper 1996; den ersten Band dieser Reihe: Helsper 2021). Professionell Handelnde werden zugleich als Wissenschaftler*innen und Praktiker*innen betrachtet, die sozialwissenschaftlich basierte Fallanalysen und konkretes pädagogisches Handeln in ihrer beruflichen Praxis verbinden (vgl. Oevermann 1981). Diesem strukturtheoretischen Ansatz geht es insofern darum, die *Strukturlogik* professionellen Handelns zu bestimmen.

3.2 Strategien medienpädagogischer Professionalisierung

Wissen und Handeln-Können

Auch die Eigenheit medienpädagogischen Handelns lässt sich in der professionellen Strukturlogik abbilden. Es geht dabei um die Frage, ob bzw. wie man sich berufliches Handeln von medienpädagogisch Tätigen vorstellen kann, in dem (wissenschaftliches) Wissen und (fallbezogenes) Handeln-Können systematisch miteinander verknüpft sind. Zum Zwecke einer Systematisierung können vier medienpädagogische *Professionalisierungsstrategien* unterschieden werden, auf deren Grundlage versucht wird, die Professionalisierung der Medienpädagogik zu forcieren (vgl. ausführlich: Hugger 2001). Sie sollen verdeutlichen, wie sich das Verhältnis von Theorie und Praxis im Kontext medienpädagogischen Handelns festmacht. Obwohl sie zu bestimmten historischen Zeitpunkten besonders deutlich werden und auch in Mischformen auftauchen können, sind sie dennoch *ahistorisch* zu verstehen. So kann in der gegenwärtigen Debatte über die Bedeutung der digitalen Medien in Bildungsprozessen ein zum Teil auch *bildungstechnologisches* Verständnis medienpädagogischen Handelns beobachtet werden, so wie es z. B. Ende der 1960er und Anfang der 1970er Jahre in Deutschland voranzubringen versucht wurde. Insofern ist diese Systematisierung in einem analytischen Sinne gemeint.

3.2.1 Beschützend-wertevermittelnd

Nach dieser Professionalisierungsstrategie lehnen medienpädagogisch Handelnde die (jeweils neuen) Medien ab oder versuchen vor allem die negativen Folgen des Mediengebrauchs zu verhindern. Sie haben eine bewahrende und kontrollorientierte Haltung und verstehen sich als Beschützer der Kinder und Jugendlichen vor der medialen Gefahr einer geistigen Überforderung und Reizüberflutung. Handlungswissen beruht nicht auf der Rezeption und Reflexion wissenschaftlicher Erkenntnisse zum Einfluss von Medien, sondern in erster Linie auf eigenen und überlieferten praktischen Erfahrungswerten, verbunden mit einem ethisch-moralisch motivierten Sendungsbewusstsein, das vor allem das Gute und Wahre im Kind zum Vorschein bringen will bzw. beschützen möchte. Dies wird bereits im Zusammenhang mit der Entstehung des Kinofilms und der ersten Lichtspielhäuser deutlich, später mit der Entstehung der *bewahrpädagogischen* Richtung der Medienpädagogik in den 1950er und 190er Jahren. Das *Erfahrungswissen* der Medienpädagog*innen, oftmals gepaart mit dem gesellschaftlichen Normenkanon, gilt nach der Logik des beschützend-wertevermittelnden Professionalisierungsmodells als Schlüssel zur technischen Beherrschbarkeit medienpädagogischer Situationen bzw. Fälle: Medienpädagogische Problemkonstellationen, die sich bei z. B. bei bestimmten Gruppen von Jugendlichen in den Auswirkungen übermäßigen Konsums gewalthaltiger Computerspiele zeigen, werden mit Hilfe dieses Erfahrungswissens als prinzipiell durchschaubar und beherrschbar dargestellt. In dieser Logik wird das Wissen *technisch* auf einen medienpädagogischen Fall angewendet, ohne es genauer mit der spezifischen Lebenssituation des Adressaten abzugleichen.

3.2.2 Gesellschaftskritisch-wissenschaftszentriert

Diese Strategie unterscheidet sich von medienpädagogisch Handelnden als Beschützer*innen und Wertevermittler*innen dadurch, dass die wissenschaftliche Analyse zur Grundlage medienpädagogischer Professionalität wird. Handlungsleitend ist hier die theoretische Annahme, dass Medien lediglich Manipulationsinstrumente im Dienste des herrschenden Kapitalismus und die Rezipient*innen grundsätzlich ihre manipulierbaren Opfer darstellen. Gesellschaftskritisch-wissenschaftszentriertes Handeln in der Medienpädagogik kann vor allem in den 1970er Jahren – konzeptionell angelehnt an die Kritische Theorie der Frankfurter Schule – als zentrale Professionalisierungsstrategie angesehen werden. Diese hat zwar die *Emanzipation* des Subjekts zum Ziel. Der Bezug auf den lebensweltlichen Kontext der Heranwachsenden und damit die fall- und kontextbezogene Verwendung wissenschaftlichen Wissens wird aber tendenziell durch die Fokussierung auf die wissenschaftliche Analyse unterbewertet. Sozialwissenschaftlich gewonnenes Wissen scheint überlegen zu sein gegenüber dem medienpädagogischen Erfahrungswissen des Praktikers. Die professionelle Ausrichtung am Wert des wissenschaftlichen Wissens unterscheidet das vorliegende Modell vom vorher erläuterten, in dem das Erfahrungswissen die zentrale Rolle im Handlungsverständnis einnimmt. Beide Modelle zeigen hingegen dort eine deutliche Parallele, wo sie suggerieren, man könne die jeweiligen Wissensdimensionen für die Lösung eines medienpädagogischen Problems technisch anwenden.

3.2.3 Bildungstechnologisch-optimierend

Dieses Professionalisierungsmodell konnte sich zuerst in den 1960er Jahren im Zuge des „Lehrermangels“ voll entfalten. Durch den Versuch, Unterrichtsmedien möglichst optimal einzusetzen, sollte Lehrpersonal entlastet oder sogar ersetzt werden. Für das Konzept bildungstechnologisch-optimierender Professionalität basiert das professionelle Handeln nahezu alleine auf dem effizienten Einsatz von Medien in Lern- und Bildungsprozessen. Die Bedingungen des Einsatzes werden besonders stark durch ökonomische und bildungspolitische Notwendigkeiten beeinflusst. Die Popularität dieses Modells zeigt sich teils auch Mitte der 1990er Jahre, als der Schule ein Weg ins „digitale Abseits“ (Rüttgers 1997) prognostiziert wurde. Zu erinnern ist dabei an die verschiedenen damaligen Förderinitiativen zur Ausstattung von Schulen mit internetfähigen Computern (Stichwort „Schulen ans Netz“).

Gegenwärtig ist an die Digitale Agenda der Bundesregierung zu denken, in deren Rahmen verschiedene Förderprogramme im Bildungsbereich aufgelegt worden sind, u. a. die „Bildungsoffensive für die digitale Wissensgesellschaft" des Bundesministeriums für Bildung und Forschung[1], in deren Rahmen etwa eine flächendeckende Anbindung von Bildungseinrichtungen an ein leistungsfähiges Breitbandnetz verwirklicht werden soll. Im Gegensatz zum ideologiekritisch medienpädagogisch Handelnden spielt für diese Strategie die sozialwissenschaftliche Analyse ökonomischer und sozialer Auswirkungen der Medienentwicklung keine fundamentale Rolle. Auch die Frage der Angemessenheit des Handelns im Hinblick auf die lebensweltliche Situation der medienpädagogischen Adressaten ist hier kein grundlegender Bestandteil. Der Adressat wird ausschließlich in der Rolle des Lerners von medial übermitteltem Wissen betrachtet.

3.2.4 Vernetzend

In dieser gegenwartsadäquaten Professionalisierungsstrategie werden die Adressat*innen medienpädagogischen Handelns nun nicht mehr – wie in den beschützend-wertevermittelnden und gesellschaftskritisch-wissenschaftszentrierten Strategien – als von den (Massen-)Medien passiv Beeinflusste betrachtet, sondern als Medien-*Nutzer*innen*, die ihr Handeln prinzipiell selbst bestimmen können sollen. Sie werden nicht mehr in einem reduzierten sozialen Kontext betrachtet, sondern, im Sinne einer medienökologischen Perspektive (vgl. Baacke/Sander/Vollbrecht 1991), eingebettet in Medienwelten und -umgebungen sowie medienvermittelte Netzwerke. Aufgabe medienpädagogisch Handelnder ist es, die unterschiedlichen Handlungs- und Erfahrungszusammenhänge des Menschen integriert oder mit anderen Worten: vernetzt zu betrachten. Aus drei Gründen bietet sich der Begriff *Vernetzen* als gegenwartsadäquate Beschreibung der Struktur professionellen medienpädagogischen Handelns an:

Umgang mit Ungewissheit

1. Er nimmt er auf die Individualität und Identität der Partner*innen im Handlungsprozess Rücksicht. Er impliziert eine Art *Demokratisierung* der professionellen Beziehung, indem das Handeln nicht mehr hierarchisch als Vermittlung wissenschaftlicher Erkenntnisse an die Adressat*innen und damit als intentionaler Prozess verstanden wird, sondern als „Kunst der zugleich freien und wissensgeleiteten Inter-

[1] https://www.bmbf.de/files/Bildungsoffensive_fuer_die_digitale_Wissensgesellschaft.pdf

pretation" (Wimmer 1996, S. 433), da die *Ungewissheit* gegenüber den Adressat*innen bzw. Partner*innen nicht durch die technische Anwendung von Wissen aufgelöst werden kann (vgl. Hugger 2007).

Umgang mit Ungewissheit und Technologiedefizit aus Sicht der erziehungswissenschaftlichen Professionsforschung

Ein wichtiges Thema der Professionsforschung ist das, was Luhmann/Schorr (1982) als *Technologiedefizit* des beruflichen Handelns von Pädagogen bezeichnen. Schon Anfang der 1980er Jahre haben sie darauf hingewiesen, dass beispielsweise Lehrer*innen gar nicht genau wissen könnten, bei wem sie welche Wirkung direkt oder indirekt auslösten, weil es in Lernprozessen keine lineare Kausalität zwischen der Absicht einer erziehenden Lehrkraft und der tatsächlich auftretenden Wirkung gebe. In ähnlicher Weise erkennt die erziehungswissenschaftliche Professionsforschung in den letzten Jahren, dass *Nicht-Wissen* bzw. *Ungewissheit* ein wichtiges Strukturmerkmal des professionellen Handelns ist. Man nimmt Abschied von der Vorstellung, pädagogische Situationen seien prinzipiell durch die Anwendung eines bestimmten Wissens beherrschbar und kontrollierbar. Wimmer (1996) sieht als zentrales Element professionellen Handelns eine *Kluft zwischen Wissen und Handeln*, die im Nichtwissen oder in der Ungewissheit über die mögliche Wirkung des eigenen pädagogischen Handelns besteht. Diese Kluft sei konstitutiv und nicht mit Hilfe von Wissen überbrückbar. Der (professionelle) Pädagoge müsse sich dessen bewusst sein und im Hinblick auf seine Adressaten „wissen, dass er [...] nicht weiß und wissen kann" (ebd., S.431), auch nicht mit Hilfe wissenschaftlichen Wissens. Gleichzeitig könne dies aber nicht bedeuten, dass auf das Wissen als wissenschaftliches Wissen verzichtet werden kann. Im Gegenteil: Erst durch dieses Wissen werden die Grenzen des Wissens einschätzbar; der Wert der pädagogischen Wissensbasis ändere sich dadurch.

In den Fokus einer solchen Perspektive professionellen pädagogischen Handelns kommt also die notwendige Fähigkeit von Pädagog*innen, in einem distanzierten Verhältnis zum (wissenschaftlichen) Wissen sowohl die pädagogische Situation als auch das eigene pädagogische Handeln selber beurteilen, einschätzen und dafür Kriterien entwickeln zu müssen. In den Fokus kommt ebenso zentral die spezifische Lebenssituation der Adressat*innen, die nicht mit Hilfe einer vorab festgelegten Handlungsstruktur bestimmt und mit Hilfe eines instrumentellen Handlungswissens als lösbar verstanden werden darf. Das Tun von Pädagog*innen unterscheidet sich von dem der pädagogischen Laien durch das Wissen ihres Nichtwissens, d. h. das Wissen der Grenzen des Wissens und dann, erst auf dieser Basis, durch die Fähigkeit, pädagogische Handlungsformen im Hinblick auf potentielle Adressat*innen einschätzen, anwenden, und ggf. kreativ verändern zu können.

2. Der Begriff Vernetzen betont ausdrücklich die sozialen Zusammenhänge zwischen Menschen, Medien und gesellschaftlicher Umwelt und geht über eng formulierte Einheiten (Familie, Kleingruppe etc.) hinaus.
3. Schließlich steht der Vernetzungsbegriff auch der Kritik an expertokratischen Modellen der Professionalität nahe, da er im Gegensatz zu diesen *Selbsthilfe- und Selbstorganisationsmodelle* befürwortet. Der vernetzende Medienpädagoge versucht deshalb im Sinne einer Förderung von Medienkompetenz bzw. Medienbildung und mit Unterstützung mediendidaktischer Strategien insbesondere solche Fähigkeiten zu fördern, mit denen Menschen in der Lage sind Medien selbst organisiert, reflektiert und kreativ zu nutzen.

Handlungsorientierte Medienpädagogik

Die vernetzende Professionalisierungsstrategie lässt sich auf der Ebene praktischen medienpädagogischen Handelns vor allem in Projekten wiederfinden, die dem Konzept der *Handlungsorientierten Medienpädagogik* folgen. Mit der *Handlungsorientierten Medienpädagogik* hat die Medienpädagogik ein spezifisches Handlungskonzept entwickelt, das als leitend für gegenwärtige medienpädagogische Praxis angesehen werden kann. Bernd Schorb (2008) definiert Handlungsorientierte Medienpädagogik als Konzept, das die

> *„Entwicklung der Fähigkeit der Subjekte, Medien produktiv zur Artikulation eigener kollektiver Interessen zu nutzen, in den Mittelpunkt ihrer Bemühungen [stellt]. Die Subjekte sollen die Medien ‚in-Dienst-nehmen', d. h. sie als Mittel zur aktiven, mitgestaltenden Auseinandersetzung mit ihrer Lebenswelt gebrauchen."*
>
> Schorb 2008, S. 77

Für Baacke (1997) erlaubt die Perspektive der Handlungsorientierung auch, Alltagskommunikation und Medienkommunikatiown miteinander zu verbinden, um sie gleichermaßen für die medienpädagogische Praxis zu erschließen,

> *„da sie ja auch im Alltag als zwar verschiedene Weisen kommunikativen Austauschs, aber doch als verbunden und untrennbar erlebt werden. Medien-Inhalte gehen in den Alltag ein (das Verhalten eines Stars wird nachgeahmt, der musikalische Stil einer Pop-Gruppe durch die Gründung einer eigenen Musikband aufgenommen usf.) und umgekehrt dienen die Alltagserfahrungen immer erneut als Interpretamente dessen, was die Medien uns antragen (vgl. den Hauptschüler, der Django als Stellvertreter seiner eigenen Nöte betrachtet, freilich auch als eindrucksvollen Heros der Niederlage).“*
>
> Baacke 1997, S. 56

Als wesentliche Zielsetzungen einer handlungsorientierten Medienpädagogik nennt Röll (2008, S. 513)

- „Bedingungen schaffen zum Erwerb von Medienkompetenz,
- Angebote und Strukturen der Neuen Medien durchschaubar machen
- Selbst bestimmten und kritischen Umgang ermöglichen,
- gesellschaftliche Partizipation und soziale Kompetenz fördern,
- technische Kompetenzen unterstützen,
- Wissensklüfte überwinden und Chancengleichheit herstellen,
- Kreative Potenziale fördern“

Diese Ziele müssen für die unterschiedlichen Praxisfelder professionellen medienpädagogischen Handelns operationalisiert werden und an den verschiedenen Adressaten ausgerichtet werden (v. a. Alter, Geschlecht, Lebenswelt).

3.2.5 Paradoxe Handlungsanforderungen im medienpädagogischen Handeln

Es wurde bereits in Kapitel 2.2.3.2 darauf hingewiesen: Medienpädagogisch Handelnde müssen bei der Medienkompetenzförderung Handlungsanforderungen bewältigen, die unumgehbar paradox sein können. Deshalb wird von ihnen die Fähigkeit erwartet, solche *paradoxen Handlungsanforderungen* bzw. unaufhebbaren und unumgehbaren Widersprüche bei der Medienkompetenzförderung zu erkennen, auszubalancieren und konstruktiv zu bewältigen. Paradoxe medienpädagogische Handlungsanforderungen verdeutlichen die Gegensatzpaare „Medienkompetenz vermitteln und strukturierend eingreifen vs. autonome Aneignungsprozesse zulassen und abwarten“, „Medienhandeln von Kindern und Jugendlichen streng kontrollieren vs. Ungewissheit über das Resultat medienpädagogischen Handelns zulassen", „digitale Entscheidungsfreiheit des Adressaten eingrenzen vs. für innovative und kreative virtuelle Interaktionsformen offen sein" (Hugger 2001, S. 107ff.). Dies soll im Folgenden am Beispiel der Paradoxie „Medienkompetenz vermitteln und strukturierend eingreifen vs. autonome Aneignungsprozesse zulassen und abwarten" (ebd., S. 119ff.) erläutert werden:

Auf der Basis eines „vernetzenden" Professionsverständnisses (vgl. Kapitel 2.3.2.4) ist es ein Ziel medienpädagogischen Handelns (z. B. jugendlichen) Adressat*innen Medienkompetenz zu vermitteln bzw. diese weiterzuentwickeln. Dies kann im Rahmen formaler Bildung (z. B. Schule, Berufsausbildung) oder non-formaler Bildung (z. B. Kita, außerschulische Jugendarbeit) erfolgen. Um den medienpädagogischen Lern- und Bildungsprozess initiieren und gestalten zu können, ist es erforderlich, dass der professionell Handelnde die Medienkompetenzdefizite des Adressat*innen zunächst erkennt und strukturiert, um dann zu versuchen, sie handlungspraktisch im Rahmen von pädagogischen Maßnahmen und Projekten zu bearbeiten und auszugleichen.

Allerdings sind die Adressat*innen bei der Frage der Medienkompetenz kein „weißes Blatt Papier", d. h. dass sie möglicherweise bereits über eine gewisse, wie auch immer geartete Medienkompetenz verfügen, die jenseits strukturierter medienpädagogischer Förderung entwickelt wurde, z. B. im Rahmen der Peer-Group oder Jugendszenen, in denen eine informelle Sozialisierung und Formierung der jugendlichen Mediennutzung stattfindet. Fraglich ist allerdings, ob und wie die Formen des kompetenten Medienhandelns in Peer-Groups oder Jugendszenen mit dem medienpädagogischen Konzept der Medienkompetenz kompatibel sind oder ob sich im Medienhandeln der Jugendlichen vielleicht nur Teil-Dimensionen von Medienkompetenz abbilden lassen. So gibt es im Rahmen der empirischen Medienforschung Hinweise darauf (Treumann etal. 2007), dass die informell erworbene Medienkompetenz von Jugendlichen eher konsumtiver Natur ist und in Richtung von „Unterhaltungskompetenz" geht. Demgegenüber hat die empirische Forschung bislang kaum danach gefragt, wie die Fähigkeit, digitale Medien zur Problemlösung und zur Wissensrecherche zu benutzen, in den informellen Medienwelten der Heranwachsenden angeeignet wird. Eine der wenigen aktuellen Studien beschäftigt sich etwa mit dem informellen Lernen in Jugendszenen (von Gross 2016). Im Ergebnis der qualitativen Studie, wird sichtbar, dass in jugendkulturellen Szenen, wie z. B. der Visual Kei-Szene, durchaus auch informeller Ebene Medienkompetenzen erworben werden (ebd.). Insgesamt ist festzuhalten, dass Medienkompetenz nicht notwendigerweise Ergebnis bzw. nicht alleine Ergebnis (professionellen) medienpädagogischen Handelns ist. Empirische Befunde zeigen jedoch auch, dass „bis heute isolierende und segregierende Effekte der Distribution von neuen Medien unter der Perspektive von Zugang und Aneignung, besonders unter Medienkompetenzkriterien". Dies zeigt sich sowohl im Verfügen über neue Medien als auch und insbesondere „in der Art und Weise der Medienaneignung, die sich zwischen einem eher souveränen und vielseitigen und einem eher konsumorientierten und einseitigen Umgang mit Medien bewegt" (BMSFSJ 2017, S. 298).

Vor diesem Hintergrund ist es für medienpädagogisch Handelnde bedeutsam, zu welchem *Zeitpunkt* sie bei den Adressat*innen in die Förderung von Medienkompetenz professionell eingreifen, ob sie dies ggf. sogar unterlassen oder zeitlich verschieben. Die informellen, jenseits pädagogischen Handelns ablaufenden Mediensozialisationsprozesse lassen es ratsam erscheinen, die altersgemäße Medienkompetenzentwicklung der Adressat*innen genau zu beobachten und somit den Einsatz medienpädagogischer Maßnahmen immer wieder abzuwägen. Freilich birgt aber auch zu langes Abwägen Probleme in sich, weil medienpädagogisch Handelnde den geeigneten Interventionszeitpunkt verpassen könnten. Denkbar ist etwa, dass so lange auf die selbstsozialisatorischen Kräfte im Kindes- und Jugendalter vertraut wird, bis festgestellt werden muss, dass diese bei bestimmten Adressat*innen(gruppen) nicht den erhofften Erwerb von Medienkompetenz erbracht haben und dass die rechtzeitige Unterstützung eines entwicklungsgemäßen medienkompetenten Handelns verpasst wurde. In ähnlicher Weise könnte eine ungenaue Beobachtung der Entwicklungs- und Mediensozialisationsbedingungen zu verspäteten Fördermaßnahmen führen. Aus einem allzu langen Abwägen könnte etwa ein eingeschränkter Handlungsspielraum des medienpädagogisch Handelnden resultieren, der es verhindert, eine langfristige, ggf. auch präventive und entwicklungsbedingt sowie sozialisationsbedingt sinnvolle Maßnahmenstrategie für den Adressaten zu entwickeln.

Aufgabe

Aufgabe zur Vertiefung

Zu den paradoxen medienpädagogischen Handlungsanforderungen
Versuchen Sie für die anderen Paradoxien ähnliche Erläuterungen zu formulieren bzw. Beispiele zu finden!

- Medienhandeln von Kindern und Jugendlichen streng kontrollieren vs. Ungewissheit über das Resultat medienpädagogischen Handelns zulassen
- digitale Entscheidungsfreiheit des Adressaten eingrenzen vs. für innovative und kreative virtuelle Interaktionsformen offen sein

4 Fallbeispiele handlungsorientierter Medienpädagogik

Wie stellen sich nun Praxisprojekte, die der Perspektive der Handlungsorientierten Medienpädagogik folgen und vor dem Hintergrund einer vernetzenden Professionalisierungsstrategie professionstheoretisch reflektiert werden können, konkret dar? Dies wird auf den folgenden Seiten anhand von drei Fallbeispielen aus der außerschulischen Jugendmedienarbeit kenntlich gemacht. Dabei werden jeweils längere Zitate verwendet, in denen medienpädagogische Praktiker über ihre Projektkonzepte und -erfahrungen berichten:

Fallbeispiel: Interkulturelle Filmprojekte mit Jugendlichen

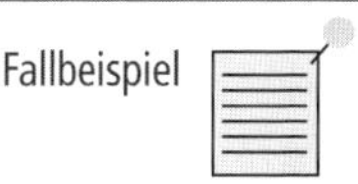

Das Medienprojekt Wuppertal konzipiert und realisiert seit 1992 Modellprojekte aktiver Jugendvideoarbeit unter dem Motto „das bestmögliche Video für das größtmögliche Publikum“. Jugendliche und junge Erwachsene im Alter von 14 bis 28 Jahren werden (im Rahmen von pädagogischen Institutionen oder privat organisiert) produktorientiert bei ihren eigenen Videoproduktionen unterstützt, ihre Videos im Kino, in Schulen, Jugendeinrichtungen etc. in Wuppertal präsentiert und als Bildungsmittel bundesweit vertrieben. Alle Projekte dienen der aktiven bzw. handlungsorientierten Medienarbeit und dem kreativen Ausdruck jugendlicher Ästhetiken, Meinungen und Lebensinhalte. Die Formen der Filme sind u. a. Reportagen, Spielfilme, Trickfilme, Computeranimationen, Experimentalfilme und Musikclips, i. d. R. als Kurzfilme (vgl. Medienprojekt Wuppertal 2003).

Das Medienprojekt Wuppertal führt im Rahmen seiner medienpädagogischen Arbeit auch interkulturelle Filmprojekte durch. Andreas von Hören, Medienpädagoge, Gründer und Geschäftsführer des Medienprojekts Wuppertal erläutert dies:

> *„Interkulturelle Filmprojekte wurden in den letzten Jahren zu den Themen Leben als junge Muslime in Deutschland, Muslimfeindlichkeit, Antisemitismus, Antiziganismus, Ehre, Liebe und Sexualität, Tod und Trauer, Jugendliche in verschiedenen Weltreligionen, Flüchtlinge, Ab-*

schiebung, Russlanddeutsche, Beschneidung und Rechtsextremismus durchgeführt. Die Filmprojekte haben immer zwei Zielgruppen: Die aktiv beteiligten jungen FilmemacherInnen und die jungen RezipientInnen unterschiedlicher kultureller Herkunft. Die RezipientInnen der gleichen Herkunftskultur wie die FilmemacherInnen setzen sich mit ihrer eigenen Identität bzw. Kultur auseinander, die der ‚Fremden' mit der des ‚Anderen". Die Projekte geben den Betroffenen eine Möglichkeit zur reflexiven, medialen Artikulation gegenüber anderen mittels selbst produzierter Videos mit mehreren Wirkungsebenen:

- *biografische Reflexion, Auseinandersetzung und Artikulationsmöglichkeit für die Betroffenen als Subjekt und Objekt der Filme zugleich, Auseinandersetzung mit der Diversität von Menschen unterschiedlicher Kulturen, ihrem Glauben und ihrem Leben;*
- *Meinungsbildung und Aktivierung durch informelle thematische Auseinandersetzung bei Peers als ZuschauerInnen, Akzeptanz von Diversität, Abbau von Vorurteilen, Auseinandersetzung mit eigenem Rassismus;*
- *politische, gesellschaftliche und persönliche Interessenvertretung.*

Die FilmemacherInnen nutzen die Ihnen vermittelte Medienkompetenz und Publikationsmöglichkeit für ihr inhaltliches Interesse der gesellschaftlichen Partizipation. Das Konzept der Videoprojekte folgt dabei der Analyse, dass Jugendliche in ihrer Peergroup die stärkste Auseinandersetzungs- und Lernebene finden. Sie schaffen in den von ihnen hierüber produzierten Videos eine Informations- und Auseinandersetzungsebene für andere Jugendliche und können diese dadurch zu einer Reflexion über ihre eigene Identität anregen.

‚Wenn man diese Jungfräulichkeit bricht, dann ist das halt bei der Frau so, jeder wird jetzt denken: ‚Sie hat die Jungfräulichkeit gebrochen, mit der heirate ich nicht mehr!', und ohne Mann kommt sie im Leben nicht weiter. So denkt man in unserer Kultur, aber bei einem Mann nicht. Bei denen sagt man immer: ‚Die schaffen das auch alleine, die brauchen niemanden und mit irgendwem können die sowieso heiraten.' Man sagt zwar, es gibt Gleichberechtigung, aber im echten Leben gibt es diese Gleichberechtigung nicht' (Aysegül, 17 J., DVD ‚Ehre').

Auch und gerade bei interkulturellen Filmprojekten stellt sich die Genderfrage. Jungen drehen genauso gerne Filme und in der Regel in den gleichen Rollen wie Mädchen, wenn man sie lässt. Neben vielen Ähnlich-

keiten im Film und beim Filmen spiegeln sich aber auch hier geschlechtsspezifische Rollensozialisationen. Jungen experimentieren im medialen Umgang stärker mit der Technik und präsentieren mehr ihr Äußeres, Mädchen haben durch ihre stärker gelernten Empathie- und Kommunikationsfähigkeiten im Dokumentarfilm viele Vorteile. Wenn Jungen oder Mädchen getrennt voneinander Filme produzieren, nutzen bzw. entwickeln sie durch eine weitgehende Autonomie gegenüber den Interessen des anderen Geschlechtes Nähe untereinander und zu sich selbst, auch auf Grund eines solidarischen Wissen voneinander. Sie können sich selber und ihre Filmrollen freier reflektieren und produzieren.

Neben diesen positiven Effekten von einer reflektierten interkulturellen dokumentarischen Filmarbeit kann es natürlich auch als stigmatisierend empfunden werden, wenn Jugendliche mit Migrationshintergrund (was immer dieser politisch korrekte Begriff in der zweiten oder dritten Generation heißen mag) in ihrem Leben und in ihrer Filmarbeit auf die kulturellen Wurzel ihrer Familien reduziert werden, da sie sich erst einmal als ‚ganz normale' Jugendliche definieren. D. h. sie drehen auch gerne zu anderen als kulturspezifischen Themen Dokumentarfilme, Spielfilme etc. Und wenn dieses dann gar nicht mehr auffällt, weil die Herkunftskultur der MacherInnen oder SchauspielerInnen keine Rolle spielt, ist wirkliche gesellschaftliche Inklusion erreicht."

von Hören 2014, S. 39f.

Fallbeispiel: Verwobenheit von virtuellen und realen Räumen

Fallbeispiel 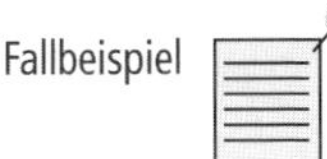

„mediale pfade.de" ist ein Verein für Medienbildung, der 2007 von einer Gruppe von Medienpädagog*innen gegründet wurde und medienpädagogische Projekte im Themensprektrum digitaler Medien plant und durchführt, u.a. in den Bereichen mobiles Lernen, ePartizipation, Games, open education, Online-Journalismus. Als medienpädagogisches Selbstverständnis wird formuliert:

„Als Verein für Medienbildung sehen wir uns in der Aufgabe, Erziehungs-, Bildungs- und Forschungsprozesse in der Medienpädagogik zu begleiten. Der handlungsorientierte Ansatz ist elementarer Bestandteil unserer Arbeit und spiegelt sich in unseren Konzeptionen und Aktivitäten wider. Besondere Beachtung finden aktuelle mediale Entwicklungen und

deren Auswirkungen auf das pädagogische Handeln und das politische und kulturelle Leben in unserer Gesellschaft. Wir sehen unsere Arbeit als politische Bildung in Lebenswelten, die im 21. Jahrhundert untrennbar mit digitalen, vernetzten Technologien verbunden sind.

Digitalisierung schafft eine Lebenswelt, in der persönliche Orientierung und gesellschaftliche Teilhabe neu organisiert und gedacht werden. Digitale Lebenswelten sind selbstverständlicher, zumeist unreflektierter Handlungsraum; nicht ohne Spannungsfelder für das Zusammenleben und den Einzelnen. Um Menschen jeden Alters mit Kompetenzen zu befähigen, die Mündigkeit auch in einer digitalen Welt stärken, brauchen wir vielfältige Anschlussstellen, die die Lernenden in ihrer lebensweltlichen Praxis abholen und motivieren. Dazu gehört es, den Lernprozess in digital gestützte Settings zu verlagern."

https://medialepfade.org/ueber-uns/

Ein wichtiges Merkmal der Projekte, die „medial pfade.de" durchführt ist die Verwobenheit von virtuellen und realen Räumen. Daniel Seitz, Medienpädagoge und Gründer von „medial pfade.de" erläutert dies am Beispiel von zwei Projekten:

„Berufsrouten.de: mobiles Spielen und Lernen

Am besten lassen sich digitale wie virtuelle Räume thematisieren, wenn beide auch genutzt werden. Beim mobilen Spielen und Lernen bietet sich dies besonders an. So können Projekte wie ‚berufs-routen.de' sehr gut digitale Medien als Motivation nutzen, physikalisch räumlich neue Erfahrungen zu machen. Berufs-routen.de ist ein Konzept zur Berufsorientierung – zwei nicht zueinander passende Phänomene, hohe Jugendarbeitslosigkeit und eine Vielzahl an offenen Ausbildungsplätzen werden damit angegangen, indem Jugendliche durch mobiles Spielen in für sie neue Stadtteile gelockt werden und über spielerische Elemente sich mit Inhalten der Ausbildungen und den Betrieben auseinander setzen. Dabei wurden alle Medien dazu von Jugendlichen selbst erstellt, ebenso die Spielkonzepte und Fragen, um so peer2peer-Lernen digital umzusetzen.

Mittels (mobiler) Sozialräume, Youtube, Instagram und Co. werden auf einer mobile-gaming-Plattform SchülerInnen dazu motiviert, ihre gewohnten Umgebungen zu verlassen und sich in anderen Stadtteilen

Ausbildungsmöglichkeiten anzusehen. Anreiz dazu bieten die digitalen Medien selbst, aber vor allem auch ein Spielkonzept, das Auseinandersetzung mit den Inhalten erzwingt und konstruktive Auseinandersetzung in der Gruppe belohnt. So können – statt zu bedauern, das digitale Medien vermeintlich Jugendliche davon abhält, nach draussen zu gehen – ganz im Gegenteil diese sogar dafür genutzt werden, Motivation für das Begehen neuer und unbekannter Räume aufzubringen. Die genutzten digitalen Sozialräume – Youtube und Instagram – ergaben sich aus dem Projekt selbst im Dialog mit den Jugendlichen. Insbesondere bei mehrjährigen Projekten mit längerfristiger Planung sollte stets auf die Flexibilität geachtet werden, Konzepte immer wieder auf aktuelle Entwicklungen anzupassen. Wenn Jugendliche selbst einbringen, dass es sinnvoll wäre, die Inhalte auch auf Instagram zu bringen, ist es häufig eine gute Idee, dies auch zu tun. So entwickelten sich in diesem Beispiel ganz neue Konzepte der Verbreitung und des Austauschs über das Thema.

Wichtig dabei ist jedoch stets, Inhalte und Situationen, digitale wie physische Räume aufeinander abzustimmen. Nicht jedes Medium eignet sich für mobile Nutzung unterwegs – und nicht jeder (jugendliche) Sozialraum sollte von Bildungsangebote durchdrungen werden.

Minecraft: Weltaneignung beim Weltenbauen

Eines der beliebtesten digitalen ‚Spiele' ist schon seit längerer Zeit Minecraft. Bei diesem ‚open-world-game' finden die Spieler unbegrenzte Möglichkeiten vor, ihrer Kreativität freien Lauf zu lassen. So können die Spieler u. a. aus verschiedenen ‚Bauklötzen' Gebäude und Landschaften bauen, allein oder meist in Gruppen. Inzwischen finden sich in den verschiedenen Minecraft-Welten zahlreiche Bezüge zur ‚Kohlenstoffwelt': vom Kolosseum in Rom über den Kölner Dom bis hin zur kompletten Erde (in einem Maßstab von 1:1500). Skizzierte Projekte (eine Web-Suche lohnt sich, da sind beeindruckende Sachen mit dabei!) sind dabei meist außerhalb von Bildung entstanden, rein aus der Herausforderung raus, etwas noch größeres als zuvor zu bauen, noch mehr Menschen zu begeistern, etwas noch schöneres zu erschaffen. Die Faszination von Minecraft ist einzigartig und hätte so niemand für möglich gehalten – ohne konkrete Spielziele ist hier der größte Antrieb, eigene Räume zu erschaffen und gemeinsam weiter zu entwickeln. Daraus ergeben sich zahlreiche interessante Anknüpfungspunkte für die Bildungsarbeit:

- *So gibt es Beteiligungsprojekte, bei denen mit Jugendlichen thematisiert wird, wie sie leben möchten und wie sie ihren Stadtteil gestalten würden. Diese Ideen und Visionen drücken die TeilnehmerInnen in Minecraft aus, bauen Häuser, Stadtteile und die Umgebung so, wie sie sie gerne hätten. Anschließend wurden diese Vorlagen realen Stadtplanungsverfahren gegenüber gestellt – so konnten sich die TeilnehmerInnen über politische Prozesse informieren, lernen, wo sie sich einbringen können, aber auch die Politik erhielt Einblick, welche Ideen und Wünsche bei den Jugendlichen da sind.*
- *Auch im Physik-Unterricht kann Minecraft helfen: Es gibt zahlreiche Möglichkeiten, nicht nur zu gestalten, sondern auch Funktionen zu programmieren. So haben in diesem Projekt SchülerInnen im Unterricht physikalische Grundgesetze in Minecraft nachgebildet und so ihr Verständnis und das anderer weiter entwickelt und „greifbarer" gemacht. Virtuelle Räume eignen sich hier sehr gut, um auch Experimente zu machen und mit sonst nicht veränderbaren Werten zu experimentieren und so das eigene Verständnis der physikalischen Welt zu erweitern.*
- *Im Rahmen des Geschichtsunterrichts kann Minecraft dabei helfen, physische Räume besser zu begreifen, insbesondere wenn sie so nicht mehr oder nicht mehr ganz vorhanden sind. Historische Schaustätten können nachgebildet werden, wiederentdeckte Ausgrabungsstätten rekonstruiert werden – oder durch spielerische Ansätze der Blick für physische Besonderheiten, wie z. B. dem gothischen Stil, geprägt werden, indem ein einfaches „Montagsmaler"-Spiel in Kombination mit Gebäude bauen in Minecraft zum Lernspiel im Unterricht wird.*

Was Lego früher war, ist heute Minecraft. Selbst Lego ist so überzeugt, das sie nun ein Minecraft-Set heraus bringen und damit perfekt den Übergang zwischen digitaler und analoger Welt aufgreifen."

Seitz 2014, S. 52f.

Fallbeispiel

Fallbeispiel: Förderung digitaler Teilhabe

Youthpart #lokal – Kommunale Jugendbeteiligung war eine Initiative der Deutschen Kinder- und Jugendstiftung gemeinsam mit IJAB – Fachstelle für Internationale Jugendarbeit der Bundesrepublik Deutschland e. V., gefördert vom Bundesministerium für Familie, Senioren, Frauen und Jugend.

Fünf Modellkommunen und ein Landkreis erprobten im Rahmen des Programms neue netzbasierte Verfahren, um Jugendliche an kommunalen Entscheidungen zu beteiligen. Die Modellkommunen wurden dabei beraten und begleitet, Steuerungs- und Kooperationsstrukturen für die kommunale Beteiligung Jugendlicher zu entwickeln. Dabei kamen auch speziell entwickelte Onlinetools (insbesondere der Partizipationsserver https://ypart.eu/) zum Einsatz, mit denen Jugendliche selbst Initiativen entwickeln und bewerten können. Über Verlauf und Zwischenergebnisse der Initiative berichten Programmleiterin Nina Cvetek und die Programmmitarbeiterinnen Katharina Thanner und Viola Schlichting von der Deutschen Kinder- und Jugendstiftung:

„Saalfeld, eine ländliche Kommune in Thüringen, hat bereits langjährige Erfahrungen mit Jugendbeteiligung gesammelt. Nun haben Jugendliche hier über die Beteiligungsplattform www.ypart.eu seit Anfang 2014 die Möglichkeit, ihre Ideen zur Nutzung brachliegender Flächen und leerstehender Immobilien online einzubringen, gegenseitig zu kommentieren und abzustimmen.

Informationen zu den Flächen und Immobilien bekommen die Jugendlichen über eine Kartenfunktion, Fotos und Kurzbeschreibungen. Diese Hintergrundinformationen wurden in Kooperation zwischen Bau- und Grünflächenamt sowie dem für den Gesamtprozess zuständigen Jugendamt online gestellt. Der Saalfelder Auftritt auf ypart.eu wird von MitarbeiterInnen des Jugendamts zusammen mit pädagogischen Fachkräften aus Jugendhilfeeinrichtungen moderiert. Die Pädagogen geben Feedback und gewährleisten den Rückfluss der Anregungen der Jugendlichen in die kommunalen Gremien. Die online gesammelten Vorschläge der Jugendlichen werden dann auf Entscheiderebene diskutiert, also in der Verwaltung und politischen Gremien der Kommune, die zudem über die Umsetzung entscheiden. In Saalfeld moderieren darüber hinaus Jugendliche selbst auf der Plattform, sitzen mit in Steuerungsgruppen und gestalten den Beteiligungsprozess so auch kontinuierlich mit.

Zwischenbilanz: Online-Beteiligung ist kein Selbstläufer

Nach rund sechs Monaten der Erprobung des Online-Verfahrens zieht Saalfeld eine erste Bilanz: Rund 60 Jugendliche haben sich bisher beteiligt, indem sie online Vorschläge selbst eingebracht oder die Ideen anderer kommentiert und bewertet haben. Doch das kann höchstens ein Anfang sein, denn die Beteiligung war geringer als erhofft. Ähnliche Ernüchterung stellt sich auch in anderen Modellkommunen bei youthpart #lokal ein. Es zeigt sich, dass die Jugendlichen trotz Mobilisierung per E-Mails, Facebook-Gruppen oder mittels persönlicher Ansprache nur mäßig die Möglichkeit nutzen, sich über die Onlineplattform zu beteiligen. Vor allem schauen viele nach einem ersten Besuch meist kein zweites Mal vorbei. Noch wichtiger als die Quantität ist zudem die Qualität der Beteiligung. Oft bleibt einem kurzen Online-Kommentar oder einer Bewertung im Sinne eines ‚Likes', wie es die Jugendlichen von Facebook kennen. Eine wirkliche Diskussion kommt nur selten auf, ein Austausch von Argumenten findet vor allem dann statt, wenn online stark moderiert wird.

Die Erfahrungen aus den Modellkommunen der Initiative ‚youthpart#lokal' zeigen: Nur weil das Internet heute zum Alltag der Jugendlichen gehört, heißt das nicht automatisch, dass alleine die Bereitstellung digitaler Tools ausreicht, um Jugendliche mehr als bisher an kommunalen Prozessen zu beteiligen. Auch auf eine unbekannte Internet-Plattform gehen zu müssen, kann gerade für beteiligungsunerfahrene Jugendliche eine große Hürde darstellen – vor allem, wenn man der oder die Erste ist, bevor die eigenen Freunde nachziehen. Auch die Anforderung, dort eigene Textbeiträge zu erstellen, die dann für alle anderen sichtbar sind, schreckt viele Jugendliche ab. Öffentlich die eigene Meinung selbstbewusst vor Gleichaltrigen – ob fremd oder bekannt – zu vertreten und mit Argumenten zu versehen, muss erst geübt werden. […]

Verbindung von Online- und Offline als wichtiger Schlüssel für zielgruppengerechte Beteiligung

Um verschiedene jugendliche Zielgruppen in die Diskussion um kommunale Entscheidungen wirksam einzubinden und dabei auch ‚BeteiligungsanfängerInnen' zu erreichen, verbinden die an ‚youthpart#lokal' beteiligten Kommunen unterschiedliche Methoden der Online- und Offline-Beteiligung miteinander.

- *In Saalfeld werden Jugendliche eingeladen, in Ortsbegehungen die zu gestaltenden Flächen zunächst zu besichtigen, um sich vor Ort ein Bild zu machen und im Gespräch erste Ideen zur Gestaltung zu entwickeln. Im persönlichen Kontakt können die Jugendlichen Fragen stellen und die Verantwortlichen sowie andere beteiligte Jugendliche kennenlernen – eine wichtige Grundlage, um mit ihnen auch später online weiter zu diskutieren.*

- *In Heiligenhaus lädt der Bürgermeister zusammen mit Trägern der kommunalen Jugendarbeit Jugendliche zu einem Jugendforum, bei dem Jugendliche im direkten Dialog äußern können, was sie gern in ihrer Stadt verändern würden. Fortgesetzt wird die Diskussion dann im Netz.*
- *In Offenbach an der Queich setzt der zuständige Jugendpfleger vor allem auf die Kooperation mit Schulen. In Zusammenarbeit mit Lehrkräften finden dort halbtägige Ideenwerkstätten statt, bei denen Jugendliche ihre Vorstellungen entwickeln und – bei Bedarf unter Anleitung – sofort online stellen können.*

All das erfordert einen hohen Einsatz von Zeit und Engagement der Verantwortlichen vor Ort. Doch die Mühen zahlen sich aus: In Offenbach an der Queich setzen mittlerweile viele Jugendliche ihre Diskussionen online fort und machen weitere Vorschläge zur Veränderung ihrer Gemeinde. Die Wirkung zeigt sich unmittelbar: Auf Initiative der Jugendlichen wird nun ein Dorfkino eingerichtet, ein öffentlicher Fitnessparcours ist in Planung.

Schule als wichtiger Partner für kommunale Jugendbeteiligung

Dass sich die Kooperation mit Schulen in der Kommune und im Landkreis auszahlt, um unterschiedliche jugendliche Zielgruppen zu erreichen, macht das o.g. Beispiel aus Offenbach an der Queich deutlich. Doch nicht nur im Hinblick auf die niedrigschwellige Aktivierung junger Menschen zeigt sich, wie wichtig eine enge Zusammenarbeit mit schulischen Partnern – z. B. auch mit SchülerInnenvertretungen – gerade im Feld der Jugendbeteiligung ist. Denn Schule selbst wird oft zum Thema, wenn Jugendliche auf kommunaler Ebene gefragt werden, was sie gern in ihrem Umfeld verändern würden. ‚Eine neue Schulcaféteria' oder ‚bessere Informationen zu Praktikumsplätzen' sind nur zwei Beispiele für viele Themen, die Jugendliche online diskutieren und die zeigen, dass kommunale Belange aus jugendlicher Perspektive nicht vor der Schultür halt machen. Die Diskussion aus dem Netz auch wieder in den Unterricht oder in Arbeitsgemeinschaften zu tragen, ermöglicht beispielsweise Politikunterricht oder Projektarbeit mit Ernstcharakter und einen konkreten Bezug zum eigenen Leben. Im Sinne einer kommunalen Gesamtstrategie

für Jugendbeteiligung sollten deshalb neben Einrichtungen der Jugendarbeit und Vereinen daher auch immer SchulvertreterInnen mit am Tisch sitzen, wenn Beteiligungsverfahren geplant und umgesetzt werden.“
Cvetek/Thanner/Schlichting 2014, S. 31ff.

Aufgabe 

Aufgabe zur Vertiefung

Zum Stellenwert von Medienkompetenzförderung in Projekten handlungsorientierter Medienpädagogik
Sowohl im professionstheoretischen Rahmen einer „vernetzenden“ medienpädagogischen Professionalisierungsstrategie (vgl. Kapitel 2.3.2.4) als auch von den Autor*innen, die substanzielle Beiträge zur Handlungsorientierten Medienpädagogik geliefert haben (z. B. Baacke 1997, Röll 2008, Schorb 2008), wird Medienkompetenz als eine wesentliche Zielsetzung genannt. Drei Fallbeispiele aus der außerschulischen Jugendmedienarbeit wurden soeben beschrieben. Überlegen Sie bitte auf der Grund-lage des Konzepts der Medienkompetenz von Dieter Baacke (vgl. Kapitel 2.2.3.1): Welche Medienkompetenzdimensionen werden jeweils in den Projekten der Fallbeispiele umzusetzen beabsichtigt?

5 Fazit

Die wichtigsten Ergebnisse dieses Kapitels werden an dieser Stelle noch einmal zugespitzt zusammengefasst:

- Der Verberuflichungsprozess der Medienpädagogik ist in den letzten Jahren deutlich vorangeschritten, belegt durch u. a. eine gestiegene gesellschaftliche Anerkennung medienpädagogischen Handelns sowie eine Ausdifferenzierung wie Diversifizierung von medienpädagogischen Tätigkeitsfeldern. Zudem hat sich z. B. im Hinblick auf die Medienkompetenzförderung ein eigener Arbeitsmarkt herausgebildet.
- An das, was medienpädagogisch Handelnde tun bzw. tun sollen, werden unterschiedliche und teils sehr hohe Erwartungen geknüpft. Diese werden vor allem aus bildungspolitischer, berufspraktischer und wissenschaftlicher Perspektive formuliert, freilich bisher kaum professionstheoretisch reflektiert.
- Im wissenschaftlichen Diskurs der Medienpädagogik lassen sich vier spezifische konzeptionelle Zielorientierungen medienpädagogischen Handelns unterscheiden: Medienkompetenz bzw. Medienkompetenzförderung, medienpädagogische Kompetenz, Medienbildung und Mediendidaktik. Was daraus in professionstheoretischer Hinsicht geschlussfolgert werden kann, ist bisher kaum systematisch reflektiert worden.
- Theoretisch-konzeptioneller Professionalisierungsdiskurs und empirische Professionsforschung in der Medienpädagogik befinden sich immer noch am Anfang ihrer Entwicklung und eröffnen somit für die Zukunft beträchtliches Forschungspotenzial. Dabei kann an erste professionstheoretische Überlegungen aus Perspektive der Medienpädagogik angeknüpft werden, die in diesem Kapitel vorgestellt wurden. Diese Überlegungen setzen sich mit einer strukturtheoretischen Perspektive auseinander, in der nach der Strukturlogik medienpädagogischen Handelns gefragt wird. D. h. es geht um die Frage danach, ob bzw. wie man sich berufliches Handeln von medienpädagogisch Tätigen vorstellen kann, in dem (wissenschaftliches) Wissen und (fallbezogenes) Handeln-Können systematisch miteinander verknüpft sind.

- Im Ergebnis lassen sich vier „Strategien medienpädagogischer Professionalisierung“ identifizieren, die sich aus zentralen – teils historisch, teils ahistorisch kenntlich werdenden – medienpädagogischen Handlungskonzepten herleiten lassen: Beschützend-wertevermittelnd, gesellschaftskritisch-wissenschaftszentriert, bildungstechnologisch-optimierend sowie vernetzend. Medienkompetenz- und handlungsorientiertes medienpädagogisches Handeln kann professionstheoretisch plausibel als „vernetzende“ Professionalisierungsstrategie eingeordnet werden. Themenbereiche einer vertiefenden professionstheoretischen Reflexion dieser Professionalisierungsstrategie sind z. B. die paradoxen Handlungsanforderungen, die im professionellen medienpädagogischen Handeln unumgehbar bewältigt werden müssen sowie der Umgang mit Ungewissheit und dem Technologiedefizit (medien-)pädagogischen Handelns.

? Aufgabe

Aufgabe zur Vertiefung

Sowohl der theoretische als auch der empirische Professionalisierungsdiskurs stehen, wie Sie eben gelesen haben, in der Medienpädagogik noch ganz am Anfang. Arbeiten Sie sich in die weiteren Kapitel dieses Bandes ein und entwickeln Sie aus den professionstheoretischen Überlegungen der Erwachsenenbildung und Schulpädagogik Fragen an die Medienpädagogik!

6 Literaturverzeichnis

AGJ (2014): „Mit Medien leben und lernen – Medienbildung ist Gegenstand der Kinder- und Jugendhilfe!“ Positionspapier der Arbeitsgemeinschaft für Kinder- und Jugendhilfe AGJ: https://www.agj.de/fileadmin/files/positionen/2012/Medienbildung.pdf [28.03.2017]

Aufenanger, Stefan. (2000): Mediale Visionen und die Zukunft der Medienpädagogik. In: Medien praktisch, H.1, S. 4–8.

Baacke, Dieter (1973): Kommunikation und Kompetenz. Grundlegung einer Didaktik der Kommunikation und ihrer Medien. München: Juventa.

Baacke, Dieter (1996): Medienkompetenz – Begrifflichkeit und sozialer Wandel. In: von Rein, A. (Hg.): Medienkompetenz als Schlüsselbegriff. Verlag Julius Klinkhardt. Bad Heilbrunn, S. 112–124.

Baacke, Dieter (1997): Medienpädagogik. Tübingen: Niemeyer.

Baacke, Dieter (1999): Projekte als Formen der Medienarbeit. In: Baacke, D./Kornblum, S./Lauffer, J./Mikos, L./Thiele, G.A. (Hg.): Handbuch Medien: Medienkompetenz. Bonn, S. 31–35

Baacke, Dieter (2001): Medienkompetenz als pädagogisches Konzept. In: Gesellschaft für Medienpädagogik und Kommunikationskultur (GMK) (Hrsg.): Medienkompetenz in Theorie und Praxis. Broschüre im Rahmen des Projekts „Mediageneration – kompetent in die Medienzukunft (gefördert durch das BMFSFJ).

Baacke, Dieter/Sander, Uwe/Vollbrecht, Ralf (1991): Medienwelten Jugendlicher. Opladen: Leske & Budrich.

Blömeke, Sigrid (2001): Analyse von Konzepten zum Erwerb medienpädagogischer Kompetenz. Folgerungen aus den Ansätzen von Dieter Baacke und Gerhard Tulodziecki. In: Bachmair, B./Spanhel, D./de Witt, C. (Hg.): Jahrbuch Medienpädagogik 2. Opladen: Leske+Budrich, S. 27–47.

Breiter, Andrea/Welling, Stefan/Stolpmann, Björn Eric (2010): Medienkompetenz in der Schule. Berlin: Vistas.

Bundesministerium für Familie, Senioren, Frauen und Jugend (BMFSFJ) (2017): 15. Kinder- und Jugendbericht. Berlin.

Caena, Francesca/Redecker, Christine (2019): Aligning teacher competence frameworks to 21st century challenges: The case for the European Digital

Competence Framework for Educators (DigCompEdu). European Journal of Education, 54(3), S. 356–369.

Carretero, Gomez Stephanie/Vuorikari, Riina/Punie, Yves (2017): DigComp 2.1: The digital competence framework for citizens with eight proficiency levels and examples of use. Luxemburg: Europäische Kommission.

Chomsky, Noam (1972): Aspekte der Syntax-Theorie. Frankfurt am Main: Suhrkamp.

Combe, Arno/Helsper, Werner (Hg.) (1996): Pädagogische Professionalität. Untersuchungen zum Typus pädagogischen Handelns. Frankfurt a.M.: Suhrkamp.

Cvetek, Nina/Thanner, Katharina/Schlichting, Viola (2014): Kommunale Jugendbeteiligung mit youthpart#lokal. In: Computer+Unterricht 24, H. 96, S. 31–33.

Dewe, Bernd/Ferchhoff, Wilfried/Radtke, Frank-Olaf (1992): Auf dem Weg zu einer aufgabenzentrierten Professionstheorie pädagogischen Handelns. In: Dies. (Hg.): Erziehen als Profession. Zur Logik professionellen Handelns in pädagogischen Feldern. Opladen: Erziehen als Profession. Opladen: Leske+Budrich, S. 7–20.

Dewe, Bernd/Sander, Uwe (1996): Medienkompetenz und Erwachsenenbildung. In: von Rein, A. (Hg.): Medienkompetenz als Schlüsselbegriff. Bad Heilbrunn: Verlag Julius Klinkhardt, S. 125–142.

Erpenbeck, John/von Rosenstiel, Lutz (2003): Handbuch Kompetenzmessung. Erkennen, verstehen und bewerten von Kompetenzen in der betrieblichen, pädagogischen und psychologischen Praxis. Stuttgart: Schäffer-Poeschel Verlag.

Fromme, Johannes/Biermann, Ralf (2016): Medienbildung aus einer Berufs- und Professionsperspektive: Welche Chancen haben „Medienbildner/innen“ auf dem Arbeitsmarkt? In: Verständig, D./Holze, J./Biermann, R. (Hg.): Von der Bildung zur Medienbildung. Wiesbaden: Springer VS, S. 297–330.

GMK (2016): Stellungnahme der Gesellschaft für Medienpädagogik und Kommunikationskultur (GMK) zum Strategie-Papier der KMK „Bildung in der digitalen Welt“ (vom 27.04. 2016): http://www.gmk-net.de/fileadmin/pdf/GMK-Stellungnahme_zum_KMK-Strategie-Entwurf.pdf [28.03.2017]

Grunert, Cathleen/Krüger, Heinz-Herrmann (2004): Entgrenzung pädagogischer Berufsarbeit – Mythos oder Realität? Ergebnisse einer bundesweiten Diplom- und Magister-Pädagogen-Befragung. In: Zeitschrift für Pädagogik, H. 3, S. 309–325.

Habermas, Jürgen (1971): Vorbereitende Bemerkungen zu einer Theorie der kommunikativen Kompetenz. In: Ders./Niklas Luhmann: Theorie der Gesellschaft oder Sozialtechnologie. Frankfurt am Main: Suhrkamp, S. 101–141.

Helsper, Werner (2010): Pädagogisches Handeln in den Antinomien der Moderne. In: Krüger, Heinz-Hermann/Helsper, Werner (Hrsg.): Einführung in Grundbegriffe und Grundfragen der Erziehungswissenschaft. 9. Auflage. Opladen: Barbara Budrich UTB, S. 15–34.

Helsper, W. (2021). Professionalität und Professionalisierung pädagogischen Handelns: Eine Einführung. Opladen: Barbara Budrich, UTB.

Herzig, Bardo (2014): Wie wirksam sind digitale Medien im Unterricht? https://www.vielfalt-lernen.de/2014/10/30/wie-wirksam-sind-digitale-medien-im-unterricht/ [28.03.2017]

Herzig, Bardo/Aßmann, Sandra (2009): Mediendidaktik. In: Mertens, G./Frost, U./Böhm, W./Ladenthin, V. (Hg.): Handbuch der Erziehungswissenschaft. Band III: Familie, Kindheit, Jugend, Gender, Umwelten. Paderborn: Schöningh, S. 893–912.

Hornstein, Walter/Lüders, Christian (1989): Professionalisierungstheorie und pädagogische Theorie. Verberuflichung erzieherischer Aufgaben und pädagogische Professionalität. In: Zeitschrift für Pädagogik 35, H. 6, S. 749–769.

Hugger, Kai-Uwe (2001): Medienpädagogik als Profession. München: kopaed.

Hugger, Kai-Uwe (2007): Medienpädagogische Ausbildung und Professionalisierung. In: Sesink, W./Kerres, M./Moser, H. (Hg.): Jahrbuch Medienpädagogik 6. Medienpädagogik – Standortbestimmung einer erziehungswissenschaftlichen Disziplin. Wiesbaden: VS, S. 262–282.

Hugger, Kai-Uwe (2008a): Medienkompetenz. In: Sander, U./von Gross, F./Hugger, K.-U. (Hg.): Handbuch Medienpädagogik. Wiesbaden: VS, S. 93–99.

Hugger, Kai-Uwe (2008b): Berufsbild und Arbeitsmarkt für Medienpädagogen. In: Sander, U./von Gross, F./Hugger, K.-U. (Hg.): Handbuch Medienpädagogik. Wiesbaden: VS, S. 564–570.

Hugger, Kai-Uwe (2013): Berufsfeld Medienkompetenzförderung. In: Bundesministerium für Familie, Senioren, Frauen und Jugend (Hg.): Medienkompetenzförderung für Kinder und Jugendliche. Eine Bestandsaufnahme. Berlin, S. 95–100.

Hugger, Kai-Uwe (2020): Medienpädagogik als eigener Beruf. In: merz medien + erziehung, 2, S. 22–28.

KMK (2016): Bildung in der digitalen Welt. Strategie der Kultusministerkonferenz. Berlin: https://www.kmk.org/fileadmin/Dateien/pdf/PresseUndAktuelles/2016/Bildung_digitale_Welt_Webversion.pdf [28.03.2017]

Luhmann, Niklas/Schorr, Karl Eberhard (1982): Das Technologiedefizit der Erziehung und die Pädagogik. In: Luhmann, N./Schorr, K.E. (Hg.): Zwischen Technologie und Selbstreferenz. Frankfurt a.M.: Suhrkamp, S. 11–40.

Marotzki, Winfried (2004): Von der Medienkompetenz zur Medienbildung. In: Brödel, R., Kreimeyer, J. (Hg.): Lebensbegleitendes Lernen als Kompetenzentwicklung. Analysen, Konzeptionen, Handlungsfelder. Bielefeld, S. 63–73.

Medienberatung NRW (2018): Medienkompetenzrahmen NRW. https://www.medienberatung.schulministerium.nrw.de/Medienberatung/MKR.html [07.10.2020]

Medienprojekt Wuppertal (2003): Das Medienprojekt Wuppertal. Selbstdarstellung: https://www.medienprojekt-wuppertal.de/medienprojekt-wuppertal-selbstdarstellung) [28.03.2017]

Moser, Heinz (2004): Von der Medienkompetenz zur Medienbildung. In: Bonfadelli, H./Bucher, P./Paus-Hasebrink, I./Süss, D. (Hg.): Medienkompetenz und Medienleistungen in der Informationsgesellschaft. Zürich: Verlag Pestalozzianum, S. 53–70.

Oevermann, Ulrich (1981): Professionalisierung der Pädagogik. Professionalisierbarkeit pädagogischen Handelns. Mitschrift eines Vortrags im Sommersemester 1981 an der FU Berlin.

Rogge, Jan-Uwe (1991): Das neue Berufsbild: Medienpädagoge. Auf dem Weg zum Kommunikationsexperten. In: UNI – Perspektiven für Beruf und Arbeitsmarkt. Nr. 5, S. 17–19.

Röll, Franz-Josef (2008): Außerschulische Jugendmedienarbeit. In: Sander, U./von Gross, F./Hugger, K.-U. (Hg.): Handbuch Medienpädagogik. Wiesbaden: VS, S. 512–518.

Rüttgers, Jürgen (1997): „Eine Ära geht zu Ende. Das muss auch die Schule lernen und lehren." Lernen in der Medienwelt – die Position von Bundesbildungsminister Jürgen Rüttgers. In: Die Zeit, 39, 19.09.1997, S. 50.

Schmidt, Siegfried J. (2005): Lernen, Wissen, Kompetenz, Kultur. Vorschläge zur Bestimmung von vier Unbekannten. Heidelberg: Carl-Auer Verlag.

Schorb, Bernd (1989): Berufsbild, Berufsfeld, Arbeitsfeld? Was sollen, können und sind Medienpädagogen, wer braucht sie und wer will sie? In: medien+erziehung 33, H. 1, S. 46–47.

Schorb, Bernd (2008): Handlungsorientierte Medienpädagogik. In: Sander, U./von Gross, F./Hugger, K.-U. (Hg.): Handbuch Medienpädagogik. Wiesbaden: VS, S. 75–86.

Schorb, Bernd (2017): Medienkompetenz. In: Schorb, B./Hartung, A./Dallmann, C. (Hg.): Grundbegriffe Medienpädagogik [6. Auflage]. München: kopaed, S. 254–261.

Schütze, F. (2021). Professionalität und Professionalisierung in pädagogischen Handlungsfeldern: Soziale Arbeit. Opladen: Barbara Budrich, UTB.

Seitz, Daniel (2014): In zwei Welten zu Hause. Virtuelle und reale Räume in der Perspektive der Medienbildung. In: Computer+Unterricht 24, H. 96, S. 52–54.

Sutter, Tillmann (2010): Medienkompetenz und Selbstsozialisation im Kontext Web 2.0. In: Herzig, B./Meister, D.M./Moser H./Niesyto H. (Hg.): Jahrbuch Medienpädagogik 8. Medienkompetenz und Web 2.0. Wiesbaden: VS Verlag, S. 41–58.

Treumann, Klaus/Meister, Dorothee M./Sander, Uwe/Burkatzki, Eckhardt/Hagedorn, Jörg/Kämmerer, Manuela/Strotmann, Mareike/Wegener, Claudia (2007): Medienhandeln Jugendlicher. Mediennutzung und Medienkompetenz. Bielefelder Medienkompetenzmodell. Wiesbaden: VS.

Tulodziecki, Gerhard (1998): Entwicklung von Medienkompetenz als Erziehungs- und Bildungsaufgabe. In: Pädagogische Rundschau 52, S. 693–709.

Tulodziecki, Gerhard (2012): Medienpädagogische Kompetenz und Standards in der Lehrerbildung. In: Schulz-Zander, R./Eickelmann, B./Moser, H./Niesyto, H./Grell, P. (Hg.): Jahrbuch Medienpädagogik 9. Wiesbaden: Springer VS, S. 271–297.

Tulodziecki, Gerhard (2015): Medienkompetenz. In: von Gross, F./Meister, D.M./Sander, U. (Hg.): Medienpädagogik – ein Überblick. Weinheim und Basel: Beltz Juventa, S. 194–228.

Tulodziecki, Gerhard/Herzig, Bardo/Grafe, Silke (2010): Medienbildung in Schule und Unterricht. Grundlagen und Beispiele. Bad Heilbrunn: Klinkhardt.

von Gross, Friederike (2016): Informelles Lernen in Jugendszenen. Zum Erwerb berufsrelevanter Kompetenzen in Jugendszenen am Beispiel der Visual Kei-Szene. Weinheim: Beltz.

von Hören, Andreas (2014): Typisch! Typisch? Wie interkulturelle Filmprojekte die Ausdrucksfähigkeit und die Partizipation von Jugendlichen fördern. In: Computer+Unterricht 24, H. 96, S. 38–40.

Wagner, Ulrike/Eggert, Susanne/Schubert, Gisela (2016): MoFam – Mobile Medien in der Familie. Kurzfassung der Studie: www.jff.de/studie_mofam [27.03.2017]

Wahl, Stefanie (2012): Vom Können und Wollen der Medienpädagogen. Medienkompetenzvermittlung im außerschulischen Bereich. Masterarbeit. Institut für Journalistik und Kommunikationswissenschaft der Hochschule für Musik, Theater und Medien, Hannover.

Wahl, Stefanie/Klimmt, Christoph/Sowka, Alexandra E. (2014): Außerschulische Medienkompetenzarbeit. Akteure, Prioritäten, erlebte Herausforderungen. In: Medien- und Kommunikationswissenschaft, H. 2, S. 236–256.

Wimmer, Michael (1996): Zerfall des Allgemeinen – Wiederkehr des Singulären. Pädagogische Professionalität und der Wert des Wissens. In: Combe, A./Helsper, W. (Hg.): Pädagogische Professionalität. Untersuchungen zum Typus pädagogischen Handelns. Frankfurt a.M.: Suhrkamp, S. 404–447.

Professionalität und Professionalisierung in der Erwachsenenbildung/ Weiterbildung

Jörg Dinkelaker

Einleitung

Auch wenn pädagogisches Handeln über unterschiedliche Felder hinweg – etwa in der Schule, der Sozialpädagogik oder der Primarpädagogik – strukturelle Ähnlichkeiten aufweist (Koring 1996; Dinkelaker 2015; Meseth u. a. 2016), stellen sich doch die Fragen der Beruflichkeit dieses Handelns angesichts der besonderen Anforderungen, mit denen es jeweils konfrontiert ist, von Feld zu Feld unterschiedlich. Auch Professionalisierung und Professionalität des pädagogischen Handelns in der Erwachsenenbildung[2] weisen spezifische Bedingungen und Dynamiken auf.

Diese Besonderheiten von Professionalisierung und Professionalität in der Erwachsenenbildung lassen sich im Wesentlichen auf zwei Umstände zurückführen:

[2] Zur sprachlichen Vereinfachung wird in den folgenden Ausführungen die Bezeichnung „Erwachsenenbildung" verwendet. Gemeint ist damit das gesamte Feld des organisierten, veranstaltungsförmigen Lernens Erwachsener. Damit sind auch alle Bereiche inbegriffen, die als (berufliche) Weiterbildung bezeichnet werden. Näheres zur Diskussion der Bezeichnungen des Feldes vgl. Dinkelaker/v. Hippel 2015.

Besondere Bedingungen ergeben sich zum einen daraus, dass Fragen der Professionalisierung und der Professionalität von Erwachsenenbildung ***historisch vergleichsweise spät*** zum Thema wurden. Dass es neben der (in der Moderne immer schon mitgedachten) Selbstbildung Erwachsener eines gesellschaftlich verantworteten, systematisch und flächendeckend organisierten Angebots an pädagogischer Begleitung auch noch im Erwachsenenalter bedarf, dieser Gedanke setzt sich erst seit Mitte des 20. Jahrhunderts zunehmend durch. Erst in diesem Zusammenhang entwickelt sich die Vorstellung, dass Erwachsenenbildung ein eigenständiges Feld beruflichen Handelns darstellen sollte. Der Fortgang der Bemühungen um die Etablierung einer Berufsgruppe, die die Aufgabe der Erwachsenenbildung verantwortet, ist so aufs engste verknüpft mit dem Fortgang der – bis heute unabgeschlossenen – Bemühungen um die Etablierung, Systematisierung und Ausweitung des Bildungsangebots für Erwachsene.

Die zweite besondere Bedingung der Professionalisierung dieses Feldes ergibt sich aus dem Umstand, dass klassische Begründungen pädagogischen Handelns sich an der Figur des Kindes orientieren. Während Kinder als erziehbar und erziehungsbedürftig adressiert werden, beruht die Figur des Erwachsenen auf der Erwartung entwickelter Eigenverantwortung und Selbständigkeit (vgl. Mierendorff/Fangmeyer 2017; Dinkelaker 2018). Weil Erwachsene bereits Erziehung und Ausbildung durchlaufen haben, werden ihnen Eigenschaften wie Mündigkeit, Kompetenz und Reflexivität zugeschrieben. Insofern ist es klärungsbedürftig, inwiefern es überhaupt so etwas wie ***pädagogisches Handeln gegenüber Erwachsenen*** geben kann (oder darf), bzw. wie ein solches Handeln und ein Bedarf an entsprechender Professionalität begründet werden können.

Die Besonderheiten der Professionalisierung und Professionalität, die sich aus den genannten Umständen ergeben, werden im Folgenden in fünf Schritten erläutert:

Zunächst stehen die **Begrifflichkeiten** im Vordergrund, die in dieser Diskussion eine wesentliche Rolle spielen. Zu betonen sind in diesem Zusammenhang die **Unterschiede**, die sich zwischen den drei zunächst ähnlich erscheinenden Dimensionen „Profession", „Professionalisierung" und „Professionalität" im Feld der Erwachsenenbildung auftun. Historisch zeigt sich das Auseinanderklaffen dieser Dimensionen unter anderem darin, dass sich die **Schwerpunkte der Diskussion um eine „Professionalisierung" verschoben** haben. Zunächst stand eine Orientierung am Begriff der „Profession" im Vordergrund. Er wurde dann zunehmend von Modellen der „Professionalität" abgelöst.

Im zweiten Kapitel wird auf diejenige Ausprägung pädagogischen Handelns näher eingegangen, die sich für die Professionalisierung des Feldes der Erwachsenenbildung als zentral erwiesen hat: das **Programmplanungshandeln.** Diese Handlungsform stellt ein Spezifikum der Erwachsenenbildung dar und bildet zugleich den Kern erwachsenenpädagogischer Professionalität. Sie steht im Mittelpunkt einer ersten, bis Anfang der 1990er-Jahre andauernden Professionalisierungswelle. Im zweiten Kapitel werden vier Modelle der Professionalität des Programmplanungshandelns erläutert.

Im dritten Kapitel wird die seit der Wende zum 21. Jahrhundert zunehmend ins Zentrum rückende Debatte um eine **Professionalisierung auch der Durchführung von Bildungsveranstaltungen** vorgestellt. Die Umstände dieser Debatte werden erläutert und es werden zwei Modelle einer spezifisch erwachsenenpädagogischen Professionalität des Lehrens betrachtet.

Im vierten Kapitel werden **grundlegende Fragen der (Weiter-)Entwicklung von Beruflichkeit und Professionalität im Feld der Begleitung des Lernens Erwachsener** angesprochen, die aktuell zur Debatte stehen. Es geht dabei zum einen um die Debatte über eine Ausdehnung der Zuständigkeit von Erwachsenenbildner_innen auch für Lernkonstellationen außerhalb von Bildungsveranstaltungen. Zum anderen wird diskutiert, inwiefern die zunehmende Verberuflichung des Feldes eher mit einer Schwächung oder mit einer Stärkung der in ihrem Lernen begleiteten Erwachsenen einhergeht. Zudem wird die Frage der Bedeutung der Stärkung berufsständischer Rechte für die Entfaltung pädagogischer Professionalität aufgeworfen.

Im Schlusskapitel werden die in den vorangegangenen Kapiteln angesprochenen Aspekte erwachsenenpädagogischer Professionalisierung und Professionalität noch einmal **zusammenfassend gemeinsam in den Blick genommen** und zu den eingangs genannten besonderen Bedingungen des Feldes in Beziehung gesetzt.

1 Dimensionen der Beruflichkeit in der Erwachsenenbildung

1.1 Begriffsklärung: Profession – Professionalität – Professionalisierung

Auch wenn die Begriffe „Profession", „Professionalität" und „Professionalisierung" nicht nur dem Namen nach aufeinander bezogen sind, so hat es sich im Feld der Erwachsenenbildung als sinnvoll erwiesen, zunächst deutlich zwischen den Phänomenen zu unterscheiden, auf die mit ihnen jeweils verwiesen wird. Es ist hilfreich zu diesem Zweck eine definitorische Unterscheidung aufzugreifen, die von Dieter Nittel in seiner professionalisierungstheoretischen Studie „Von der Mission zur Profession" vorgeschlagen wurde (vgl. Nittel 2000). Nittel bündelt in diesem Vorschlag wesentliche Differenzlinien der erziehungswissenschaftlichen und soziologischen Diskussion. An seinen Unterscheidungsvorschlag wird auch im weiteren Verlauf der Diskussion zur Professionalisierung in der Erwachsenenbildung regelmäßig angeschlossen. Er eignet sich daher als ein Bezugspunkt der weiteren Verständigung.

Nittel legt Wert darauf, drei Aspekte der Diskussion um Beruflichkeit und Verberuflichung der Erwachsenenbildung, zunächst getrennt voneinander zu betrachten, „um auf diese Weise die Existenz bzw. Nicht-Existenz von Wechselbezügen besser erkennen zu können." (Nittel 2000, 19). Anstatt selbstverständlich davon auszugehen, dass Profession, Professionalisierung und Professionalität in einem inhärenten Zusammenhang zueinanderstehen, arbeitet Nittel heraus, dass diese drei Dimensionen der Beruflichkeit je eigenen Logiken unterworfen sind.

Definition Profession

Beginnen wir mit der Definition des Konzepts ***„Profession"***:

> *„Unter einer Profession könnte man in einem ersten Definitionsversuch einen akademischen Beruf verstehen, der besonders ausgewiesen ist, weil er ein für die gesellschaftliche Reproduktion zentrales Problem bearbeitet und das hierzu erforderliche Wissen systematisch anwendet."*
>
> Nittel 2000, S. 18

Der Begriff „Profession“ wird verwendet, um hervorzuheben, dass ein Beruf spezifische Eigenschaften aufweist, die ihn von anderen Berufen, die keine Professionen sind, unterscheiden. Nittel nennt in dieser ersten Annäherung zunächst drei Merkmale, die Professionen von anderen Berufen unterscheidbar machen:

Es handelt sich (1.) um einen ***akademischen Beruf***, d. h. wer ein Angehöriger dieser Berufsgruppe werden will, muss eine auf diesen Beruf zugeschnittene *Hochschul*ausbildung vorweisen können.

Es wird (2.) ein ***zentrales Problem gesellschaftlicher Reproduktion*** bearbeitet, was zur Folge hat, dass die Gesellschaft für ihr Fortbestehen auf die Leistungen dieser Berufsgruppe angewiesen ist. Dies wird als Grund dafür gesehen, dass Berufe, denen der Status einer Profession zugesprochen wird, ein besonderes Ansehen genießen.

Professionen verfügen (3.) über das Wissen, das erforderlich ist, um das ihnen anvertraute gesellschaftliche Problem zu bearbeiten, und stellen dessen systematische Anwendung sicher. Sowohl die ***Generierung und Verwaltung dieses Wissens als auch dessen Anwendung*** liegen in der Hand der Profession, woraus die besondere Definitionsmacht über ihr Handeln und über das von ihr bearbeitete Problem resultiert.

Prägend für die Vorstellung, dass es sich bei Professionen um Berufe eines besonderen Typs handelt, waren die in den 1950er-Jahren einsetzenden soziologischen Untersuchungen zur Bedeutung und Veränderung der „klassischen“ Professionen – Theologie, Jura, Medizin – im Prozess gesellschaftlicher Modernisierung. Vorwiegend anhand dieser drei Berufe, wurden in diesen Untersuchungen die Merkmale von Berufsgruppen vom Typ „Profession“ herausgearbeitet und deren spezifische Bedeutung für die gesellschaftliche Entwicklung analysiert. Diese soziologischen Analysen beziehen sich auf Entwicklungen, die zum Teil Jahrhunderte zurückliegen und ihren Ausgangspunkt in der Entwicklung der Universitäten der frühen Neuzeit haben. Die Rezeption dieser Studien in Deutschland findet ihren Höhepunkt Ende der 1960er- und Anfang der 1970er-Jahre, also gerade zu dem Zeitpunkt, an dem auch die Debatte um eine Verberuflichung der Erwachsenenbildung an Fahrt gewonnen hat. Eine Orientierung der anstehenden Verberuflichungsdebatte am Modell der „Profession“ schien angesichts der Akademisierungsnotwendigkeiten und Autonomiebestrebungen dieses Feldes attraktiv. Die Entwürfe zur Verberuflichung der Erwachsenenbildung waren dann auch durchgehend an diesem Modell orientiert. Darum spielen die besonderen Merkmale von Berufen des Typs Profession auch für den Beruf des Erwachsenenbildners eine Rolle, auch wenn dieser bis heute weit davon entfernt ist, als eine Profession im klassischen Sinne gelten zu können.

Definition Professionalisierung

Die besondere Attraktivität des Konzepts „Profession" für die Debatten um die Verberuflichung erwachsenenpädagogischer Tätigkeiten lässt sich noch deutlicher herausarbeiten, wenn man sich das Konzept der ***Professionalisierung*** näher betrachtet, auf dem diese Diskussion aufbaut:

> *„Professionalisierung ist in diesem Verständnis ein auf einen Endzustand hinsteuernder Prozess der Spezialisierung und Akademisierung von Berufswissen; dieser folgt, so wird argumentiert, einer eigenen Rationalität und durchlaufe bestimmte Phasen, deren Bewältigung über kurz oder lang mit der Anhebung des Status, des Prestiges, der Macht und des Einkommens, kurz: der Sicherung bzw. Steigerung von Entschädigungschancen der Berufsinhaber gekrönt werden."*
>
> Nittel 2000, S. 51

Der Begriff der Professionalisierung wird verwendet, um hervorzuheben, dass sich ein Beruf verändert. Folgt man der hier näher betrachteten Definition von Nittel, so liegt diese Veränderung im Wesentlichen in der Wissensgrundlage des Berufes. Dieses Wissen akademisiert sich, wird also zunehmend am Kriterium seiner Wissenschaftlichkeit gemessen, und spezialisiert sich, unterscheidet sich also zunehmend vom jedermann zugänglichen Alltagswissen des Laien. Unschwer sind hier die Anschlüsse zum Konzept der Profession zu erkennen. Während es sich bei Professionen um akademische Berufe handelt, die einen spezialisierten Wissensbestand verwalten und anwenden, geht es bei der Professionalisierung um einen Prozess der Veränderung von Berufen, der auf die Herausbildung eben dieser besonderen Merkmale hinausläuft. Das Konzept der Professionalisierung erlaubt es, Berufe als potentielle Professionen zu betrachten, obwohl ihnen dieser Status zum betreffenden Zeitpunkt (noch) gar nicht zukommt. Diese Anlehnung von Strategien der Verberuflichung an das Konzept der Profession plausibilisiert die Erwartung, dass mit einer Veränderung bestimmter Merkmale des Berufs (z. B. Akademisierung und Spezialisierung) auch eine Veränderung anderer Merkmale einhergehen werden (z. B. Steigerung von Prestige und Einkommen). Zudem ist damit auch die Erwartung verbunden, bestimmte Dynamiken im Prozess der Verberuflichung (z. B. Entwicklungsphasen hin zur Professionsförmigkeit) vorhersehen zu können.

Unterschied: Profession vs. Professionalisierung

Eine solche enge Kopplung des Konzepts „Professionalisierung" (als Veränderungsprozess) an das Konzept der „Profession" (als Zielgröße) hat sich im Feld der Erwachsenenbildung angesichts einer über lange Jahre anhaltenden Enttäuschung der mit ihr verbundenen Erwartungen erheblich gelockert (vgl. Kapitel 1.2). Entsprechend betont Nittel – 30 Jahre nach dem Einsetzen der Professionalisierungsdiskussion – die Differenz zwischen diesen beiden Vorstellungen:

> *„Eine Profession ist ein soziales Aggregat, und Professionalisierung stellt einen sozialen Prozess dar, dessen Ausgang unbestimmt ist"*
>
> Nittel 2000, S. 49

Einem solchen ergebnisoffenen, nicht länger unmittelbar an der Zielgröße „Profession" orientierten Verständnis von „Professionalisierung" entsprechend wird heute „Professionalisierung" auch verwendet, um weitaus weniger weitreichende Vorstellungen von der Veränderung eines Berufs zu beschreiben, etwa schlicht eine fortschreitende Akademisierung. Im englischsprachigen Raum findet sich in bestimmten Zusammenhängen eine noch unspezifischere Verwendungsweise. Mit „professionalization" kann dort auch schlicht die Verberuflichung einer wie auch immer gearteten Tätigkeit gemeint sein. Dies ist dann auch nicht notwendig mit einer Akademisierung dieses Berufs verbunden. Inwieweit das Konzept der klassischen „Professionen" mitschwingt, wenn über „Professionalisierung" gesprochen wird, kann daher am verwendeten Wort alleine nicht mehr abgelesen werden, sondern muss zunächst im jeweiligen Kontext geklärt werden, in dem diese Begrifflichkeit verwendet wird.

Definition Professionalität

Eine dritte Ebene der Diskussion um die Beruflichkeit der Erwachsenenbildung wird im Konzept der ***Professionalität*** angesprochen. So

> *„kann man Professionalität in einem ersten Anlauf als einen spezifischen Modus im Vollzug des Berufshandelns definieren, der Rückschlüsse sowohl auf die Qualität der personenbezogenen Dienstleitung als auch die Kompetenz des beruflichen Rollenträgers zulässt."*
>
> Nittel 2000, S. 71

Im Mittelpunkt der hier von Nittel vorgeschlagenen Definition steht das Handeln von Erwachsenenbildner_innen, wie es sich je situativ vollzieht. Der „Modus" dieses Handelns weist im Fall von Professionalität bestimmte Merkmale auf, die ihn von anderen Modi des Handelns unterscheidbar machen. Welche Merkmale es sind, die die Professionalität des pädagogischen Handelns ausmachen, wird von Nittel an dieser Stelle nicht ausgeführt. Dies hat wohl vor allem damit zu tun, dass hinsichtlich dieser Merkmale Uneinigkeit herrscht, da mehrere konkurrierende Vorschläge zu ihrer Bestimmung vorliegen (wir werden später noch darauf zurückkommen).

Um dennoch zu verdeutlichen, worum es beim Konzept der Professionalität geht, hebt Nittel hervor, dass es zugleich auf zwei Qualitäten verweist: zum einen wird Professionalität als Bedingung einer besonderen Qualität der gegenüber den Adressat_innen des Handelns erbrachten Leistung verstanden. Zum anderen erscheint sie als Ausdruck einer zuvor erworbenen und nun im beruflichen Handeln aktualisierten besonderen Fähigkeit des pädagogisch Handelnden. Es kennzeichnet den Definitionsvorschlag Nittels, dass er diese beiden Referenzen von Professionalität deutlich voneinander unterscheidet. Im gängigen Alltagsverständnis von Professionalität findet dieser feine Unterschied dagegen üblicherweise keine Beachtung. Vielmehr wird unterstellt, dass zwischen der Kompetenz des Pädagogen und der Qualität der durch ihn erbrachten Leistung ein unmittelbarer Zusammenhang besteht. Bei näherem, wissenschaftlichem Hinsehen erweist sich diese Unterstellung als brüchig. So gilt es unter anderem zu berücksichtigen, dass sich situationsübergreifende Kompetenzen keineswegs bruchlos und zwingend in situativen Performanzen abbilden. Auch hängt die Qualität der gegenüber den Adressat_innen erbrachten Leistungen keineswegs ausschließlich von der Qualität des pädagogischen Handelns, sondern auch von weiteren situativen Bedingungen ab, etwa davon, was die Adressat_innen selbst zum Geschehen beitragen, oder von institutionellen Zusammenhängen, auf die die pädagogisch Handelnden unter Umständen nicht unmittelbar Einfluss nehmen können. Indem Nittel in der vorliegenden Definition den Kern von Professionalität an Merkmalen des unmittelbaren Vollzugs des Handelns festmacht, betont er die Ereignishaftigkeit und damit die Fragilität des Phänomens Professionalität, und stellt sich damit gegen Vorstellungen, in denen Professionalität als ein stabiler, durch entsprechende Maßnahmen dauerhaft sicherzustellender Zustand betrachtet wird. Indem er betont, dass Professionalität auf berufliche Kompetenz und auf beruflich verantwortete Leistungserbringung verweist, macht er zugleich deutlich, dass sich das immer nur momenthafte Gelingen von Professionalität dennoch gegenüber der Erwartung einer verlässlichen Leistung von Erwachsenenbildung zu verantworten hat.

Unterschied: Profession vs. Professionalität

Wer versucht, Zusammenhänge zwischen „Professionalität" und „Profession" herzustellen, könnte durchaus Gründe dafür finden, Professionalität als diejenige besondere Struktur beruflichen Handelns zu verstehen, die sich im Handlungsfeld von Berufen nach dem Typ der Profession auffinden lassen. So spielt sowohl bei „Profession“ als auch bei „Professionalität“ der unmittelbare Personenbezug des Handelns eine elementare Rolle. Die besondere Komplexität des Handelns erfordert eine akademische Ausbildung als Grundlage der Entfaltung von Professionalität. Aus der notwendigen Situativität von Professionalität erwächst die Notwendigkeit einer strukturellen Autonomie des beruflichen Handelns. Eine solche Verknüpfung von Professionalität und Profession ist insofern möglich und auch nicht unüblich. Sie ist aber keineswegs zwingend. In der Erwachsenenbildung – die ja für sich den Status einer Profession gar nicht beanspruchen kann – wird eher betont, dass sich der Anspruch einer Professionalität beruflichen Handelns auch ohne Bezug auf das Vorhandensein einer Profession formulieren – und womöglich auch einhalten – lässt. In diesem Sinne betont auch Nittel:

> *„Das Vorhandensein von Professionalität soll weder vom kollektiven Prozess der Professionalisierung noch von der Existenz einer fest in der Gesellschaft verankerten Profession abhängig gemacht werden.“*
> Nittel 2000, S. 70

Eine solche Betonung der Unterschiede zwischen den drei vorgestellten Dimensionen erlaubt es, die verschiedenen Aspekte dieser Diskussion zunächst jeweils für sich und dadurch klarer in den Blick zu bekommen: es geht einerseits um den durchgesetzten gesellschaftlichen Status eines Berufs (Profession), andererseits um Bemühungen zur Veränderung der Wissensbasis und ggf. auch statusrelevanter Merkmale (Professionalisierung) und schließlich um die besonderen Ansprüche an die Qualität der in diesem Beruf realisierten Tätigkeiten (Professionalität). Auch wenn diese Dimensionen ohne Zweifel wechselseitig aufeinander verweisen, so zeigt sich doch, dass kein unmittelbarer und auch kein notwendiger Zusammenhang zwischen ihnen besteht. Dies wird auch deutlich, wenn man sich den historischen Verlauf der Professionalisierungsdebatte in der Erwachsenenbildung betrachtet, wie er im Folgenden knapp zitiert wird.

1.2 Historische Verschiebung der Leitkonzepte

Um die gegenwärtige Situation der Beruflichkeit in der Erwachsenenbildung und den Stand der Diskussion um eine Professionalisierung des Feldes zu verstehen, ist es hilfreich, sich die Entwicklung seit den Anfängen dieser

Diskussion zu vergegenwärtigen. So lassen sich zwei grundlegende Verschiebungen beobachten: während sich die Debatte zunächst (in den 1960er- und 1970er-Jahren) am Konzept der Profession orientierte, wurde später (seit Ende der 1980er-Jahre) das Konzept der Professionalität ins Zentrum gestellt. Wurden zunächst ausschließlich Fragen der Verberuflichung der planerisch-organisierenden Tätigkeiten diskutiert (bis in die 1990er-Jahre hinein), werden nun (seit Anfang der 2000er-Jahre) vermehrt auch Fragen der Professionalität in der Durchführung von Bildungsveranstaltungen behandelt. Im nun folgenden Teilkapitel betrachten wir zunächst die Verschiebung von „Profession" zu „Professionalität". Die Kapitel 2 und 3 befassen sich dann mit den beiden genannten Ausprägungen erwachsenenpädagogischen Handelns.

Anfängliche Orientierung am Konzept der Profession

Wie eingangs bereits erwähnt lag der Ausgangspunkt der Verberuflichungsbemühungen in der Erwachsenenbildung im Projekt eines systematischen Ausbaus dieses Feldes zu einem staatlich verantworteten Teil des öffentlichen Bildungswesens. Von Anfang an wurde diese Verberuflichung als ein Prozess der Professionalisierung begriffen. Nahezu fraglos wurde damit vorausgesetzt, dass der Beruf des Erwachsenenbildners nach dem Muster einer Profession zu formen sei. Im Sinne einer nachholenden Professionalisierung sollte der Beruf des Erwachsenenbildners analog zu den klassischen Professionen etabliert und ausgestaltet werden. Was diese Orientierung am Muster der Profession in der Verberuflichungsfrage bedeutete, lässt sich exemplarisch an einem Beitrag zu dieser Debatte zeigen, den Wolfgang Schulenberg im Jahr 1972 verfasst hat. Schulenberg war einer der wenigen Professoren, deren Aufgabenfeld bereits damals unmittelbar in der wissenschaftlichen Reflexion von Erwachsenenbildung lag. Er war auch an prominenter Stelle in der politischen Debatte um eine Systematisierung und Umgestaltung der Erwachsenenbildung beteiligt:

> *„Die Komplexität der modernen Erwachsenenbildung ist längst nicht mehr durch engagierte Impulsivität und durch Meisterschaft im Improvisieren des stets Irregulären zu bewältigen, so unentbehrlich dieser Arbeitsstil heute auch immer noch ist. Aber seine Tage sind gezählt, und das Feld wird von der regulären Administration übernommen werden, wenn es nicht gelingt, eine Profession der Erwachsenenbildung zu konstituieren, die bei aller wissenschaftlich fundierten Arbeitsteilung ein zur Profession gehörendes, artikuliertes Bewusstsein der gemeinsamen Aufgabe und Verantwortung verbindet und stärkt."*
>
> Schulenberg 1972, S. 21

Um die Notwendigkeit einer Professionalisierung der Erwachsenenbildung zu begründen, stellt Schulenberg zwei Modi der Gestaltung einander gegenüber. Auf der einen Seite stehen Impulsivität und Improvisation, durch die in seiner Wahrnehmung das bisherige Selbstverständnis von Erwachsenenbildner_innen geprägt war. Auf der anderen Seite steht das Reguläre der Planung, das im Zuge der Erweiterung von Angeboten der Erwachsenenbildung zunehmend an Bedeutung gewinnt. Wenn Planung lediglich als ein Abarbeiten regulärer Standards verstanden würde, ließe ich diese als ein reiner Verwaltungsvorgang organisieren. Soll dagegen eine verantwortliche Gestaltung dieser Planung stattfinden, gilt es – nach dem Verständnis dieser Zeit – eine Profession zu errichten, die diese Aufgabe übernimmt. Diese Profession wird verstanden als eine Verantwortungsgemeinschaft, die durch ein gemeinsames Bewusstsein der von ihr übernommenen Aufgabe bestimmt ist. Der angestrebte Weg einer so verstandenen Professionalisierung der Erwachsenenbildung zielt damit zugleich auf die Herstellung von Verlässlichkeit im Sinn des „Regulären“ und auf die Herstellung einer – nicht nur verwaltenden – Gestaltungsautonomie, die von der Profession als Kollektiv wahrgenommen wird.

Der von Schulenberg und vielen anderen Akteuren verfolgte Plan der Errichtung einer solchen Profession aus dem Stand kann aus einer historischen Distanz heraus betrachtet durchaus als verwegen erscheinen. Beruflichkeit war im Handlungsfeld der Erwachsenenbildung bis dahin nicht nur ausgesprochen schwach ausgeprägt, traditionell herrschte darüber hinaus auch die Ansicht vor, dass Erwachsenenbildung ein Tätigkeitsfeld sein sollte, in dem Beruf gar keine dominierende Rolle spielen *sollte*. Eigene Ausbildungswege für in der Erwachsenenbildung Tätige waren nicht vorhanden. Wissenschaftlich kam der Befassung mit Erwachsenenbildung eine Randbedeutung zu. Die Differenz zu professionalisierten Handlungsfeldern wie der Medizin und der Juristerei oder auch dem Schulwesen könnte damit größer kaum sein. Nicht nur bei der Bestimmung der Ziele der Verberuflichung, sondern auch bei der Konkretisierung des Weges, über den diese erreicht werden können, wird dennoch das Konzept der Profession bemüht. Die beiden zentralen Merkmale der wissenschaftlichen Ausbildung und der Übernahme der Verantwortung für eine öffentlich bedeutsame Aufgabe werden dabei in einem Atemzug genannt. Praktisch wirksam werden diese professionsorientierten Vorstellungen in der Etablierung eines Diplom-Studiengangs für Pädagogik, auf den auch Schulenberg in seinem Aufsatz ausdrücklich verweist. Im unmittelbarem Zusammenhang damit steht auch die Etablierung einer eigenen erziehungswissenschaftlichen Teildisziplin „Erwachsenenbildung“.

Akademiker_innen, die bis dahin in diesem Feld arbeiteten, hatten entweder ein Lehramtsstudium oder auch ein Studium in einem anderen Fach, etwa der Literatur- oder Sprachwissenschaft absolviert. Nun wurde es möglich, im Rahmen einer universitären Ausbildung Personen gezielt auf die Aufgaben im Feld der Erwachsenenbildung/Weiterbildung vorzubereiten.

Folgen des Versuchs der Etablierung einer Profession

Die Folgen dieser Bemühungen sind widersprüchlich. Einerseits waren die Anstrengungen hinsichtlich einer Verberuflichung des erwachsenenbildnerischen Handelns, einer Akademisierung der Ausbildung und der Etablierung einer eigenen Begleitwissenschaft durchaus erfolgreich:

> *„Allein im Volkshochschulbereich verzehnfachte sich zwischen 1970 und 1980 die Zahl der hauptberuflichen pädagogischen Mitarbeiter [...]. Viele Hochschulen haben in diesem Jahrzehnt ein erziehungswissenschaftliches Diplomstudium mit dem Schwerpunkt ‚Erwachsenenbildung und außerschulische Jugendbildung' eingerichtet und ihre ersten Absolventen bereits in den Arbeitsmarkt entlassen."*
>
> Peters 2004, S. 22

Anderseits kann auch heute noch – nach mittlerweile über fünfzig Jahren – von einer Profession der Erwachsenenbildung sicher nicht gesprochen werden. Einige klassische Merkmale der Profession treffen zwar mittlerweile auf das Berufsfeld der Erwachsenenbildung zu, andere Merkmale haben sich dagegen nicht entwickelt:

> *„Der relativ hoch entwickelte Stand der Akademisierung (Zahl der Professoren, wissenschaftliche Aktivitäten) passt ebenso wenig zum Stand der Verwissenschaftlichung (Empfänglichkeit der Praxis im Hinblick auf wissenschaftliches Wissen) wie der fortgeschrittene Stand der Institutionalisierung nicht mit dem aktuellen Stand der Verberuflichung korrespondiert."*
>
> Nittel 2011, S. 47

Die anfängliche Orientierung am Modell der Profession war also durchaus wirksam und folgenreich. Was sich dabei entwickelt hat, entspricht aber offensichtlich nicht dem ursprünglich zur Orientierung herangezogenen Modell. Die Professionalisierungsbemühungen haben zu einer Akademisierung des Feldes geführt. Eine das Feld verantwortende Profession mit Gestaltungsautonomie ist dennoch (zumindest bislang) nicht entstanden.

Wechsel hin zur Orientierung am Konzept der Professionalität

Ende der 1980er-Jahre, also ungefähr 20 Jahre nach den Anfängen der Professionalisierungsdebatte wird diese unübersehbare Diskrepanz zum Anlass einer erneuten Thematisierungswelle, bei der nun an die Stelle von „Profession" „Professionalität" als orientierendes Konzept rückt (Gieseke u. a. 1988; Harney/Jütting/Koring 1988; Tietgens 1988a, 1988b). Exemplarisch lässt sich diese Verschiebung an einem von Hans Tietgens verfassten Aufsatz mit dem Titel „Professionalität in der Erwachsenenbildung" aufzeigen. Tietgens war als Leiter der sogenannten „pädagogischen Arbeitsstelle" des Deutschen Volkshochschulverbands an der Schnittstelle zwischen wissenschaftlicher Analyse und praktischer Realisierung von Erwachsenenbildung verortet. Seine Forderung nach einer Umorientierung beginnt mit einer expliziten Kritik an den bis dahin (auch von ihm) verfolgten Professionalisierungsmodellen:

> *„In der Übernahme des Professionalisierungskonzepts deutete sich eine Möglichkeit an, das Ungeklärte des eigenen Zustands, aber auch die Kompetenzunsicherheit konzeptionell zu überwinden, zu ansehnlichen Standards zu gelangen. In der Realität fehlten dafür aber fast alle Voraussetzungen. Immerhin war das, was für Ärzte und Juristen beschrieben wurde, das Ergebnis eines über Generationen währenden Prozesses unter günstigen Bedingungen. Erst das hatte auch eine relativ klare Definition von Professionalisierung mit einem Katalog von Kriterien erlaubt. Soweit sie berufsständischer Art sind, passen sie auf die Erwachsenenbildung nicht, und sie werden es auch in Zukunft nicht können."*
>
> Tietgens 1988b, S. 36

Tietgens kritisiert die Verwendung eines am Modell der „Profession" orientierten Professionalisierungskonzepts als unzureichenden Versuch, eigene theoretische Schwächen in der Bestimmung von Erwachsenenbildung zu überspielen. Die Entlehnung des Modells Profession aus der Soziologie schaffte Plausibilitäten, die anders (noch) nicht hergestellt werden konnten. Eine weitere Verfolgung dieser Professionalisierungsstrategie lehnt er ab, da wesentliche Kriterien der Profession zum Beruf des Erwachsenenbildners schlicht nicht passen. An die Stelle des bildungspolitisch motivierten Versuchs, so zu werden, wie andere Professionen, stellt Tietgens die wissenschaftliche Aufgabe, zu klären, worin nun eigentliche die spezifischen Aufgaben erwachsenenpädagogischen Handelns liegen. Hierfür bringt er den Begriff der Professionalität ins Spiel:

> *„Denn was tatsächlich in der Erwachsenenbildung und zwar aller Sparten gebraucht wird, ist Professionalität als situative Kompetenz. Läßt*

> *man nämlich die berufsständische Umgebung des Professionalisierungsbegriffs bei Seite, stößt man auf einen harten Kern der Anforderungen an das Berufshandeln, und eben diese Treffen auf die Erwachsenbildung als Beruf zu."*
>
> Tietgens 1988b, S. 37

Nicht länger „berufsständische" Fragen, sondern die spezifischen Anforderungen des Handelns sollen zum Gegenstand der wissenschaftlichen Aufmerksamkeit werden. Mit „Professionalität" soll damit nun die Frage nach dem Wesentlichen und Eigentlichen der beruflichen Aufgabe verfolgt werden.

Im Mittelpunkt dieses Modells von Professionalität stehen die Handlungsanforderungen in den je konkreten Situationen des Berufs. Im Wesentlichen gehe es in ihnen darum: *„spezifische Verbindungen zwischen Allgemeinem und Besonderem herzustellen*" (Tietgens 1988b, 39 Hervorhebungen im Original). Aus dieser formalen Bestimmung von Professionalität als fallspezifische Anwendung verallgemeinerbaren Wissens lässt sich weiterhin die Notwendigkeit einer (den klassischen Professionen analogen) akademischen Ausbildung von Erwachsenenbildner_innen ableiten, da die hierfür notwendigen Fähigkeiten nur im Rahmen einer wissenschaftlichen Ausbildung erworben werden können. Zugleich dient diese Bestimmung als ein formales Schema, um die Frage nach der Besonderheit der Aufgaben von Erwachsenenbildner_innen zu verfolgen. Folgt man der Annahme, das berufliche Handeln in der Erwachsenenbildung habe eine solche Struktur (der Vermittlung zwischen Allgemeinem und Besonderem), gilt es im Weiteren „nur" noch zu klären, wie sich dieses Strukturprinzip im Bereich der Erwachsenenbildung im Einzelnen ausprägt. Während zu Momenten der Professionalität des Lehrens und Beratens bereits aus der Schul- und Sozialpädagogik Modelle entwickelt worden waren (vgl. auch den Beitrag von Idel u. a. in diesem Band sowie die Bände von Werner Helsper (2021) und Fritz Schütze (2021) in dieser Reihe), war das für die Erwachsenenbildung entscheidende planerische Handeln noch nicht in derselben Weise professionalitätstheoretisch erschlossen. Hierauf konzentrierten sich daher auch zunächst die an diese professionalitätstheoretische Wende anschließenden Arbeiten. Die unterschiedlichen theoretischen Figuren, in denen die Professionalität planerischen Handelns begründet wird, werden im nun folgenden Kapitel erläutert.

Aufgaben 

Aufgaben zur Vertiefung

1. Erläutern Sie bitte, welche Gründe für die Trennung der Begrifflichkeiten Profession, Professionalität und Professionalisierung im Text angegeben werden!
2. Wie werden in Bezug auf das Handlungsfeld der Erwachsenenbildung diese Begriffe unterschieden? Skizzieren Sie kurz, was mit dem jeweiligen Begriff handlungsfeldspezifisch verbunden wird!
3. Wie wurde in unterschiedlichen Phasen der historischen Entwicklung des Feldes auf diese Begriffe jeweils Bezug genommen?

2 Programmplanungshandeln als Kern erwachsenenpädagogischer Professionalität

2.1 Historischer Ausgangspunkt der Professionalisierungsdebatte

Ausgangsproblem der Verberuflichung des Feldes

Der in der ersten Phase seiner Verberuflichung definierte Aufgabenschwerpunkt des erwachsenenpädagogischen Handelns ergab sich aus den Bedarfen dieser Zeit. Es ging um die Etablierung eines flächendeckenden, öffentlich verantworteten Weiterbildungsangebots, sichergestellt vorrangig durch staatlich verantwortete Volkshochschulen. Das zentrale Problem bestand damit in der Schaffung neuer Angebote und in der Sicherstellung ihrer Organisation. So konstatiert Wolfgang Schulenberg in seinem bereits oben diskutierten Aufsatz zur Professionalisierung:

> *„Im Hauptberuf wird Erwachsenenbildung nicht primär das eigene Unterrichten bedeuten, sondern es wird im wesentlichen um Leiten, Beraten und Entwickeln gehen, um Innovation und Organisation von Lernprozessen."*
> Schulenberg 1972, S. 14

Mit der hier von Schulenberg angesprochenen Bestimmung der Kernaufgabe von Erwachsenenbildner_innen jenseits des unmittelbaren Unterrichts wurde eine zentrale Weichenstellung für die Verberuflichung der Erwachsenenbildung vorgenommen. Deutlich scheint in ihr die Notwendigkeit dieser Zeit durch, dieses Feld überhaupt erst als einen verlässlich organisierten Bereich des Bildungswesens zu etablieren. Geeignete Personen zu finden, die in den so organisierten Veranstaltungen ehrenamtlich, nebenamtlich oder auf Honorarbasis die Rolle der Lehrenden einnehmen, darin wurde kein besonderer Bedarf gesehen. Ausgebildetes Personal und neues Wissen bedürfe es dagegen für die Bearbeitung der ungelösten Frage, wie Erwachsenenbildung systematisch geplant und organisiert werden kann. Mit dieser Schwerpunktsetzung wird auch eine deutliche Differenz zu Fragen der Professionalisierung im Schulwesen markiert. Dort steht die Tätigkeit des Lehrens im Mittelpunkt des Professionsverständnisses. In diesem Unterschied der Aufgabenbestimmung spiegelt sich nicht nur wider, dass das Problem der Etablierung einer flächendeckenden Unterrichtsversorgung bereits seit Jahrzehnten gelöst war, während die Organisation von Bildungsveranstaltungen für Erwachsene erst jetzt überhaupt als eine öffentliche Aufgabe wahrgenommen wird. Verschärft wird der Bedarf an einer professionalisierten Angebotsentwicklung dadurch, dass für Erwachsene keine Pflicht zur Teilnahme an Bildungsangeboten besteht. Hier spiegelt sich die zweite Besonderheit des Feldes wider: Von Erwachsenen als den bereits Erzogenen wird erwartet, dass sie selbst über ihre Bildungsaktivitäten bestimmen. Daher musste zunächst einmal das entscheidende Problem gelöst werden, wie anspruchsvolle Veranstaltungen konzipiert werden können, an denen Erwachsene teilnehmen *wollen*. Im Mittelpunkt der erwachsenenpädagogischen Herausforderungen stehen daher die von Schulenberg angesprochenen Tätigkeiten „Leiten, Beraten und Entwickeln" in ihrer doppelten Funktion der „Innovation und Organisation".

Entsprechend der so bestimmten Aufgabe wurde die Berufsrolle des hauptamtlichen pädagogischen Mitarbeiters (HPM) definiert. Sein Einsatzort liegt in der Volkshochschule, also der Institution, die nach den Vorstellungen des neu entwickelten Strukturplans für das Bildungswesen (Deutscher Bildungsrat 1970) das Zentrum der öffentlich verantworteten Erwachsenenbildung bilden sollte.

Was im Einzelnen von HPM getan werden musste, um ihre Aufgabe zu bewältigen, war anfangs keineswegs klar. Zugespitzt könnte man sagen, dass die Aufgabe der HPM in weiten Teilen zunächst darin bestand, überhaupt erst herauszufinden, was sie tun mussten, um Erwachsenenbildung im neu entwickelten, öffentlichen Verständnis zu realisieren.

Theoretische Bestimmung des Programmplanungshandelns nach der professionalitätstheoretischen Wende

Erste substantielle Vorschläge einer näheren *theoretischen* Bestimmung dieser Tätigkeit werden erst seit Mitte der 1980er-Jahre diskutiert, also im Zusammenhang der Wende hin zur Orientierung am Konzept der Professionalität. Wegweisend hierfür war der bereits oben diskutierte Aufsatz von Hans Tietgens „Professionalität in der Erwachsenenbildung". Ausgangspunkt seiner Argumentation ist, wie schon bei Schulenberg, erneut die Betonung der Differenz des Programmplanungshandelns zur Handlungsform des Lehrens. Tietgens stellt heraus

> *„daß die Berufsanforderungen grundlegend anderer Art als bei Lehrern, und sei es von Erwachsenen, sind. Diese Andersartigkeit ist in der Vergangenheit mit der Unterscheidung zwischen lehrender und disponierender Tätigkeit zum Ausdruck gebracht worden. Woraus aber dieses Disponierende besteht, ist die immer wieder gestellte Frage. Sie läßt sich scheinbar einfach beantworten: ein Programm machen."*
>
> Tietgens 1988, S. 88

Tietgens unterscheidet hier kategorial zwischen den Aufgaben von Lehrern (zu denen er auch Lehrende in der Erwachsenenbildung zählt) und den Aufgaben der hauptamtlichen pädagogischen Mitarbeiter. Wenn er im weiteren Verlauf seines Aufsatzes die Frage nach der Professionalität erwachsenenpädagogischen Handelns stellt, dann bezieht er sich ausschließlich auf diesen zweiten Handlungstyp des Disponierens. Was dieses Disponieren als ein *pädagogisches* Handeln ausmacht und worin die Professionalität dieses Handlungstyps besteht, hierin sieht Tietgens Klärungsbedarf. Seine erste, vorläufige Antwort verschiebt diese Frage lediglich: es geht darum, Programme zu machen. Damit konkretisiert er die Frage nach der Professionalität erwachsenenpädagogischen Handelns in der Frage, was die *Professionalität von Programmplanung* ausmacht. Wie Tietgens argumentiert, um diese Frage zu klären, wird im nun folgenden Teilkapitel erläutert. Als Weiterentwicklungen dieses Ansatzes lassen sich dann die in den Kapitel 2.3 bis 2.5 vorgestellten neueren Verständnisse erwachsenenpädagogischer Professionalität lesen.

2.2 Das Problem der Vermittlung zwischen institutionellen Ebenen (Hans Tietgens)

Um die spezifische pädagogische Herausforderung zu konturieren, die mit dem Programmplanungshandeln verbunden ist, verortet Tietgens diese Tätigkeit im Schnittpunkt unterschiedlicher institutioneller Ebenen, auf denen sich jeweils etwas ereignen muss, damit Erwachsenenbildung zu Stande kommt:

Die zu vermittelnden institutionellen Ebenen

> „*Faktisch begegnet Erwachsenenbildung den Teilnehmenden in Form von Veranstaltungen. Wie sie verlaufen, scheint von Kursleitern und Vortragenden oder der Lerngruppe abzuhängen. Um die Veranstaltung zu ermöglichen, muß es aber die Einrichtung geben, die das Ensemble der Veranstaltungen vorbereitet, plant und die Durchführung überwacht. Auf dieser Ebene sind die HPM tätig, denen Teilnehmer vornehmlich bei Rückfragen und bei der Beratung begegnen. Die Einrichtungen aber, die das Programm verantworten, könnten nicht arbeiten, wenn sie keine formalrechtliche Basis hätten und ihre Finanzierung nicht gesichert wäre. Das wird auf der Ebene der Träger geleistet.*“
>
> Tietgens 1988b, S. 90

Das unmittelbare Lehr-Lern-Geschehen, das für die Teilnehmenden im Vordergrund steht, kann sich als solches überhaupt erst ereignen, wenn zuvor bereits eine Veranstaltungsplanung stattgefunden hat. Wenn es eine solche Planung nicht gäbe, wäre das „Sich-Finden von Lehrenden und Lernenden" (a.a.O., S. 87) dem Zufall überlassen und damit ausgesprochen unwahrscheinlich. Diese Planung auf der Ebene der Einrichtung hat wiederum zur Voraussetzung, dass Träger (wie etwa die Kommunen, Landkreise oder Vereine oder auch Kirchen, Gewerkschaften und Verbände) hierfür eine rechtliche und finanzielle Grundlage bieten. Die disponierende Tätigkeit des hauptamtlichen pädagogischen Mitarbeiters verortet Tietgens auf der Ebene der Einrichtung, damit zwischen dem Träger, der eine gesellschaftliche Verortung der Einrichtung ermöglicht, und den einzelnen Veranstaltungen, in denen die Teilnehmenden mit der Erwachsenenbildung in Berührung kommen.

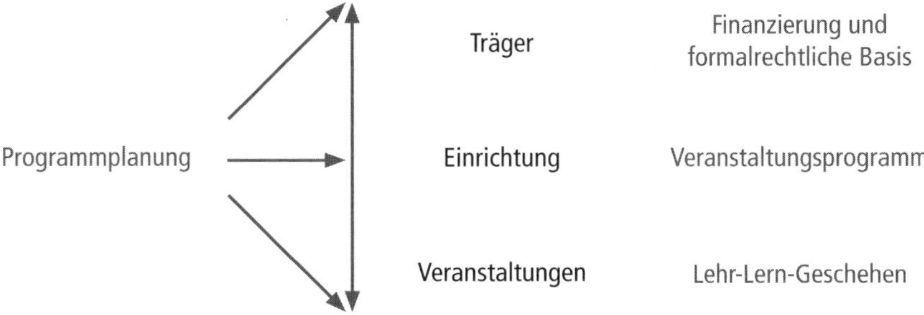

Abbildung 1: Die in der Programmplanung zu vermittelnden Ebenen (Grafik: JD)

Gerade diese Situierung im Dazwischen nimmt Tietgens im Weiteren zum Ausgangspunkt der Bestimmung des Programmplanungshandelns:

> *„Auf jeden Fall kommt es für HPM darauf an, sich ihrer Rolle in der institutionellen Staffelung und ihres Platzes an einem Planungsschnittpunkt von Trägerebene und Teilnehmerebene bewußt zu werden. Nur dann wird ein professionelles Handeln möglich."*
>
> Tietgens 1988b, S. 90

Die Aufgabe der Programmplanung sieht Tietgens darin, die Sichtweisen der weitestgehend getrennt voneinander handelnden Akteure der unterschiedlichen Ebenen der Erwachsenenbildung aufeinander zu beziehen: „Planen heißt, sich zwischen den Ebenen zu bewegen." (a.a.O., S. 91) Eine wesentliche Voraussetzung für die Professionalität dieses Planungshandelns besteht darin, sich dieser Aufgabe bewusst zu sein.

Nicht-Standardisierbarkeit der Vermittlung

Wo das Planungshandeln als ein solches Geschehen der *Vermittlung* zwischen unterschiedlichen Ebenen verstanden wird, erweist es sich als eine nicht-standardisierbare, damit als eine professionalisierungsbedürftige Tätigkeit:

> *„Das didaktische Planungshandeln ist also das Ergebnis einer Perspektivenverschränkung. Was dabei im Planungsprozeß ausschlaggebend ist, kann jeweils verschieden sein. Auf jeden Fall kann er nicht monokausal entschieden sein."*
>
> Tietgens 1988b, S. 91

Weder eine einseitige Orientierung an den Interessen und Maßgaben der Träger, noch eine einseitige Orientierung an den Bedürfnissen der Teilnehmenden wird der Aufgabe der Programmplanung gerecht. Vielmehr besteht die professionelle Leistung gerade in der Verschränkung dieser unterschiedlichen Perspektiven. Die professionelle Aufgabe der Programmplanung besteht somit eben darin, herauszufinden, wie eine solche Verschränkung gelingen kann, oder anders gesagt: Im professionellen Handeln muss ein Standpunkt eingenommen werden, von dem aus eine solche Verschränkung möglich wird. Dieser verbindende Bezugspunkt kann nicht einfach aus dem Gegebenen erschlossen werden. Es steckt vielmehr ein Moment des Erfindens im Erstellen eines Programms:

> *„Das Umsetzen dieser situativen Bedingungsfaktoren in produktive Planungs- und Gestaltungsfaktoren ist das zu Leistende. Hier die passenden Bindemittel zu finden, macht das Entscheidende aus, kann als das Professionelle bezeichnet werden."*
>
> Tietgens 1988b, S. 88

Indem Tietgens die erwachsenenpädagogische Handlungssituation in dieser Weise bestimmt, kann er zeigen, dass allgemeine Merkmale professionellen Handelns auch auf das erwachsenenbildnerische Handeln zutreffen. Tietgens betont in diesem Zusammenhang die Nicht-Standardisierbarkeit des Handelns. Er hebt hervor, dass es nur gelingen kann, wo „allgemeine Regeln in konkrete Situationen" (a.a.O., S. 88) umgesetzt werden können. Darüber hinaus stellt er heraus, dass es notwendig ist „eine Identität zu wahren, obwohl immer wieder verschiedene Sprachen gegenüber den Kontaktpersonen gesprochen und auch gedacht werden müssen." (a.a.O., S. 91).

Das Pädagogische am Programmplanungshandeln

Erst nachdem Tietgens das Programmplanungshandeln in dieser Weise im institutionellen Zusammenhang der Erwachsenenbildung verortet und das Professionalisierungsbedürftige an seiner Struktur aufgezeigt hat, geht er auf die Frage ein, inwiefern man die von ihm beschriebene Handlungsaufgabe überhaupt als eine Form *pädagogischen* Handelns verstehen kann. Angesichts dessen, dass pädagogisches Handeln üblicherweise als etwas betrachtet wird, das sich im unmittelbaren Umgang mit den Adressat_innen ereignet, muss Tietgens einige Selbstverständlichkeiten relativieren, um die Vorstellung plausibel zu machen, dass auch – und gerade – das Erstellen von Veranstaltungsprogrammen eine dezidiert *pädagogische* Aufgabe darstellt. Dies gelingt ihm, indem er Programmplanung als eine Form des didaktischen Handelns bestimmt.

> *„Didaktisch ist eine solche Tätigkeit insofern, als es darum geht, wie Lehrgegenstände und Lernvoraussetzungen der Teilnehmer in Beziehung zueinander gebracht werden können."*
>
> a.a.O., S. 91

Wenn es darum geht, das Pädagogische des Programmplanungshandelns zu bestimmen, fokussiert Tietgens das Verhältnis potentieller Teilnehmender zu den Gegenständen, auf die sich diese lernend beziehen sollen (vgl. auch Tietgens 1981). Auch dort, wo Veranstaltungen lediglich geplant werden, zeigt sich die klassische didaktische Aufgabe der Vermittlung zwischen den Strukturen des Lehrgegenstands und dem, was die Teilnehmenden in die pädagogische Situation einbringen. Nicht erst im Veranstaltungsgeschehen, sondern gerade auch dort, wo ein adressat_innengerechtes Angebot überhaupt erst entwickelt wird, muss eine solche Relationierung gelingen. Aus dem Blick geraten an dieser Stelle der von Tietgens entwickelten Argumentation nun allerdings die Ebenen der Träger und Einrichtungen. Sie tauchen im von ihm bestimmten didaktischen Vermittlungsverhältnis nicht mehr explizit auf. Daraus ergibt sich eine Reihe offener Fragen: sofern sich das Pädagogische des Programmplanungshandelns tatsächlich nur auf die Ebene des Verhältnisses von Teilnehmenden und Wissen beschränkt, sind die anderen Aspekte der Professionalität des Programmplanungshandelns (etwa die Vermittlung der Perspektive der Träger mit der Perspektive potentieller Adressat_innen) dann möglicherweise gar keine Aspekte *pädagogischer* Professionalität? Hätten wir es möglicherweise mit einer Struktur von Professionalität zu tun, in der Pädagogik zwar ein Moment darstellt, die sich aber nicht allein auf einen pädagogischen Zusammenhang beschränken lässt? Geht man umgekehrt davon aus, dass das Programmplanungshandeln genuin und in allen seinen Hinsichten als ein pädagogisches Handeln zu bestimmen ist, wie kann dann auch noch das Problem der Verschränkung der Teilnehmendenperspektiven mit den Perspektiven der Träger und den organisatorischen Notwendigkeiten der Einrichtung als ein *pädagogisches* Problem bestimmt werden? Welche Rolle spielen dann die für Didaktik so zentrale Frage nach den Lerngegenständen in dieser ebenenübergreifenden Vermittlungsaufgabe?

Die im Anschluss an den vorgestellten Aufsatz stattfindende weitere erziehungswissenschaftliche Diskussion zur pädagogischen Professionalität des Programmplanungshandelns lässt sich als eine Befassung mit diesen Fragen lesen. Dies wird im Folgenden exemplarisch anhand dreier je unterschiedlich gelagerter Konzepte der Professionalität in der Programmplanung erläutert. Die von Tietgens vorgeschlagene Situierung des erwachsenenpädagogischen Programmplanungshandelns im Schnittfeld unterschiedlicher Erwartungen wird dabei von allen diesen Konzepten übernommen. Varianten der Thematisierung ergeben sich dagegen daraus, dass unterschiedliche Schwerpunkte bei der Thematisierung der zentralen Herausforderung gewählt werden, die es zu meistern gilt, wenn dem Programmplanungshandeln Professionalität bescheinigt werden soll. Horst Siebert betont das Moment der Prinzipienorientierung (2.3), Wiltrud Giesecke betont dagegen das Moment der kommunikativen Vermittlung divergierender Perspektiven (2.4), Aiga von Hippel hebt wiederum die Frage des Umgangs mit antinomischen Handlungsanforderungen hervor (2.5).

2.3 Prinzipienorientierung trotz einschränkender Bedingungen (Horst Siebert)

Drohende Dominanz der einschränkenden Bedingungen

Der im Folgenden diskutierte Aufsatz von Horst Siebert „Programmplanung als didaktisches Handeln“ erschien im Jahr 1991 in einem von Hans Tietgens zusammengestellten Band mit dem Titel „Didaktische Dimensionen der Erwachsenenbildung“. Er wurde von der pädagogischen Arbeitsstelle des deutschen Volkshochschulverbands herausgegeben und war als zweiter Band einer dreiteiligen Studienbibliothek angelegt, die „einen ersten Einblick in den verzweigten Diskussionsstand der Erwachsenenbildungswissenschaft geben“ soll. Siebert greift in diesem Beitrag die mit der professionalitätstheoretischen Wende aufgeworfene Frage nach den besonderen Herausforderungen der Programmplanung als einer spezifischen Form pädagogischen

Handelns auf und schließt dabei explizit auch an Tietgens Überlegungen an. Anders als Tietgens betont Siebert allerdings ein anderes Problem, das in dieser Weise von Tietgens überhaupt nicht erwähnt wurde. In den Mittelpunkt stellt er die Frage, wie es gelingen kann, dass sich Planende angesichts der Vielzahl von einschränkenden Bedingungen, die es zu berücksichtigen gilt, dennoch aktiv gestaltend auf die Aufgabe beziehen und sich dabei an pädagogischen Prinzipien orientieren. Siebert sieht die Gefahr, dass angesichts der vielfältigen Einschränkungen, diese pädagogischen Prinzipien in den Hintergrund zu treten drohen:

> *„Dabei sollten die Kriterien – und nicht, wie es häufig geschieht, die Bedingungen – die Zielsetzung der Programmplanung bestimmen. Auch wenn die Rahmenbedingungen häufig die Realisierungsmöglichkeiten eines Programms einschränken, sollte ihnen keine ‚normative Kraft des Faktischen' zugebilligt werden."*
>
> Siebert 1991, S. 96

Eine Orientierung an situativen Bedingungen ist zwar naheliegend, ja in gewisser Weise zwingend, die Herausforderung pädagogischer Professionalität sieht Siebert aber gerade darin, über das aktuell Naheliegende hinaus nach Möglichkeiten zu suchen, angesichts von Notwendigkeiten dennoch Ziele zu realisieren, die sich nicht selbst schon aus den Bedingungen ergeben.

So werden möglicherweise bestimmte Veranstaltungen sehr gut nachgefragt oder es werden Finanzierungen in Aussicht gestellt oder ein Kursleiter bietet sich mit einer bestimmten Themenstellung an. Bei der Programmplanung geht es aber über die Nutzung günstiger Gelegenheiten hinaus auch darum, beispielsweise Angebote für diejenigen zu entwickeln, die bislang nicht an Erwachsenenbildung teilnehmen, Finanzierungsmöglichkeiten für Angebote aufzutun, die einem nicht unmittelbar angetragen werden, Kursleiter zu finden, die sich mit Themen befassen, die zwar aktuell bedeutsam sind, bislang aber im Angebot noch nicht ausreichend auftauchen.

Widersprüche zwischen orientierenden Kriterien

Zusätzlich verkompliziert wird diese Aufgabe einer kriteriengeleiteten Eröffnung von Spielräumen dadurch, dass die Kriterien, an denen sich Programmplanung orientieren soll, selbst wiederum nicht eindeutig sind. Dies liegt darin, dass es nicht nur ein einziges Kriterium gibt, an dem man sich orientieren kann, sondern dass mehrere, sich zum Teil auch wiedersprechende Anforderungen an das Programmplanungshandeln formuliert werden:

> *„Die Programmplanung erfolgt nach verschiedenen Kriterien, die sich ergänzen, aber auch widersprechen können. Eine Deduktion der Programmplanung aus einem einheitlichen Prinzip ist nicht möglich."*
> Siebert 1991, S. 96

Nicht nur in der Rückbesinnung auf Kriterien angesichts der sich ständig in den Vordergrund drängenden Bedingungen, sondern darüber hinaus auch in der Abwägung der sich teilweise widersprechenden Kriterien liegt die von Siebert herausgestellte Herausforderung pädagogischer Professionalität. Der Hinweis, dass eine unmittelbare Ableitung (Deduktion) des Handels nicht möglich ist, bildet dabei das Verbindungsglied zur Theoriefigur der Professionalität. Wo es notwendig ist, unterschiedliche Regeln und Bedingungen situativ zu berücksichtigen, um gelingende, nicht vorhersehbare Lösungen zu finden, bedarf es wissenschaftlich ausgebildeter Professioneller, weil nur sie in der Lage sind, mit einer solchen Herausforderung angemessen umzugehen. Kein einheitliches Schema erlaubt es, diese Problemstruktur situationsübergreifend zu lösen.

Bedingungen und Prinzipien der Programmplanung

Um einen Überblick über das komplexe Bedingungs- und Prinzipienfeld der Programmplanung zu geben, stellt Siebert das folgende Schaubild vor:

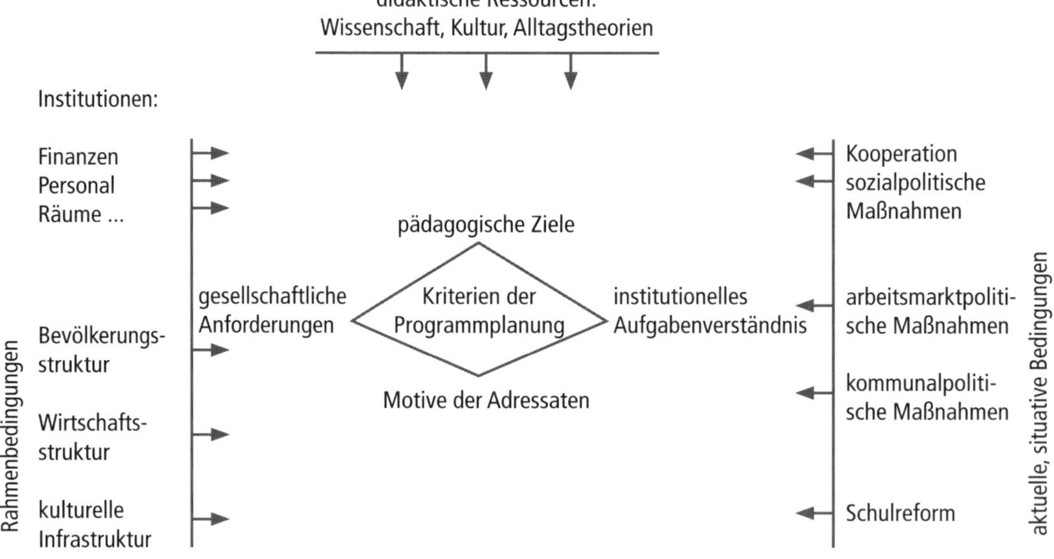

Abbildung 2: Bedingungen und Prinzipien der Programmplanung (aus Siebert 1991, S. 95)

Anforderungen an professionelles Programmplanungshandeln

In der Mitte des Schaubilds führt Siebert die vier Bereiche auf, aus denen heraus sich die Kriterien der Programmplanung ergeben. Sie alle sind bei der Programmplanung zu berücksichtigen. Die aus ihnen heraus entwickelten Kriterien können aber nicht bruchlos ineinander überführt und auch nicht auf ein einheitliches Kriterium zurückgeführt werden. Diese vier Kriterien gilt es laut Siebert dennoch gegenüber den zahlreichen, einschränkenden Bedingungen zu stärken, da sonst ein reines Reagieren droht, ohne dass gestaltend eingegriffen werden könnte. Vor diesem Hintergrund formuliert Siebert konkrete Qualifikationsanforderungen an das Handeln von Programmplaner_innen:

> *„Wichtige Berufsqualifikationen des Erwachsenenpädagogen sind deshalb ein ‚Relationsbewußtsein", d. h. die Fähigkeit, den Zusammenhang verschiedener Faktoren und die Abhängigkeit verschiedener Prozesse zu erkennen […] und eine Ambiguitätstoleranz, d. h. die Fähigkeit, unterschiedliche Anforderungen auszuhalten."*
>
> Siebert 1991, S. 96

Das von Siebert geforderte „Relationsbewusstsein" betrifft vor allem den Umgang mit den Bedingungsfaktoren der Programmplanung. Wo diese in ihrem Verhältnis zueinander überblickt werden, erweitern sich die Spielräume situativ gestaltenden Handelns. „Ambiguitätstoleranz" betrifft dagegen eher den Umgang mit der Unbestimmtheit und Widersprüchlichkeit der handlungsorientierenden Kriterien. Wo Uneindeutigkeiten und Widersprüche ausgehalten werden, ergeben sich Spielräum der unerwarteten situativen Auflösung, können Gestaltungsmöglichkeit erkannt und verfolgt werden.

Programmplanungshandeln als Austausch

In Sieberts Modell der Programmplanung erscheint die von ihm geforderte Vermittlung zwischen widersprüchlichen Kriterien und Bedingungen letztlich als eine einsame Entscheidung der Programmplanenden. Das im Folgenden vorgestellte Modell von Wiltrud Gieseke fasst Programmplanung dagegen als ein konstitutiv kommunikatives Geschehen, das zwar von Programmplanenden gestaltet werden muss, aber keineswegs von ihnen alleine verantwortet werden kann.

2.4 Kommunikative Vermittlung divergierender Perspektiven (Wiltrud Gieseke)

Anders als die beiden zuvor vorgestellten Modelle der Professionalität im Programmplanungshandeln basiert das von Wiltrud Gieseke entwickelte Modell auf systematischen empirischen Analysen (vgl. Gieseke 2003). Programmplaner_innen wurden hierfür bei ihrer Arbeit beobachtet und dazu befragt. Als einen ersten zentralen Befund stellt Gieseke heraus, dass Programmplanungshandeln im Wesentlichen bedeutet, mit unterschiedlichen Akteuren im Austausch zu sein:

> *„Die entscheidende Handlungsform des Planers/der Planerin ist das Kommunizieren. Dieser Prozess ist fortwährenden Veränderungen unterworfen, wobei die jeweiligen Beziehungen fließend und unbeständig sind."*
> Gieseke 2003, S. 201

Dieser Austausch wird als ein instabiler, von Veränderung gekennzeichneter Prozess beschrieben. Der ständige Wandel der Interaktionsverhältnisse ist laut Gieseke zum einen dadurch bedingt, dass in unterschiedlichen Phasen der Planung eines Angebots unterschiedliche Probleme zur Bearbeitung anstehen:

> *„Diese Etappen sind: Themenfindung, Konzeptionserarbeitung und -umsetzung, Sicherung von Rahmenbedingungen, Kursleiter/innengewinnung und Zusammenarbeit, Produktion von Ankündigungstexten, institutionelle Kooperationen, Öffentlichkeitsarbeit, organisatorische Begleitung."*
> Gieseke 2003, S. 202

Unvorhersehbare Dynamiken und Angleichungshandeln

Zwar ergeben sich daraus gewisse, einer inneren Logik folgende Handlungsketten. Diese können aber in der Regel keineswegs linear abgearbeitet werden. Vielmehr kommt es erwartbar zu Schleifen, Abbrüchen und Wiederholungen. Veränderungen im Prozess ergeben sich also auch daraus, dass sich im Verlauf des Programmplanungshandelns die Bedingungen dieses Handelns ständig ändern:

> *„Die Programmentwicklung folgt keinem linearen Entwicklungsgang, sondern erfolgt nach unseren Befunden als Angleichungshandeln."*
> Gieseke 2003, S. 202

Jede Situation des Austauschs (mit institutionellen Akteuren, mit Dozent_innen, mit Wissenschaftler_innen oder mit potentiellen Adressat_innen) ist potentiell mit der Möglichkeit verbunden, dass das geplante Angebot in einem veränderten Licht erscheint. Gerade die auf diese Veränderungen reagierende ständige Revision der Planungen aufgrund neuer Informationen und neuer Beziehungsverhältnisse macht die Qualität des Programmplanungsprozesses aus. Die Programmplaner_innen fungieren dabei als Mittler zwischen den unterschiedlichen Perspektiven der am Zustandekommen des Angebots beteiligten Akteure.

Perspektivenverschränkung

Gieseke greift zur Benennung dieses Vorgangs den bereits von Tietgens verwendeten Begriff der „Perspektivenverschränkung" auf. In Momenten der Perspektivenverschränkung treffen Suchbewegungen unterschiedlicher Akteure aufeinander:

> *„Die Suchbewegungen der Planer/innen treffen nun wiederum auf Suchbewegungen potenzieller Teilnehmer/innen und sekundärer Abnehmer/innen für Betriebe, die häufig nach Bildungs- und Qualifizierungsunterstützung suchen, ohne die Anforderungen genau benennen zu können."*
>
> Gieseke 2003, S. 195

Angebote entstehen dort, wo diese Suchbewegungen so aufeinander bezogen werden, dass etwas Gemeinsames, von keinem der Beteiligten zuvor in dieser Weise Bekanntes, gefunden wird. In der Gestaltung und Verantwortung solcher Prozesse der Angleichung unterschiedlicher Perspektiven und Erwartungen liegt die Professionalität des Programmplanungshandelns.

> *„Angleichungshandeln ist dann der intuitive Versuch der Programmplaner/innen, die Vielfalt der Zugänge zu Bildung zu begreifen und zu verstehen und dafür zumindest verfügbares Wissen unterschiedlicher Reichweite und Interpretationshilfen anzubieten."*
>
> Gieseke 2003, S. 205

Anforderungen an professionelle Programmplanende

Auch Gieseke konturiert mit dieser Bestimmung Programmplanung als eine von ihrer Struktur her professionelle Aufgabe. Um ihr zu entsprechen, benötigen Programmplanende wissenschaftlich fundiertes Wissen und müssen in der Lage sein, dieses Wissen situativ einzubringen und gegenüber unterschiedlichen Akteuren – mit je unterschiedlichen Wissenshintergründen – zu vermitteln. Die eigentliche Leistung pädagogischer Professionalität liegt aber letztlich in der Realisierung situationsangemessener Intuitionen. Ohne fundiertes wissenschaftliches Wissen würde aber diesen Intuitionen eine notwendige Grundlage fehlen. Auch wäre es nicht möglich, ihre Reichweite und Angemessenheit systematisch zu reflektieren. Aus dieser Konkretisierung von Professionalität leitet Gieseke ihre Forderung nach Entscheidungsautonomie und wissenschaftlicher Ausbildung ab:

> *„Angleichungshandeln ist damit ein Optimierungsvorgang, ein Wissenserschließungsprozess, der mit individuellen Verbindlichkeiten ausgeglichen wird. Er verlangt Autonomie und eine sichere Handhabe von eigenen theoretischen Vorstellungen über Erwachsenenbildung."*
>
> Gieseke 2003, S. 206

2.5 Umgang mit widersprüchlichen Handlungsanforderungen (Aiga von Hippel)

Aufgreifen bestehender Konzepte pädagogischer Professionalität

Die bislang dargestellten Modellierungen der Professionalität des Programmplanungshandelns greifen nur sehr selektiv übergreifende Konzepte pädagogischer Professionalität auf, die in anderen Teildisziplinen der Erziehungswissenschaft entwickelt wurden. Sie nehmen aus ihnen nur einzelne, als passend erscheinende Aspekte heraus, um ihre Modelle des Programmplanungshandelns an Diskussionen zur Professionalität anschlussfähig zu machen. Einen anderen – nahezu umgekehrten – Weg gehen neuere Ansätze, die an elaborierte Modelle pädagogischer Professionalität systematisch anschließen, wie sie insbesondere für die Schulpädagogik und die Sozialpädagogik vorliegen (vgl. auch den Beitrag von Idel u. a. in diesem Band sowie die Bände von Werner Helsper (2021) und Fritz Schütze (2021) in dieser Reihe), und sie konsequent auf die besondere Situation des Programmplanungshandelns in der Erwachsenenbildung anwenden. Aiga von Hippel realisiert eine solche Adaption unter Rückgriff auf Werner Helspers Modell pädagogischer Professionalität als einer antinomischen Handlungskonstellation (Helsper 2002, 2021). Sie untersucht, welche der von Helsper anhand der Aufgabe von Lehrkräften in der Schule herausgearbeiteten widersprüchlichen Handlungsanforderungen auch im Programmplanungshandeln vorzufinden sind. Die Argumentation beginnt damit nicht länger mit der Konstatierung einer prinzipiellen Differenz zwischen Erwachsenenbildung und Schule, sondern geht zunächst von übergreifenden Gemeinsamkeiten aus, die sich aus allgemeinen Strukturen pädagogischen Handelns ergeben, bevor dann nach feldspezifischen Unterschieden gefragt wird.

Handungsantinomien und gesellschaftliche Widerspruchskonstellationen

Eine wesentliche Bedeutung misst von Hippel dabei der von Helsper eingeführten Unterscheidung zwischen konstitutiven Autonomien pädagogischen Handelns einerseits und gesellschaftlichen Widerspruchskonstellationen andererseits zu. Während konstitutive Autonomien notwendig in der Struktur des pädagogischen Handelns angelegt sind – „ihre Aufhebung wäre gleichsam die Aufhebung des pädagogischen Handelns" (von Hippel 2011, 48) – sind Widerspruchskonstellationen durch spezifische, historische, organisatorische und gesellschaftliche Bedingungen geprägt:

> *„Widerspruchskonstellationen sind prinzipiell auflös- und transformierbar: Sie stellen den unterschiedlich strukturierten Rahmen für die konkrete Ausgestaltung der Antinomien und damit das didaktische Handeln."*
> Hippel 2011, S. 48f

Die gesellschaftlichen Konstellationen können die prinzipiell im pädagogischen Handeln selbst angelegten Antinomien verstärken oder auch entschärfen. Auf diese Rahmenbedingungen des Handelns können die pädagogisch Handelnden selbst nur bedingt Einfluss nehmen. Dennoch wirken sie sich auf die Handlungssituationen aus, für die die Professionellen verantwortlich zeichnen.

Professionalität als Umgang mit Widersprüchen

Professionalität entsteht dort, wo die das Handeln herausfordernden Antinomien und Widersprüche nicht geleugnet, sondern bewusst wahrgenommen werden und auf sie gestaltend Bezug genommen wird:

> *„Die Paradoxien müssen ständig umsichtig bearbeitet werden – Professionalität muss immer wieder neu hergestellt werden."*
> Hippel 2011, S. 47

Auf der Suche nach antinomischen Strukturen des Programmplanungshandelns arbeitet von Hippel eine zentrale, gesellschaftliche Widerspruchskonstellation heraus, in der die Erwachsenenbildung gegenwärtig steht:

> *„Als die wichtigste gesellschaftliche Widerspruchskonstellation in der öffentlich geförderten Weiterbildung kann damit der gesellschaftliche Auftrag, (benachteiligte) Zielgruppen zu erreichen, und die gleichzeitig zurückgehende öffentliche Finanzierung gesehen werden."*
> Hippel 2011, S. 53

Die Herausforderung, Bildungsangebote für möglichst viele Adressat_innengruppen bereitzustellen, steht in einem Widerspruch zu der Anforderung, mit den knapper werdenden finanziellen und personellen Ressourcen auszukommen. Professionalität im Umgang mit dieser problematischen Situation bestünde daher beispielsweise darin, sich nicht nur über mangelnde Ressourcen zu beklagen (was durchaus auch notwendig sein kann), sondern darüber hinaus auch nach situativ angemessenen gelingenden Formen des Umgangs mit den daraus resultierenden Problemen zu suchen. Letztlich geht es um eine bewusste Durchdringung der Problemstrukturen und um ein Bewusstsein darüber, dass sie nicht aufgelöst werden können und dennoch bearbeitet werden müssen, wenn man pädagogisch handlungsfähig bleiben will. Zu diesem Bewusstsein gehört auch die Analyse der Auswirkungen, die die wahrgenommenen Widersprüche für das pädagogische Handeln haben. An dieser Stelle wird die Reflexion konstitutiver Handlungsantinomien bedeutsam:

> *„Durch den Widerspruch von mangelnder Finanzierung und dem Ziel, Benachteiligte in die Weiterbildung zu integrieren, erfährt die Differenzierungs- bzw. Selektionsantinomie eine besondere Zuspitzung. Sie ist zwar in der Erwachsenenbildung prinzipiell entlastet (im Vergleich zur Schule mit Notengebung, die weitere Berufs- und Lebensentscheidungen prägt) – eine Selektion findet jedoch aufgrund des offenen Curriculums und der finanziellen Abhängigkeit eine Stufe zuvor auf der Ebene der Zielgruppenansprache statt."*
>
> Hippel 2011, S. 52

Die Selektionsantinomie beruht in der von von Hippel herausgearbeiteten Problematik darauf, dass pädagogisches Handeln prinzipiell auf die Ermöglichung der Teilhabe Aller abzielt, dieses Ziel aber nur realisiert werden kann, wenn man sich bestimmten Adressat_innen zuwendet (und damit notwendig von anderen abwendet). Dieses, in der Struktur pädagogischen Handelns selbst liegende Problem wird bei einer Verknappung von Ressourcen verschärft, würde aber auch bestehen, wenn unbegrenzt Ressourcen vorhanden wären. Werden solche Interdependenzen zwischen gesellschaftlichen Bedingungen und pädagogischen Handlungsstrukturen anerkannt, können Lösungen professionell verantwortet werden. Diese können durchaus sehr unterschiedlich aussehen. So bestünde eine Bearbeitungsweise darin, sich auf die in besonderer Weise Bedürftigen zu konzentrieren (z. B. in Projekten der Grundbildung). Eine andere Variante bestünde darin, hochwertige Angebote möglichst kostengünstig zu verbreiten (z. B. in medialen Bildungsangeboten). Schließlich könnte man auch versuchen, neue Ressourcen für als notwendig erkannte Angebote zu erschließen (Fundraising). Welche Variante der Bearbeitung in der je gegebenen Situation die angemessene ist, dies Bedarf einer professionell begründeten Entscheidung.

Eine solche Modellierung erwachsenenpädagogischer Professionalität erlaubt es, auch Grenzen und Beschränkungen pädagogischer Handlungsfähigkeit zu benennen. Professionalität erweist sich letztlich gerade im bewussten Umgang mit diesen Grenzen:

> *„Gerade im reflektierten Umgang mit Antinomien und in einer kreativen Ausgestaltung zeigt sich die Professionalität der pädagogischen Akteure, die durch Rahmenbedingungen erschwert oder erleichtert werden kann."*
>
> Hippel 2011, S. 54

Anforderungen an professionelle Programmplanende

Auch diese Variante der Konzipierung von Professionalität erlaubt es, besondere Anforderungen an die Ausbildung und den beruflichen Status professioneller Erwachsenenbildner_innen abzuleiten. So konstatiert Aiga von Hippel im letzten Absatz Ihres Beitrags:

> *„Ein reflektierter Umgang mit widersprüchlichen Anforderungen erfordert Professionswissen und impliziert, wissenschaftliche Wissensbestände mit fallrekonstruktivem und (selbst-)reflexivem biographischen Wissen zu verbinden."*
>
> Hippel 2011, S. 56

Material ergeben sich aus den hier betrachteten Analysen Aiga von Hippels keine grundsätzlich neuen Aspekte des Programmplanungshandelns, die nicht schon bei den anderen Autoren zu finden waren. Dennoch stellen sie einen wichtigen Beitrag zur Professionalitätsdiskussion dar, da durch das systematische Anschließen an elaborierte Theorien pädagogischer Professionalität die komplexen Bedingungsstrukturen des pädagogischen Handelns auch im Bereich der Erwachsenenbildung weitaus differenzierter erschlossen werden können. Darüber hinaus ermöglicht die unmittelbare Bezugnahme auf Modelle pädagogischer Professionalität in anderen Handlungsfeldern, auch Analogien und Differenzen über die unterschiedlichen Felder pädagogischen Handelns hinweg in den Blick zu bekommen und zu diskutieren.

2.6 Vergleich

Die hier vorgestellten Modelle pädagogischer Professionalität im Programmplanungshandeln bearbeiten alle dasselbe Problem, nämlich im Programmplanungshandeln eine professionelle Struktur aufzuweisen und damit die Notwendigkeit einer Professionalität erwachsenenpädagogischen Handelns zu begründen. Hierzu werden spezifische Aspekte des Programmplanungshandelns im Lichte des Schemas „Professionalität“ betrachtet. Die Autoren werden dabei letztlich an zwei Stellen fündig:

Programmplanung als Vermittlungsgeschehen

Tietgens und Gieseke konturieren Programmplanungshandeln ***primär als eine Vermittlungsaufgabe*** (zum Konzept der Vermittlung vgl. auch Kade 1997). Es geht um die Relationierung unterschiedlicher Perspektiven, Erwartungen und Interessen, wofür es per definitionem kein Schema geben kann. Hervorgehoben werden kommunikative Fähigkeiten des Verstehens, Übersetzens und Verschränkens (vgl. Dinkelaker/Ebner von Eschenbach/Kondratjuk 2020).

Programmplanung als Entscheidungsprozess

Siebert und von Hippel konturieren Programmplanungshandeln dagegen ***primär als einen Entscheidungsprozess***, in dem es darum geht, widersprüchliche Anforderungen und Erwartungen zu berücksichtigen und situativ aufeinander zu beziehen. Hervorgehoben werden hier Fragen des professionellen Urteilens, der Anwendung von allgemeinen Prinzipien auf spezifische Situationen (vgl. Hörster 2003).

Übergreifende Merkmale

Bei Tietgens und Gieseke geht es vorrangig um die kommunikative Verflüssigung eines gesellschaftlichen Problems, bei Siebert und von Hippel geht es dagegen um die Integration und Vermittlung von Widersprüchen in der Person des Professionellen. Einen gemeinsamen Bezugspunkt finden alle Modelle in der Unterbestimmtheit (man kann auch sagen der Überkomplexität) der zu bearbeitenden Situation, die einer Spezifikation durch verantwortliche Gestaltung bedarf. Vor diesem Hintergrund wird strukturell eine professionelle Autonomie beansprucht, die nicht in der einfachen Erfüllung bestimmter Schemata oder Aufträge aufgelöst werden kann. Hieran wird deutlich, was durch die Umstellung von einer Orientierung an Merkmalskatalogen der „Profession“ zu strukturellen Merkmalen von „Professionalität“ gewonnen wird. Während der Status des Berufs des Erwachsenenbildners im Verweis auf andere „Professionen“ notwendigerweise als defizitär und abweichend erscheint, weil der Beruf nicht alle Merkmale einer Profession vorweisen kann, wird der Beruf im Rückgriff auf das Schema Professionalität als strukturell herausfordernd beschrieben, auch noch dort, wo diesen Herausforderungen aufgrund historisch gewachsener Bedingungen (noch) nicht voll entsprochen werden kann. Hieraus lassen sich dann auch konkrete Forderungen nach einer Veränderung der Bedingungen beruflichen Handelns in der Erwachsenenbildung (bspw. mehr Handlungsspielräume, Stärkung der akademischen Wissensbasis) ableiten, denen dann letztlich – quasi durch die Hintertür – dann doch auch eine Bedeutung auch für berufsständische Fragen der Professionalisierung zugesprochen werden kann.

Aufgaben zur Vertiefung

?

1. Erläutern Sie bitte, warum gerade das Programmplanungshandeln als Kern erwachsenenbildnerischer Berufstätigkeit betrachtet wurde! Welche Gründe werden dafür angegeben?
2. Was kann als das Pädagogische am Programmplanungshandeln angesehen werden? Begründen Sie Ihre Einschätzung!
3. Wenn Sie die verschiedenen Ansätze miteinander vergleichen, wie gelangen diese jeweils zu ihren professionalitätstheoretischen Bestimmungen des Programmplanungshandelns in der Erwachsenenbildung?
4. Welche Herausforderungen ergeben sich aus Ihrer Sicht für die Ausbildung im Feld der Erwachsenenbildung, wenn Sie den unterschiedlichen Ansätzen folgen?

3 Professionalität auch in der Durchführung von Bildungsveranstaltungen?

3.1 Das aufkommende Interesse an der Professionalisierung auch des Lehrens

Lehren im Nebenberuf oder als Ehrenamt

Die Strategien der Verberuflichung von Erwachsenenbildung folgten in den 1970er-Jahren dem Bedarf der Etablierung einer systematisch organisierten, flächendeckenden und potentiell alle Adressat_innenkreise ansprechenden Angebotsstruktur. Entsprechend wurden nahezu ausschließlich die Professionalisierungsbedarfe in Leitungs- und Programmplanungsaufgaben formuliert. Das sich daraus ergebende Modell einer Arbeitsteilung zwischen einer ***hauptberuflichen Planung*** und einer überwiegend ***nebenberuflichen bzw. ehrenamtlichen Durchführung*** von Erwachsenenbildungsveranstaltungen prägt bis heute die Wahrnehmung der beruflichen Landschaft.

> *„Große Bereiche mikrodidaktischen Handelns in der Erwachsenenbildung würden von neben- und freiberuflichen, ja manchmal sogar von ehrenamtlichen Kräften abgedeckt [...] dieses Personalsegment sei [...] vom Stadium der Hauptberuflichkeit meilenweit entfernt."*
>
> Nittel 2011, S. 45

Die folgende Grafik (vgl. Abb. 3) wurde erstellt, um Veränderungen im Zahlenverhältnis zwischen dem hauptamtlichen Planungspersonal und den Kursleitenden zu veranschaulichen:

Waren es im Jahr 1994 noch über 3.700 hauptamtliche Mitarbeiter_innen, die Veranstaltungen von etwa 180.000 Kursleitenden betreut haben, waren es 2004 nur noch knapp 3.400 hauptamtliche Mitarbeiter_innen gegenüber knapp 200.000 Kursleitenden. In diesen Entwicklungen schlägt sich der oben bereits thematisch gewordene Rückgang an öffentlichen Mitteln für die Grundfinanzierung von Volkshochschulen einerseits und die gleichzeitig erfolgende Expansion von Bildungsangeboten nieder. Auf den ersten Blick und vor dem Hintergrund des herkömmlichen Verständnisses erwachsenenpädagogischer Professionalität scheint sich darin eine Schwächung der Beruflichkeit in der Erwachsenenbildung abzuzeichnen. Die Zahl der hauptberuflichen Mitarbeiter_innen sinkt und die Bedingungen für eine professionelle Planung von Erwachsenenbildung verschlechtern sich.

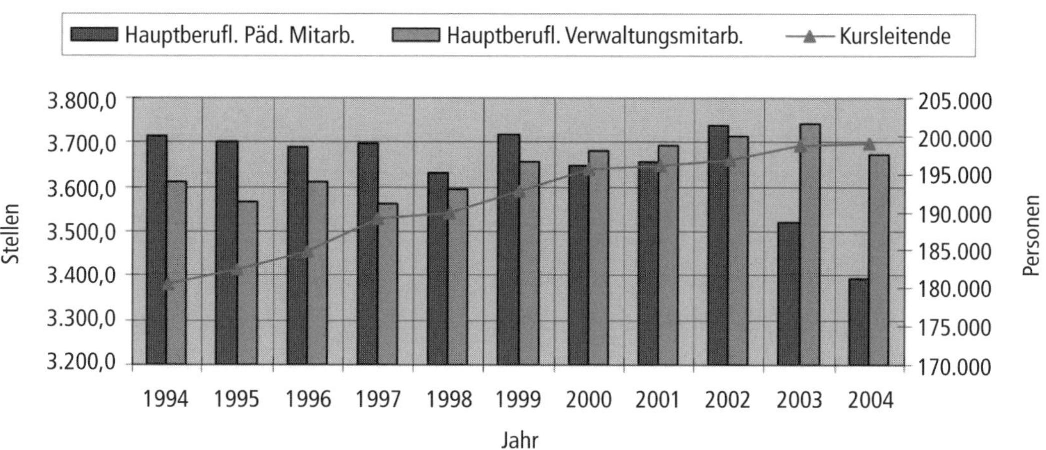

Abbildung 3: Entwicklung des Zahlenverhältnisses zwischen HPM und Kursleitenden (aus Kraft 2006, S.3)

Aufgabe

Aufgabe ?

In der Volkshochschulstatistik finden Sie aktuelle Zahlen sowohl zum Personal als auch zu den Angeboten der Volkshochschulen. Recherchieren Sie hier den momentanen Stand der Entwicklung bzgl. Mitarbeiter_innen sowie Veranstaltungsangeboten!

Die Daten finden Sie unter: URL: https://www.die-bonn.de/weiterbildung/statistik/vhs-statistik/default.aspx

Neue Formen der Beruflichkeit

Auch wenn diese Wahrnehmung keineswegs trügt, so zeigt sie doch nur einen Teil des Bildes. Zum einen gilt es zu berücksichtigen, dass sich seit den 1980er-Jahren jenseits der öffentlich geförderten Erwachsenenbildung eine Vielzahl von Weiterbildungsanbietern etabliert hat, in denen sich sowohl die Strukturen der Planung als auch der Durchführung von Bildungsveranstaltungen zum Teil erheblich vom bis dahin im Mittelpunkt stehenden Sektor der öffentlich verantworteten Erwachsenenbildung (d. h. im Wesentlichen den Volkshochschulen) unterscheiden. Diese Pluralität der teilweise auch untereinander um Mittel und Teilnehmende konkurrierenden Anbieter wird darüber hinaus zunehmend als ein Markt wahrgenommen (Harney 2002), den es hinsichtlich der Qualität der Angebote zu regulieren gilt, was nun nicht mehr nur die Planung, sondern insbesondere auch die Durchführung von Bildungsveranstaltungen betrifft. Vor diesem Hintergrund werden Forderungen laut, verbindliche Anforderungen an die Qualifikationen der Lehrenden in der Erwachsenenbildung zu definieren. Eine Wandel der Rolle der Lehrenden in der Erwachsenenbildung ergibt sich zudem auch daraus, dass es zunehmend Kursleitende, Dozierende und Trainer_innen gibt, die diese Tätigkeit als ihren Hauptverdienst ausüben, auch wenn sie in vielen Fällen bei keiner Organisation fest angestellt sind (Nittel/Völzke 2002).

Vor dem Hintergrund dieser Entwicklungen entstehen neue Formen der Beruflichkeit, in denen nun auch Lehren und Beraten als zentrale Momente des beruflichen Handelns eine zunehmend prominente Rolle spielen. Diese Formen von Beruflichkeit waren so – und vor allem nicht in diesem Umfang – in den ursprünglichen Planungen zur Professionalisierung der Erwachsenenbildung nicht vorgesehen. Die etwa ab dem Jahr 2000 einsetzenden Studien zur Vielfalt der Beruflichkeit in der Erwachsenenbildung relativieren insofern die Plausibilität einer einseitigen Betrachtung lediglich der Professionalität in der Programmplanung. Lockert man zudem begrifflich die Verknüpfung von Professionalität (Handeln) und Profession (Beruf), dann verlieren die Argumente, die den Fragen der Professionalität des Programmplanungshandelns eine prinzipielle Priorität einräumen, zusätzlich an Gewicht, nicht zuletzt dort wo mit schieren Zahlen argumentiert wird, wie in einer jüngeren Untersuchung zu Strategien der Professionalisierung des *lehrenden* Personals:

> *„Im Fokus steht dabei vor allem das lehrend tätige Personal. In Deutschland ist dieser Anteil mit 83 Prozent der Beschäftigungs- und Tätigkeitsverhältnisse in der Erwachsenenbildung am größten."*
>
> Egetenmeyer/Schüßler 2012, S. 18

Entkopplung von Professionalität und Beruflichkeit

Nicht länger die Art des Anstellungsverhältnisses und auch nicht die Frage, inwiefern die Tätigkeit einen beruflichen Schwerpunkt der betreffenden Person darstellt, sondern die schlichte Tatsache, dass eine pädagogische Tätigkeit in diesem Feld ausgeübt wird, wird hier zum entscheidenden Kriterium erhoben, das die Relevanz der Beschäftigung mit der Frage nach der

Professionalisierbarkeit dieser Tätigkeit begründet. In diesem Sinne wurde auch schon früher argumentiert, etwa schon Ottfried Schäffter:

> *„Bildungsarbeit wird organisiert als Ehrenamt, als Tätigkeit neben einem Hauptberuf, als ‚freie Mitarbeit' ohne Hauptberuf, als Bestandteil eines Hauptberufs oder auch als hauptberufliches Anstellungsverhältnis. [...] Daher beruhte die Engführung der Professionalisierungsdiskussion auf die Position des hauptamtlichen pädagogischen Mitarbeiters (HPM) auf einer Fehleinschätzung".*
>
> Schäffter 1993, S. 444

Dass seit der Jahrtausendwende eine verstärkte Auseinandersetzung mit der Frage einsetzt, wie pädagogische Professionalität auch im Bereich des Lehrens gezielt gestärkt werden kann, rührt wohl insofern weniger daher, dass man die prinzipielle Relevanz des Themas zuvor nicht erkannt hätte. Ein wesentlicherer Faktor scheinen vielmehr Entwicklungen in der internationalen Diskussion über Erwachsenenbildung zu sein. Nicht zuletzt die europäischen Anstrengungen um eine systematische Förderung des „lebenslangen Lernens" (Kommission der Europäischen Gemeinschaften 2000) spielen eine entscheidende Rolle. Durch politische Konsultationsprozesse und vor allem auch durch die Bereitstellung von Geldern zur Forschungsförderung wurde im Rahmen einer europäischen Strategie zur Erweiterung und Verbesserung des Angebots an Möglichkeiten des organisierten Lernens im Erwachsenenalter die Befassung mit Fragen der Professionalisierung des Lehrens vorangetrieben. Erklärtes Ziel dieser Bemühungen ist die Sicherstellung der Qualität der in der Erwachsenenbildung erbrachten „Dienstleistungen".

Suche nach Strategien der Qualifizierung

Eine wesentliche Bemühung liegt dabei in der praktischen Frage nach der Schaffung einer trägerübergreifenden Qualifizierungsstrategie für Lehrende. In diesem Zusammenhang wird auch die Frage einer einheitlichen Zertifizierung diskutiert (etwa bei Kraft/Seitter/Kollewe 2009; kritisch hierzu Nittel 2011). Wie schon in den 1970er-Jahren steht damit erneut die Frage der Ausbildung im Mittelpunkt:

> *„Für eine Tätigkeit in der Erwachsenenbildung in Deutschland gibt es bisher keine vorgeschriebenen oder von Berufsverbänden überwachten Ausbildungswege."*
>
> Egetenmeyer/Schüßler 2012

Anders als in der ersten Professionalisierungswelle ist nicht länger allein die Qualifizierung von Hauptberuflichkeit das zentrale Ziel, sondern vielmehr gerade auch die Qualifizierung nebenamtlicher ggf. auch ehrenamtlicher Arbeit. Das Modell der Profession spielt daher auch keine Rolle mehr. Entscheidend ist vielmehr zunächst, inwiefern eine hohe Qualität der als Dienstleistung verstandenen Tätigkeit sichergestellt werden kann. Diese Frage wird unmittelbar an die Kompetenzen geknüpft, die Lehrende vorzuweisen haben. So werden beispielsweise im Projekt QF2teach europaweit Experten_innen danach gefragt, welche Kompetenzen Lehrende vorweisen sollten. Auf dieser Grundlage werden dann Kompetenzlisten erzeugt und vereinheitlicht (Bernhardsson/Lattke 2011). Im Projekt GRETA (**Gr**undlagen für die **E**ntwicklung eines **t**rägerübergreifenden **A**nerkennungsverfahrens von Kompetenzen Lehrender) wird nach Möglichkeiten gesucht, sowohl bereits vorhandene als auch neu erworbene Kompetenzen im Bereich des Lehrens zu zertifizieren und damit vor dem Hintergrund einheitlicher Standards zu bewerten (Lencer/Strauch 2016).

Fehlende theoretische Grundlage

Im Unterschied zu den oben vorgestellten professionalitätstheoretisch begründeten Kompetenz- und Ausbildungsanforderungen, wird zwischen den in den so erstellten Kompetenzlisten gesammelten Anforderungen kein theoretischer Zusammenhang hergestellt. Dieser pragmatische Zugang erlaubt es, die in der Praxis gewonnenen Erfahrungen bei der Formulierung von Ausbildungsnotwendigkeiten und Bedarfseinschätzungen zu berücksichtigen. Ein Anschluss an professionalitäts- und professionalisierungstheoretische Überlegungen wird dagegen so (noch) nicht gewonnen. In dieser Situation kommt nun ein Defizit zum Vorschein, dass schon seit längerem moniert wurde:

> *„So wurde lange Zeit dem didaktisch-methodischen Handeln von Seiten der akademischen Erwachsenenbildung wenig Aufmerksamkeit zuteil, ja es wurde sogar aus dem Kanon des höhersymbolischen Wissens, das es situativ und fallbezogen anzuwenden gilt, ausgeschlossen. […] Das erklärt den paradoxen Sachverhalt, dass Methodenkompetenz – eigentlich ein Kern erwachsenenpädagogischer Identität – nicht auf der Ebene des Professionswissens rezipiert und systematisch gegen das gegenstandsbezogene Fachwissen ausgespielt wurde."*
>
> Nittel 2000, S. 232/233

Fragen eines qualitätsvollen Lehrens in der Erwachsenenbildung werden zwar durchaus – im Rückgriff auf das Schlagwort einer erwachsenengerechten Didaktik – diskutiert (Tietgens 1991; Dinkelaker/Kraus 2012; Fuhr 2015). Doch werden Fragen nach den spezifischen Anforderungen an ein diesen didaktischen Modellen entsprechendes Handeln – wenn überhaupt – nur am Rande diskutiert. Fragt man dagegen gezielt nach Modellen, die die Frage nach der Professionalität des Lehrens in der Erwachsenenbildung in den Mittelpunkt stellen, so zeigt sich kaum etwas. Fündig wird man lediglich im Zusammenhang der bereits angesprochenen Professionalitätsdiskussion der späten 1980er-Jahre. Einzelne der Beiträge beziehen sich schon in diesem Zusammenhang explizit auf die Frage der Professionalität des Lehrens. Sie fanden zwar durchaus breite Beachtung, an sie wurde aber, angesichts des damals noch bestehenden kollektiven Fokus auf das Problem der Programmplanung (das sich im Zuge der Transformationsanstrengungen in den neuen Bundesländern erneut akut stellte), nicht angeschlossen. Im nun folgenden Kapitel werden zwei dieser „vergessenen" Ansätze skizziert. Dabei geht es insbesondere darum, Schwierigkeiten und Möglichkeiten einer theoretischen Bestimmung pädagogischer Professionalität des Lehrens mit Erwachsenen aufzuzeigen.

3.2 Zwei Modelle der Professionalität des Lehrens in der Erwachsenenbildung

Die beiden im Folgenden vorgestellten professionalitätstheoretischen Entwürfe sind, wie oben schon ausgeführt, im Rahmen der professionalitätstheoretische Wende entstanden und wurden im Anschluss an ihre Veröffentlichung nicht weitere systematisch zur Bestimmung des Lehrhandelns in der Erwachsenenbildung ausgearbeitet. Sie haben daher eher einen konzeptionellen Charakter. In der gegenwärtigen Diskussion um eine Professionalisierung des Lehrens spielen sie eine untergeordnete Rolle, enthalten aber wertvolle Anregungen für ihre professionalitätstheoretische Grundlegung.

Beide Modelle greifen – entsprechend des damaligen Diskussionsstands – das von Ulrich Oevermann entwickelte Konzept der „stellvertretenden Deutung" (Oevermann 1976) auf, das damals in der Sozial- und Schulpädagogik bereits weitreichend diskutiert worden war, und fragen nach seiner Anwendbarkeit auch für das Lehren der Erwachsenenbildung.

3.2.1 Umgang mit prekären Selbstverhältnissen (Bernard Koring)

Das Modell der stellvertretenden Deutung

Ein grundsätzliches Problem der Adaption bestehender Modelle pädagogischer Professionalität für Fragen des Lehrens in der Erwachsenenbildung besteht darin, dass in diesen Modellen die Annahme mitgeführt wird, dass es sich bei pädagogischem Handeln um etwas handelt, das sich zwischen Erwachsenen und Kindern abspielt. Dies trifft auch auf das Oevermannsche Konzept der stellvertretenden Deutung zu. Das liegt daran, dass die Grundfigur, an der sich dieses Modell orientiert, aus dem Kontext der Sozialisation von Kindern in der Familie stammt. Ihre Beschreibung wird von Bernhard Koring in seinem Aufsatz „Erwachsenenbildung und Professionstheorie" wie folgt zitiert:

> *„Die Eltern brauchen [...] nicht lange nachzudenken; es geschieht naturwüchsig, daß immer schon sehr viel mehr an Bedeutung fiktiv in das Handeln der Kinder hineingedeutet und hineinprojeziert wird, als von der psychischen Struktur, von der inneren Realität her tatsächliche dechiffrierbar oder auch reproduzierbar ist."*
>
> Oevermann 1981, S. 30, zit. nach Koring 1988, S. 375

Dadurch, dass Eltern im Verhalten ihrer Kinder etwas sehen, dass dieses selbst noch nicht in ihm sehen, kommt ein Prozess der Sozialisation in Gang, durch den es den Kindern möglich wird, sich selbst im Lichte der sozialen Verhältnisse zu verstehen, in die sie hineinwachsen. An dieser Figur der stellvertretenden Deutung ist für Koring zweierlei bedeutsam. Zum einen wird mit ihr deutlich, warum es entwicklungsrelevanter Anderer bedarf, wenn das Hineinwachsen in eine Gesellschaft gelingen soll. Zum anderen wird erkennbar, dass es jenseits berufsförmig organisierter Arrangements stellvertretender Deutung auch solche gibt, die sich naturwüchsig – von selbst – ergeben. Pädagogische Professionalität wird erst dort notwendig, wo Aufgaben der entwicklungsermöglichenden stellvertretenden Deutung nicht länger aus dem Bauch heraus und nebenbei bearbeitet werden können. Das von Pädagog_innen systematisch und planvoll zu bearbeitende Problem unterscheidet sich aber prinzipiell nicht von dem, das Eltern im Umgang mit ihren Kindern bearbeiten. Während wir uns im alltäglichen Handeln nicht bewusst machen, wie wir in das Verhalten Anderer deren Intentionen und Kompetenzen hineinlesen, stellt es für professionelle Pädagog_innen die berufliche Aufgabe dar, den Vorgang der stellvertretenden Deutung systematisch und kontrolliert ablaufen zu lassen und dabei nicht etwa bei den eigenen Vorstellungen anzusetzen, sondern das beobachtbare Verhalten der Adressat_innen zum Ausgangspunkt zu nehmen.:

> *„Danach muß der praktizierende Pädagoge zunächst versuchen, das in der pädagogischen Situation sich realisierende Handeln der Klienten [...] auf die darin latent eingeschlossene ‚sinnstrukturelle Reichhaltigkeit' hin zu untersuchen"*
>
> Koring 1988, S. 377

Anwendbarkeit für die Adressierung Erwachsener?

Bis zu diesem Punkt der Argumentation folgt Koring unmittelbar den Überlegungen Oevermanns. Da er dieses Konzept nun gerade auch für die Klärung der Anforderungen an pädagogische Professionalität in der Erwachsenenbildung fruchtbar machen will, muss er im weiteren Verlauf seiner Argumentation aber diesen bereits vorgebahnten Pfad verlassen. Oevermanns Konzept basiert nämlich auf einer für die Theorie erwachsenenpädagogischen Handelns problematischen Voraussetzung: weil die Adressat_innen pädagogischen Handelns einen Prozess der kulturellen Sozialisation noch nicht vollumfänglich durchlaufen haben, bedürfen sie der stellvertretenden reichhaltigen Deutung ihres Handelns durch Pädagog_innen. Sollen im pädagogischen Handeln Erwachsene adressiert werden, kann diese Unterstellung nicht mehr zur selbstverständlichen Grundlage genommen werden. Vielmehr steht in Frage, ob Erwachsene einer solchen stellvertretenden Deutung überhaupt noch bedürfen. Damit ist auch unklar, ob es überhaupt im Bereich der Erwachsenenbildung pädagogischer Professionalität bedarf:

> *„Bei der Erwachsenenbildung handelt es sich um einen [...] Bereich, in dem die Klienten voll sozialisierte Subjekte sind und damit gerade die (eigentlich konstitutiven) pädagogischen Intentionen des Erwachsenenbildners prekär werden."*
>
> Koring 1988, S. 359

Da die Figur der stellvertretenden Deutung im Kontext von Sozialisationsprozessen ihre Bedeutung erlangt, scheint sie auf erwachsene Adressat_innen nicht anwendbar, da deren Sozialisationsprozess ja bereits als abgeschlossen gilt (vgl. abweichend hiervon allerdings Griese 1979). Entsprechend wäre das Lehren in der Erwachsenenbildung eine Tätigkeit, die der Professionalisierung nicht bedürfte. Worin sieht nun Koring einen Anhaltspunkt dafür, dass dennoch auch das Lehren in der Erwachsenenbildung einer besonderen Professionalität bedarf?

Gesellschaftlicher Wandel und Infragestellung von Selbstverhältnissen

„Detraditionalisierung und Modernitätsschübe bewirken aber auch bei erwachsenen, voll sozialisierten Personen, daß in bestimmten Segmenten der Persönlichkeit Integritätsdefizite auftreten. Manche Kompetenzen, Deutungsmuster oder Wissensbestände werden durch gesellschaftliche Entwicklungen fragwürdig und verlieren an Wert."
Koring 1988, S. 386

Die Unterstellung, Erwachsene seien fertig sozialisiert, wird dort brüchig, wo gesellschaftlicher Wandel dazu führt, dass sich bestimmte Weltverhältnisse, „Kompetenzen" und „Deutungsmuster" den veränderten gesellschaftlichen Verhältnissen als nicht mehr angemessen erweisen. Es bedarf eines Umlernens, was die Infragestellung bestehender, bis dahin stabiler Selbstverhältnisse nach sich zieht:

„Altes wird verlernt und entwertet; das Selbst ist teilweise ein anderes als vorher und muß sich neu auf seine andere Identität hin orientieren."
Koring 1988, S. 387

Lediglich in Situationen der Erwachsenenbildung, in denen eine solche Struktur der stellevertretenden Deutung vorgefunden werden kann, liegt nach diesem Verständnis eine Professionalisierungsbedürftigkeit vor, kann insofern sinnvollerweise auch von einer Professionalität des Handelns gesprochen werden. Nicht schon in der Vorführung von Wissen, sondern erst in seiner Anwendung im Prozess der stellvertretenden Deutung zur Ermöglichung einer (Selbst-)Aufklärung der Adressat_innen liegt damit der professionelle Gehalt pädagogischen Handelns.:

„Sozialisation hat diesen Grad [der Explizitheit, J.D.] zu steigern. Wissen dient von daher nur als Medium dieses Entfaltungsprozesses. Die Anschlussfähigkeit des neuen an das alte Wissen wird dann zu einem wesentlichen Kriterium für Bildungsprozesse."
Koring 1988, S. 378

Den Kern erwachsenenpädagogischer Professionalität sieht Koring damit nicht in der gekonnten Vermittlung von Wissen und auch nicht in der effektiven Ermöglichung von Lernen, sondern vielmehr in der Bearbeitung eines Begleitproblems dieses Lernens, nämlich der damit verbundenen Irritation und Transformation von Selbstverhältnissen. Die Erwachsenenbildung ist dabei keineswegs nur ein Ort, der der Stabilisierung von Selbstverhältnissen dient. Vielmehr wird unter Umständen die Infragestellung bestehender stabiler Selbstverhältnisse gerade im Rahmen der Teilnahme an Erwachsenenbildung verschärft:

> *„Dadurch, daß [...] über die Differenz von Kompetenz und Inkompetenz, von Wissen und Nicht-Wissen gearbeitet wird [...] kann für die Klienten in der Situation selbst ein bedrohliches Defiziterleben entstehen, das – zumal vor der Lerngruppe – die eigene Integrität angreifen kann.“*
> Koring 1988, S. 387

Erwachsenenbildung antwortet damit nicht nur auf gesellschaftlich induzierte Problemlagen. Die Herausforderung erwachsenenpädagogischer Professionalität ergibt sich vielmehr gerade auch in der Handhabung der Probleme, die durch das erwachsenenpädagogische Angebot selbst erst hervorgebracht beziehungsweise krisenhaft zugespitzt werden. In welcher Weise diese allgemeine strukturelle Problematik bezogen auf die je besonderen Themen, Teilnehmenden und gesellschaftlichen Verhältnisse bearbeitet werden kann, ist nicht ein für alle Mal zu entscheiden. Vielmehr besteht in der (stellvertretenden) Deutung der je besonderen Situation gerade die professionelle, nicht standardisierbare Aufgabe.

Umgang mit Unbestimmtheit

> *„Die Transformation dieser Unbestimmtheit der Fallstruktur (des personalen Aneignungsprozesses) in bestimmbare Kompetenzen ist die Aufgabe des Erwachsenenbildners.“*
> Koring 1988, S. 393

Daraus leitet Koring die Notwendigkeit einer Professionalisierung auch des Lehrens in der Erwachsenenbildung ab. Wo eine solche professionalisierungsbedürftige Struktur der erwachsenenpädagogischen Situation vorliegt, aber keine entsprechenden institutionellen Strukturen vorhanden sind, die professionelles Handeln erlauben, entstehen laut Koring sonst problematische Selbstverhältnisse der Lehrenden:

> *„Daraus ergibt sich ein Professionalisierungsbedarf auf der interaktiven Ebene, der – weil nicht institutionell abgesichert und habituell verwirklicht – die tragische Dialektik pädagogischen Engagements in Gang setzt: aus Anstrengung der eigenen Person Held oder Märtyrer zu werden.“*
> Koring 1988, S. 395

3.2.2 Vermittlung zwischen wissenschaftlichem und Alltagswissen (Bernd Dewe)

Auch Bernd Dewe greift in seinem Konzept erwachsenenpädagogischer Professionalität Oevermanns Modell der stellvertretenden Deutung auf, fokussiert dabei allerdings einen anderen Aspektzusammenhang. Im Mittelpunkt seiner Argumentation steht nicht – wie bei Koring – der Umgang mit prekären Selbstverhältnissen, sondern der Umgang mit differenten Wissensdomänen. Die Figur des Lehrenden in der Erwachsenenbildung platziert Dewe dabei zwischen die Domäne des wissenschaftlichen Wissens, über das der Lehrende verfügt und die Domäne des lebensweltlich eingebundenen Alltagswissens der Adressat_innen und Teilnehmenden. Die professionalisierungsbedürftige Aufgabe des Lehrenden sieht Dewe in der Vermittlung zwischen diesen beiden Domänen.

Gleichwertigkeit von Alltagswissen und wissenschaftlichem Wissen

Dewe wendet sich gegen,

> *„die weit verbreitete Auffassung, wissenschaftliches Wissen könne über den Weg seiner pädagogisch professionellen Distribution berufs- und lebenspraktisches Wissen schlicht substituieren."*
>
> Dewe 1996, S. 719

Eine solches Ersetzen der einen Wissensform durch die andere sei insbesondere deswegen nicht möglich, weil wissenschaftliches Wissen Handlungszusammenhänge immer nur in bestimmten Aspekten in den Blick nehmen kann und daher immer nur eingelagert in lebensweltliche Deutungszusammenhänge überhaupt orientierend wirken kann. Daher kann Lehren nicht als Überschreiben des einen Wissens durch das andere oder als ein schlichtes Hinzufügen neuer Wissensbestände verstanden werden, sondern muss vielmehr als ein Prozess der Vermittlung zwischen der Sphäre des wissenschaftlichen Wissens und der Sphäre des lebensweltlichen Wissens begriffen werden.

Lehren als Übersetzungshandeln

Dem professionellen Vermittler kommt dabei die Aufgabe der Übersetzung von der einen in die anderen Wissensform zu:

> *„Da das wissenschaftliche Wissen […] die Orientierungsfunktion traditionaler Institutionen und alltagspraktischer Deutungsmuster aber nicht voll zu ersetzen vermag, bringt dieser ‚Umgang' das Problem der Transformation von Wissen mit sich: der Transformation wissenschaftlicher Informationen in alltägliche Deutungen unter der Maxime, die wissenschaftlichen Informationen im Sinnhorizont lebenspraktischer Deutungs-*

muster gewissermaßen neu zu konstituieren, was stets an einen Prozess der Sinnauslegung geknüpft ist.“

Dewe 1996, S. 721

Zu dieser vermittelnden Sinnauslegung bedarf es Personen, die sich in beiden Wissensdomänen bewegen können, die also einerseits über das wissenschaftliche Wissen verfügen und die andererseits in der Lage sind, dieses wissenschaftliche Wissen im Horizont der alltagspraktische Perspektiven ihrer Adressat_innen zu interpretieren.

„Die Spezifik professionalisierten Wissens in der Erwachsenenbildung ergibt sich hier prinzipiell aus mindestens zwei Quellen erwachsenenpädagogischer Anforderungen: dem souveränen Umgang mit Fachwissen, dessen unterrichtliche/kursbezogene Darbietung im Kontext einer qualifizierenden Wissensvermittlung zwar allemal hohe Fach- und Vermittlungskompetenzen voraussetzt, aber nicht zwingend professionalisierungsbedürftig ist, und dem erst ‚vor Ort‘ im Klientenbezug wirksam werdenden Interaktions- und Situationswissen.“

Dewe 1996, S. 714f.

Aufklärung ohne zu kolonisieren

Da Dewe im Bereich der Erwachsenenbildung anders als in der Schule von einem prinzipiell nicht-hierarchischen Verhältnis zwischen dem eingebrachten wissenschaftlichen Wissen und dem von den Teilnehmenden eingebrachten Alltagswissen ausgeht, stellt sich die Frage, was eine Konfrontation des Alltagswissen mit wissenschaftlichen Perspektiven, was also Erwachsenenbildung überhaupt leisten soll. An dieser Stelle referiert Dewe auf die für die Moderne konstitutive Figur der Aufklärung des Alltags durch Wissenschaft. Die professionalisierungstheoretisch entscheidende Frage besteht vor diesem Hintergrund darin,

„wie in der Erwachsenenbildung Bedeutungen des Alltagslebens aufgeklärt und zugleich deren Autonomie und Eigenwilligkeit erhalten bleiben.“

Dewe 1996, S. 745

Die Ansprüche einer Aufklärung alltäglicher Wissensbestände auf der einen Seite und der Wahrung und Stärkung der autonomen Lebensführung auf der anderen Seite stehen in einem gewissen Spannungsverhältnis zueinander. Die Konfrontation des Alltagswissens mit wissenschaftlichen Wissensbeständen enthält das Potential einer Aufhellung ungeklärter Aspekte des

Alltags und birgt zugleich die Gefahr einer Enteignung des Alltagswissens und damit einhergehend einer Entfremdung der Teilnehmenden von ihrem Alltag. Stellvertretende Deutung wird von Dewe somit nicht vorrangig individuums-, sondern primär wissensbezogen spezifiziert und dabei in zwei Richtungen ausbuchstabiert. Einerseits gilt es, das Alltagswissen Teilnehmender im Horizont des wissenschaftlichen Wissens zu interpretieren. Andererseits gilt es, das wissenschaftliche Wissen im Horizont des Alltagswissen der Teilnehmenden zu reinterpretieren.

Mangelndes Wissen über die konkreten Prozesse

Wie es Lehrenden in der Erwachsenenbildung gelingt, dieser doppelten Herausforderung zu begegnen, diese Frage bleibt für Dewe ungeklärt:

> *„Angesichts solcher Fragen erscheint die Figur des Professionellen als die Blackbox der Relationierung und Kontrastierung handlungstheoretisch ausdifferenzierter Wissenstypen, in die es hineinzublicken gilt."*
> Dewe 1996, S. 747

Dewe legt damit die Grundlage für empirische Analysen des Erwachsenenbildungsgeschehens und der damit verbundenen Herausforderungen:

> *„Es geht dabei um die Erhellung des Problems, wie Wissen in seiner personenbezogenen Erscheinungsform einer Fachkompetenz im Bildungsgeschehen der Weiterbildung antizipatorisch in berufs- oder lebenspraktische Wirkungszusammenhänge ‚übersetzt' wird."*
> Dewe 1996, S. 730f

Inwiefern und wie sich Erwachsenenbildung als ein solches Übersetzungsgeschehen (vgl. auch Engel 2016) beschreiben lässt, wurde aber bis heute nicht untersucht. Zwar wurden mittlerweile Verfahren der empirischen Analysen des Geschehens in Bildungsveranstaltungen für Erwachsene entwickelt (vgl. Kade/Nolda/Dinkelaker/Herrle 2015), explizit professionalitätstheoretisch orientierte Analysen liegen aber (noch) nicht vor.

3.2.3 Gegenüberstellung der beiden Vorschläge

Die beiden vorgestellten Vorschläge zur Thematisierung pädagogischer Professionalität im Bereich der Lehre lassen sich komplementär einander gegenüberstellen. Während Koring in seinem Modell den Kern erwachsenenpädagogischer Professionalität im ***reflektierten Umgang mit den Selbst-***

verhältnissen der Adressat_innen festmacht und damit die reine Vermittlung von Wissen gerade noch nicht als die eigentliche Herausforderung erwachsenenpädagogischer Professionalität bestimmt, stellt Dewe den ***reflektierten Umgang mit Wissen*** ins Zentrum seines Modells, ohne auf die Problematik prekär werdender Selbstverhältnisse einzugehen. Dewe gelingt in seinem Ansatz eine schlüssige Begründung dafür, warum es gerade auch noch gegenüber Erwachsenen des pädagogischen Handelns bedarf. Die unauflösbare Differenz zwischen Wissenschafts- und Alltagswissen macht die fortgesetzte Übersetzungsarbeit von Erwachsenenpädagog_innen notwendig. An dieser Stelle bleibt Koring vage, wenn er beschreibt, dass durch gesellschaftlichen Wandel in „bestimmten Segmenten" der Persönlichkeit Integritätsdefizite auftreten, ohne erklären zu können, welche Segmente dies sind und wie es dazu kommt. Dafür gelingt es Koring, im konkreten Geschehen pädagogischer Interaktion eine Struktur aufzuweisen, auf die es mit pädagogischer Professionalität zu reagieren gilt, während Dewe gerade dieses Interaktionsgeschehen theoretisch wie eine undurchsichtige „Black-Box" behandelt.

Aus der Gegenüberstellung der beiden Ansätze lässt sich somit eine doppelte Anforderung an weiterführende Ansätze einer theoretischen Bestimmung pädagogischer Professionalität im Bereich des Lehrens mit Erwachsenen ableiten. Es müsste ein theoretischer Rahmen entwickelt werden, der einerseits die gesellschaftlichen Entwicklungen beschreibbar macht, die dazu geführt haben, dass auch noch Erwachsene in ihren Lern- und Bildungsaktivitäten auf professionelle Unterstützung angewiesen sind. Anderseits müsste es im selben theoretischen Rahmen auch möglich sein, an den Strukturen der Erwachsenenbildungsinteraktion selbst eine Professionalisierungsbedürftigkeit aufzuweisen. Beide vorgestellten Beiträge tragen insofern etwas zur Theorie pädagogischer Professionalität in der Erwachsenenbildung bei. Sie werden aber in der vorliegenden Form der benannten doppelten Anforderung nicht gerecht.

Aufgaben zur Vertiefung

Aufgaben 

1. Welche Ursachen lassen sich dafür herausarbeiten, dass zunächst vor allem das Programmplanungshandeln und nicht das Lehren in der Erwachsenenbildung den Professionalitätsdiskurs bestimmte?
2. Skizzieren Sie kurz die zentralen Gemeinsamkeiten und Unterschiede der beiden vorgestellten Ansätze von Koring und Dewe!

3. Skizzieren Sie kurz, was mit der Bezeichnung der prekären Selbstverhältnisse gemeint ist!
4. Welche Herausforderungen ergeben sich daraus für das Handlungsfeld der Erwachsenenbildung?
5. Wie müsste aus Ihrer Sicht eine an den beiden dargestellten Ansätzen orientierte Ausbildung im Feld der Erwachsenenbildung aussehen!

4 Aktuelle Fragen

4.1 Die Entgrenzungsdebatte – Gibt es eine professionelle Zuständigkeit auch für die Begleitung des Lernens Erwachsener außerhalb von Bildungsveranstaltungen?

Breite und Vielfalt des Lernens Erwachsener

Mit dem Wechsel in das Paradigma des Lebenslangen Lernens Aller verschieben sich gegenwärtig die Koordinaten von Professionalität und Professionalisierung im Bereich des Lernens Erwachsener grundlegend. Deutlich wird diese Verschiebung erst, wenn man den Blick über das Geschehen in der organisierten, veranstaltungsförmigen Erwachsenenbildung hinaus weitet auf die Breite und Vielfalt der Formen und Kontext des Lernens im Erwachsenenalter (Dinkelaker 2018). Lernen ist eine Tätigkeit, die Erwachsene nicht nur in Veranstaltungen der Erwachsenenbildung realisieren. Gelernt wird auch andernorts, etwa durch Medien, in Museen, Betrieben und Vereinen, in biographischen Übergängen, Krisen und Aufbrüchen. In all den verschiedenen Kontexten des Lernens Erwachsener gibt es Personen, die dieses Lernen begleiten und organisieren. Angesichts dieser Entwicklung wird von einer Entgrenzung des Pädagogischen gesprochen (Kade/Lüders/Hornstein 1991; Kade/Seitter 2007). Was diese Entwicklung aus professionalisierungstheoretischer Sicht bedeutet, ist noch offen. Die Diskussion darüber beginnt gerade erst. Klar erkennbar ist bereits, dass pädagogisches Handeln zu einem Aspekt vieler – auch nicht-pädagogischer – Berufe avanciert:

> *„Erwachsenenpädagogische Rollensegmente (Coaches, Moderatoren, Anleiter, Mentoren, etc.) diffundieren zunehmend in alle gesellschaftlichen Bereiche hinein.“*
>
> Seitter 2015, S. 92

Weniger eindeutig ist dagegen, ob in allen diesen Feldern sinnvollerweise auch von pädagogischer Professionalität gesprochen werden kann:

> *„Professionstheoretisch interessant ist in diesem Kontext die Frage, ob und wie in derartigen Settings erwachsenenpädagogische Professionalität entsteht.“*
>
> Seitter 2015, S. 92

Professionalität im Modus der Selbstbeobachtung

Jochen Kade und Wolfgang Seitter haben sich in empirischen Analysen mit dem beruflichen pädagogischen Handeln von Nicht-Pädagog_innen befasst (Kade/Seitter 2007). Vor dem Hintergrund dieser Analysen formulieren sie die weitreichende These, dass sich überall dort, wo regelmäßig pädagogisch gehandelt wird und dies mit systematischer Selbstbeobachtung verbunden ist, pädagogische Professionalität entfaltet, also auch noch dort, wo hierfür kein definierter beruflicher Rahmen und keine akademische Ausbildung vorgesehen sind (Kade/Seitter 2004). Sie gehen dabei sogar so weit, auch noch die Tätigkeit des Lernens als eine Form des Handelns zu betrachten, die im Zuge der Etablierung des Lebenslangen Lernens eine Professionalisierung erfährt.

Alltäglichkeit des Lehrens und Lernens

Nicht zuletzt im Rahmen der Digitalisierung sind Lernen und Lehren zu Tätigkeiten geworden, die von jedermann ohne weitere Voraussetzungen oder Beschränkungen realisiert werden können. Als Beispiel hierfür kann die mittlerweile bereits unüberschaubar große Bibliothek von Lehr-Videos gelten, die jedem/r Nutzer_in Online über einfache Suchbefehle zugänglich sind. Diese Videos werden zu einem erheblichen Anteil von Laien hergestellt. Die Produktion und der Austausch solcher medialer Lehrangebote bedarf weder einer professionellen Programmplanung noch einer in besonderer Weise adressatengerecht aufbereiteten Lehre. Zu Fragen wäre, ob es vor diesem Hintergrund professionalitätstheoretisch sinnvoll ist, unterschiedslos alle Formen des Lehrens und Lernens im Erwachsenenalter per se als professionalisierungsbedürftig bzw. professionalisierbar zu betrachten. Oder sollten Ansprüche an Professionalität doch eher auf berufliches pädagogisches Handeln beschränkt bleiben?

Besonderheit beruflich verantworteter Bildungsangebote

Trotz – ja womöglich auch gerade wegen – der immensen Ausweitung an Möglichkeiten und Formen des Lehrens und Lernens im Erwachsenenalter jenseits der Erwachsenenbildung, sind Angebote einer organisierten und beruflich verantworteten Erwachsenenbildung keineswegs überflüssig geworden, sondern haben sogar weiter an Bedeutung gewonnen (hierzu schon Tenorth 1992). Pädagogisches Handeln wird nicht nur zu einem selbstverständlichen Anteil unterschiedlichster Berufsrollen, wie Wolfgang Seitter es betont. Auch die beruflichen Aufgabenfelder, die dezidiert und primär pädagogisch verstanden werden, gewinnen weiter an Bedeutung und sie werden vielfältiger. Eindrücklich lässt sich das an der Ausweitung pädagogischer Beratungsangebote aufzeigen. Bezogen auf verschiedenste Lebenslagen und Lebenssituationen werden mittlerweile im Kontext des Lebenslangen Lernens Beratungsangebote organisiert (vgl. Gieseke/Nittel 2016). Die in diesen neuen pädagogischen Handlungsfeldern Tätigen tauschen sich untereinander aus und verfolgen Strategien der Professionalisierung ihrer Tätigkeit, etwa indem sie sich auf gemeinsame Qualitätsstandards verständigen (Schiersmann 2015; Nationales Forum Beratung 2006). Jochen Kade und Jörg Dinkelaker vertreten die These, dass sich angesichts der Ubiquität von Aktivitäten der Wissensvermittlung die Schwerpunkte der dezidiert pädagogischen Arbeit mit Erwachsenen verschoben haben (Dinkelaker/Kade 2010). Weil die Aufgabe der Aufbereitung und Darstellung von Wissen nicht länger als besondere Aufgabe erwachsenenpädagogischer Tätigkeit gelten kann (vgl. auch Nolda 2001), tritt als Besonderheit erwachsenenpädagogischer Berufe die Frage der Begleitung der je individuellen Vorhaben und Vollzüge der Aneignung von Wissen in den Vordergrund. Unter dem Stichwort der „Neuen Lernkulturen“ (Heuer/Botzat/Meisel 2001) wird dabei insbesondere dem Beraten und dem Arrangieren von Lernsituationen eine herausgehobene Bedeutung zugemessen. So könnten sich angesichts einer sich herausbildenden Normalität des Lebenslangen Lehrens und Lernens Aller, die Aufgaben beruflich tätiger Erwachsenenbildner_innen schwerpunktmäßig auf die Herstellung der Bedingungen eines gelingenden eigenständigen Lehrens und Lernens Erwachsener verlagern. Pädagogische Professionalität ergibt sich damit nicht länger aus der exklusiven Zuständigkeit für Fragen des Lehrens und Lernens, sondern vielmehr aus dem Auftrag einer unterstützenden, professionellen Begleitung lehrender und lernender Erwachsener, etwa analog der Figur des Pastors in den protestantischen Kirchen im Kontext des Priestertums aller Gläubigen.

Welche Bedeutung dem beruflichen Handeln letztlich im Feld des Lernens Erwachsener zukommen wird, und welche Verhältnisse zum alltäglichen Lehr- und Lernhandeln Erwachsener sich daraus ergeben, wird letztlich eine empirisch zu beantwortende Frage sein. In diesem Zusammenhang bedeutsam sind nicht zuletzt auch neuere Untersuchungen zur pädagogischen Berufsgruppenforschung, die es vermeiden, angesichts des Wandels der Felder des Lernens Erwachsener von vorherein von „Professionalisierung“ oder von „Professionalität“ zu sprechen (vgl. Nittel/Schütz/Tippelt 2014). Vielmehr werden in ihnen die mit diesen Begriffen verbundenen Vorerwartungen zunächst eingeklammert, um in Beobachtungen der konkreten Situation der pädagogischen Handelnden nach den Strukturen der „Sozialen Welten pädagogisch Tätiger“ (Nittel 2011) zu fragen.

4.2 Autonomieermöglichung – Bringt die berufsförmige Begleitung des Lernens Erwachsener eine Infragestellung oder eine Stärkung des Erwachsenenstatus mit sich?

Wie eingangs bereits erwähnt, steht eine pädagogische Adressierung Erwachsener in einem gewissen Widerspruch zur Vorstellung, Erwachsene seien reife, selbständige und mündige Personen (vgl. Dinkelaker 2018, S. 25ff). Wer mündig und reif ist, muss nicht mehr von anderen erzogen werden, sondern hat nun vielmehr die Aufgabe, seine – gegebenenfalls weiterhin notwendige (!) – (Selbst-)Erziehung in die eigene Hand zu nehmen. Die sich seit den 1970er-Jahren ungebrochen fortsetzende Expansion pädagogischer Angebote für Erwachsene stellt diesen Status Erwachsener als sich eigenständig bildende Personen in Frage. So konstatiert Wolfgang Seitter vor dem Hintergrund der Analyse historischer Entwicklungen im Bereich des Lernens Erwachsener:

> *„Die veränderte Sichtweise auf den Erwachsenen umfaßt nicht nur Potentiale der Entwicklungsfähigkeit und Lernfähigkeit, sondern hat als weitere Konsequenz, daß es auch innerhalb der Erwachsenenbildung zu einer zunehmenden Generalisierung der Lernerrolle als Schülerrolle kommt."*
>
> Seitter 2001, 88

Wenn ***Erwachsene wie Schüler behandelt*** werden, lässt sich kein Unterschied mehr zwischen der Adressierung selbstbestimmt lernender Erwachsener und der durch Teilnahmezwang und Hierarchie geprägten Adressierungsstruktur des schulischen Unterrichts ausmachen. Lernziele werden vorab definiert, zu erwerbende Qualifikationen werden geprüft, bescheinigt und bei der Besetzung beruflicher Positionen bewertet. Die Erwartung, Erwachsene könnten über ihre eigene Entwicklung frei und auf der Grundlage ihrer je eigenen Vorstellungen entscheiden, gerät ins Wanken. Gerade der Erfolg der flächendeckenden Bemühungen, Bildungsangebote möglichst für jeden, jederzeit und überall bereitzustellen, scheint so an vielen Stellen in Abhängigkeitsverhältnisse umzuschlagen. In einer Gesellschaft, in der ständig neues Wissen entsteht und bestehendes Wissen veraltet, droht eine Erosion der Erwartung, Erwachsene seien eigenständig urteilsfähig.

Doch auch noch im Appell an Erwachsene ***selbstbestimmt zu lernen*** entfalten sich neue Zwangsverhältnisse. Ludwig Pongratz spitzt dies folgendermaßen zu:

> *„Menschen sollen wollen, was sie müssen; sie sollen den Zwang zum lebenslangen Lernen so weit verinnerlichen, daß er ihnen zur zweiten Natur wird."*
>
> Pongratz 2008, S. 169

In dieser eigentümlichen Appellstruktur des lebenslangen Lernens scheint der Status des selbstbestimmten Erwachsenen kompatibel mit der Erwartung, Lernbedarfen gerecht zu werden, die von anderen als gesellschaftlich – insbesondere volkswirtschaftlich – unumgänglich erkannt wurden. Pongratz kritisiert, dass eine geschickte professionelle Begleitung des Lernens Erwachsener häufig gerade darauf abzielt, dass Erwachsene von sich aus erkennen, was sie ohnehin lernen müssen, so dass sie dann möglichst eigenständig diesen Lernbedarfen gerecht werden können. Dieses vermeintlich selbstbestimmte Lernen hat sich am Wissen von Expert_innen, an den Anforderungen des (Arbeits-)Marktes und den Notwendigkeiten der Organisation sozialstaatlicher Maßnahmen zu orientieren. Selbstbestimmtes Lernen Erwachsener wird so zu einem Instrument der Regierung von Selbstregierungen (vgl. auch Wrana 2006), zumal organisierte Bildungs- und Beratungsangebote gegenüber Erwachsenen eben nie nur im Interesse der Adressat_innen, sondern notwendig immer auch im Interesse der Institutionen und ihrer Fördermittelgeber realisiert werden (vgl. Gieseke 2016). Aus einer solchen Sichtweise erscheint die zunehmende Begleitung von Lern- und Bildungsprozessen Erwachsener durch beruflich dafür verantwortliche Personen eher als eine Infragestellung des Erwachsenenstatus.

Dass sich die widersprüchliche Erwartung durchsetzen konnte, dass Erwachsene einerseits über ihr Lernen selbst bestimmen, sich dabei andererseits von Expert_innen anleiten lassen sollen, hat maßgeblich mit der Erwartung einer rationalen und wissensbasierten Lebensführung zu tun. Angesichts der Explosion organisierter Beratungsangebote konstatieren die Soziolog_innen Jürgen Eiben, Elisabeth Krekel und Heinz-Jürgen Sauerwein:

> *„Sich professionellen Helfern oder Wissensexperten anzuvertrauen, gilt heute als Hinweis auf einen instrumentell rationalen und ‚vernünftigen' Umgang mit eigenen Ressourcen."*
>
> Eiben/Krekel/Saurwein 1996, 224

Gerade weil von Erwachsenen erwartet wird, dass sie sich vernünftig und rational verhalten, kann von ihnen auch erwartet werden, dass sie sich in Fragen, die ihren Kenntnisstand überschreiten, an Expert_innen wenden, die sie bei der Erwägung und Begründung von Lebensentscheidungen unterstützen. Wollen sie dem Anspruch einer mündigen Lebensführung gerecht werden, müssen sie sich von der Unterstützung und vom Wissen Anderer abhängig machen. Das in der Aufklärung geprägt Ideal des vernünftigen Erwachsenen birgt damit einen unauflösbaren Widerspruch in sich. Will man an der Idee des mündigen Erwachsenen – und damit am Ideal einer Gesellschaft der Aufklärung – festhalten, so kann dieser Widerspruch nicht auf eine Seite hin aufgelöst werden. Es ist vernünftig, eigenständig zu urteilen, *und* man muss sich in seinen Urteilen vernünftigerweise an Wissen orientieren, dessen Begründung und Generierung man im Einzelnen gar nicht eigenständig nachvollziehen kann. Die Erwartung an eine verantwortliche Selbstbildung Erwachsener in der Moderne verwickelt sich so in paradoxe Widersprüche, mit denen es jede_r Erwachsene notwendig zu tun bekommt (vgl. Dinkelaker 2020).

Der Umgang mit den Widersprüchen des Erwachsen-Seins in der Moderne ist eine ausgesprochen anspruchsvolle und unabschließbare Aufgabe. Angesichts dieser widersprüchlichen Anforderungen des Lernens Erwachsener wäre es trotz der unvermeidbaren Gefahren für den Erwachsenenstatus, die mit einer beruflich organisierten Begleitung des Lernens Erwachsener verbunden sind, dennoch ausgesprochen fragwürdig, auf eine qualifizierte Unterstützung Erwachsener bei ihren Bemühungen um eine verantwortliche Gestaltung des eigenen Lernens zu verzichten. Schließlich sind Erwachsene mit den Widersprüchen des Erwachsenenlernens und des Erwachsenenlebens auch konfrontiert, wo sie keine professionelle pädagogische Begleitung erfahren.

Was wäre nötig, um Erwachsene im Umgang mit dem prekären Status des Erwachsen-Seins durch organisierte, pädagogische Angebote zu stärken? Eine Möglichkeit bestünde darin, die berufliche Aufgabe der Unterstützung von Bildungsprozessen Erwachsener unmittelbar an den Zweck zu binden, Erwachsenheit zu ermöglichen. Erwachsenenpädagogische Professionalität würde dann die fundierte wissenschaftlichen Reflexion der Widersprüche des Erwachsen-Seins voraussetzen. Wenn erwachsenenpädagogische Professionalität ihrem Anspruch einer verantwortlichen Unterstützung des Lernens Erwachsener gerecht werden will, müsste sie dabei auch noch die Widersprüche aufgreifen und bearbeiten, die sich aus ihrer eigenen, notwendig ambivalenten gesellschaftlichen Verortung ergeben.

4.3 Professionalität ohne Profession – selbstverantwortete Beruflichkeit als Bedingung gelingenden pädagogischen Handelns?

Fortbestehen berufspolitischer Problemlagen

Auch wenn – oder vielmehr gerade weil – die zukünftigen Entwicklungen des Berufsfelds der Erwachsenenbildung nur bedingt vorhersehbar und planbar sind, ist der Umgang mit diesen Entwicklungen ein Gegenstand politischer Auseinandersetzungen. Die dominanten Positionen haben sich im historischen Verlauf der Diskussion mehrfach gewandelt. Die Abkehr vom Ziel der Errichtung einer erwachsenenpädagogischen Profession nach dem Vorbild der klassischen Professionen und die Zuwendung zu einer Analyse der spezifischen Anforderungen einer Professionalität des beruflichen Handelns war für eine Fokussierung der Diskussion auf die spezifischen Erfordernisse dieses Feldes zweifellos sinnvoll. Zugleich rückte damit aber auch die Frage in den Hintergrund, inwiefern es – auch jenseits des Ziels der Etablierung einer Profession – spezifischer institutioneller und berufsständischer Bedingungen bedarf, damit die formulierten Anforderungen an pädagogische Professionalität auch eingelöst werden können. Eine Fokussierung allein auf die Ausbildung der beruflich in diesem Feld Tätigen wird dieser Frage nur bedingt gerecht, weil es eben gerade auch die rechtlichen, ökonomischen, organisatorischen und berufsständischen Bedingungen sind, unter denen sich Professionalität entfalten kann (oder eben auch nicht). Der Gedanke einer „Professionalität ohne Profession" (Otto 1997) ist insofern durchaus zweischneidig. Er betont einerseits die Qualitäten beruflichen Handelns auch dort, wo von „Profession" im klassischen Sinn nicht gesprochen werden kann. Mit ihm bleibt zugleich aber auch die Frage nach dem gesellschaftlichen Rahmen offen, in dem sich erwachsenenpädagogische Professionalität entfalten kann (oder uneingelöst bleiben muss). Um diese faktischen Bedingungen für erwachsenenpädagogische Professionalität scheint es nicht allzu gut bestellt zu sein:

> *„Die kaum realisierte Professionalisierung hat in den 90er Jahren dazu geführt, daß die Träger der Erwachsenenbildung der ordnungspolitischen Grundsatzdebatte und der Forderung nach ‚mehr Markt in der Weiterbildung' wenig entgegenzusetzen hatten. Der niedrige Sockel von Hauptberuflichkeit wird überschwemmt von einer Welle von Stellenanzeigen, welche nach Teamern, Dozenten und Coachs suchen. Spätestens an dieser Stelle wird deutlich, daß Professionalisierung in der Erwachsenenbildung Voraussetzung dafür ist, die Chancen für Bildung – durchaus im emphatischen Sinne – zu erhalten"*
>
> Faulstich 1996, S. 61–62

Als eine zentrale Beeinträchtigung einer Entfaltung pädagogischer Professionalität wird – nicht nur in diesem Zitat – die wachsende Bedeutung ökonomischer Rationalitäten bei der Gestaltung und Durchführung von Veranstaltungen der Erwachsenenbildung hervorgehoben. Inwiefern und wie es angesichts der Enaktierung einer managerialen Logik (Harney 2002) gelingt (bzw. gelingen kann), pädagogische Rationalitäten für die verantwortliche Gestaltung von Bildungsangeboten in Anschlag zu bringen, erweist sich als eine zwar von Institution zu Institution unterschiedlich gelagerte (Nuissl/von Rein/Dollhausen 2011), aber dennoch durchgängig bedeutsame Problematik.

Ansätze zur Stärkung erwachsenenpädagogischer Professionalität

Eine die lokalen Zusammenhänge übergreifende berufsständische Diskussion findet zwar durchaus statt, etwa im „Berufsverband der Erziehungswissenschaftlerinnen und Erziehungswissenschaftler" (BV-Päd) oder in der Gewerkschaft für Erziehung und Wissenschaft (GEW). Die politische Durchsetzungskraft der dort formulierten Überlegungen ist allerdings eher schwach. Wie es zu einer Stärkung der berufsständischen Position der beruflich tätigen Erwachsenenbildner_innen kommen könnte, dazu gibt es unterschiedliche Vorstellungen.

Ein Ansatz wird in der weiteren konzeptionellen Verständigung darüber gesehen, was erwachsenenpädagogische Professionalität ausmacht:

> *„Wären wir uns erwachsenenpädagogischer Professionalität gewiss, dann könnte das, was gegenwärtig unter dem Stichwort ‚Qualität der Weiterbildung' diskutiert wird, nicht die zu beobachtende Unruhe erzeugen. Denn in den viel zitierten ISO-Normen 9000ff. werden Verfahrensvorschläge unterbreitet, die in etablierten Einrichtungen der Erwachsenenbildung zur kaum noch thematisierten Routine gehören dürften."*
>
> Wittpoth 1997, S. 63

Während Jürgen Wittpoth in diesem Zitat eine selbstbewusstere Einstellung gegenüber den vorhandenen Leistungen und Standards des beruflichen Handelns fordert und hierfür die Klärung des Konzepts erwachsenenpädagogischer Professionalität als Voraussetzung ansieht, betont Dieter Nittel eine Abhängigkeit der Entwicklung dieses Berufsfelds von gesellschaftlichen Bedingungen, die kaum von den „Professionellen" selbst ausgestaltet werden können. Ob es zu einer Professionalisierung des Berufsfelds der Erwachsenbildung kommen wird, macht Nittel von drei Bedingungen abhängig:

„ob mittel- und langfristig das lebenslange Lernen im Medium organisierter Vermittlungsprozesse den Rang eines zentralen gesellschaftlichen Wertes annehmen wird, zweitens, ob der Bedarf nach organisierter Bildung im Zuge der Entwicklung in Richtung ‚Wissensgesellschaft' tatsächlich weiter wächst, und drittens, ob für die Befriedigung des denkbaren Bedarfs ein ganz bestimmtes berufliches Arbeitsbündnis bestehen muss."

Nittel 2011, S. 49

Umgang mit der Unverfügbarkeit der Bedingungen des eigenen beruflichen Handelns

Die von Dieter Nittel genannten Bedingungen ergeben sich aus gesellschaftlichen Entwicklungen, auf die zwar durch Erwachsenenbildner_innen durchaus ein Stück weit Einfluss genommen werden kann, die aber sicherlich nicht von ihnen kontrolliert werden können. Diese zunächst ernüchternde Betrachtung der Möglichkeiten einer Professionalisierung des Feldes lässt sich allerdings durchaus professionalisierungspolitisch wenden. Wer eine Stärkung des Berufsstands anstrebt, erhält durch sie Anregungen, wo anzusetzen wäre. Zu klären wäre die Frage nach dem gesellschaftlichen Wert der Begleitung von Lernen und Aneignungsaktivitäten auch noch im Erwachsenenalter. Zu klären wären die sich daraus ergebenden Bedarfe organisierter pädagogischer Angebote und die damit verbundenen Arbeitsweisen und Adressatenverständnisse. Zu klären wären schließlich die Grundlagen für ein pädagogisches Arbeitsbündnis zwischen Erwachsenenpädagog_innen und erwachsenen Lerner_innen. Diese Fragen zum Gegenstand der berufsinternen Verständigung, ggf. auch gezielter professionspolitischer Aktivitäten zu machen, wäre eine Form des aktiven Umgangs mit der Unverfügbarkeit des der Erwachsenenbildung von der Gesellschaft zugeschriebenen Mandats und der ihr überantworteten Lizenz. Die Frage nach der Ausgestaltung der Handlungsbedingungen würde dadurch selbst noch zu einem Moment erwachsenenpädagogischer Professionalität.

Die Unverfügbarkeit des Gelingens des eigenen Tuns ergibt sich allerdings nicht allein aus seinem gesellschaftlichen Bedingtsein, sondern immer auch und insbesondere aus dem Bezogen-Sein auf die je konkreten, eigensinnigen Adressat_innen des pädagogischen Handelns, wie Wolfgang Seitter betont:

„Die Reflexion über die Grenzen des eigenen Tuns, die Einsicht in die Unverfügbarkeit von Bildung und damit verbunden der Respekt und die Würdigung von professionsdistanten, eigensinnigen, ‚randständigen' Formen des Lernens sind daher auch – und immer wieder neu – bedeutsame Selbstverständigungsaufgaben für erwachsenenpädagogische Professionalität."

Seitter 2015, S. 92

? Aufgaben

Aufgaben zur Vertiefung

1. Nennen Sie einige Beispiele dafür, wie erwachsenenbildnerisches Handeln in ganz unterschiedliche Berufe hineindiffundiert! Was folgt daraus für die Erwachsenenbildung als Berufsfeld?
2. Warum spricht etwa Otto (1996) im Kontext der Erwachsenenbildung von einer „Professionalität ohne Profession"?
3. Was würden Sie selbst als zentrale Herausforderungen der Erwachsenenbildung vor dem Hintergrund aktueller gesellschaftlicher Entwicklungen herausstellen?

5 Über- und Ausblick: Warum sich Fragen der Professionalisierung und der Professionalität in der Erwachsenenbildung in spezifischer Weise stellen

Zu Beginn dieser Ausführungen wurden zwei Gründe genannt, warum sich Fragen der Professionalisierung und der Professionalität in der Erwachsenenbildung in anderer Weise stellen als in anderen pädagogischen Handlungsfeldern. Als erster Grund wurde angeführt, dass die Frage der Professionalisierung des Feldes sich historisch erst sehr spät gestellt hat und lange Zeit nur im unmittelbaren Zusammenhang mit Fragen der Systematisierung und Ausweitung öffentlich verantworteter Erwachsenenbildung diskutiert wurde. Als zweiter Grund wurde der Umstand genannt, dass in diesem Feld Erwachsene adressiert werden, woraus sich die Frage ergibt, inwiefern gegenüber diesen Adressat_innen überhaupt von einem professionalisierungsbedürftigen pädagogischen Handeln gesprochen werden kann und wenn ja, in welcher Weise. Nachdem nun im weiteren Verlauf die Diskussionslinien um Professionalisierung und Professionalität in der Erwachsenenbildung im Einzelnen vorgestellt wurden, kann abschließend noch einmal die Frage diskutiert werden, wie sich in diesen Diskussionslinien die genannten Besonderheiten des Feldes widerspiegeln. Bevor ich Ihnen einige abschließende Gedanken dazu darlegen werde, möchte ich Sie allerdings als Leserin und Leser bitten, Ihre Lektüre für einen Moment zu unterbrechen und sich zunächst eigene Gedanken zu machen:

Aufgabe

Aufgabe 

Inwiefern lassen sich die Besonderheiten der Diskussion über Professionalisierung und Professionalität in der Erwachsenenbildung auf Besonderheiten der Erwachsenenbildung als einem Handlungsfeld der Pädagogik zurückführen?
Bitte legen Sie den Text beiseite und versuchen Sie, Ihre Antwort auf diese Frage schriftlich zu formulieren.

Die nun folgenden Ausführungen, in denen ebenfalls eine Antwort auf die oben formulierte Frage gegeben wird, stellen eine pointierte und verkürzte Interpretation des fraglichen Zusammenhangs dar. Sollten sich die von Ihnen formulierten Überlegungen hiermit nicht decken, muss dies keineswegs bedeuten, dass Sie darin falsch liegen. Verstehen Sie daher bitte, wenn Sie nun weiterlesen, das Geschriebene als Anregung zur Weiterentwicklung Ihres eigenen Verständnisses und keineswegs als Formulierung eines korrigierend-prüfenden Erwartungshorizonts:

Herausgehobene Bedeutung der Programmplanung

Eingehen möchte ich zum einen auf die ***besondere Bedeutung der Programmplanung*** im Zusammenhang erwachsenenpädagogischer Professionalität. Ihre besondere Bedeutung lässt sich sowohl historisch als auch systematisch begründen. Historisch lässt sich die Priorität der Diskussion für das Programmplanungshandeln darauf zurückführen, dass die Frage der Professionalisierung des Feldes zeitgleich mit der Frage nach der Etablierung eines systematischen und flächendeckenden Angebots einsetzt. Damit rückt als zu bearbeitendes Problem die Planung in den Vordergrund. Wo keine Angebote gemacht werden können, stellt sich auch die Frage nach ihrer gehaltvollen Durchführung nicht. Dies erklärt zwar, warum in den 1960er- und 1970er-Jahren Fragen der Organisation und Planung im Vordergrund standen. Es erklärt aber noch nicht, warum diese als Fragen einer pädagogischen (!) Professionalität diskutiert wurden. Um dies zu erklären, muss darüber hinaus auf die systematische Bedeutung der Programmplanung im pädagogischen Feld der Erwachsenenbildung eingegangen werden. Anders als in der Schule, in der die Frage der Beteiligung am Unterricht – oder besser: der Anwesenheit im Unterricht – bereits durch die allgemeine Schulpflicht gelöst ist, muss in der Erwachsenenbildung aufgrund der Freiwilligkeit der Teilnahme ein Verhältnis zwischen Adressat_innen, Themen und Lehrenden immer wieder neu gestiftet werden, ohne dass die potentiellen Beteiligten sich kennen würden, so dass sie in der Regel auch nicht in Austausch zueinander treten können. Im Programmplanungshandeln müssen immer wieder neue Möglichkeiten gesucht und gefunden werden, solche (häufig auf Freiwilligkeit basierenden) Verhältnisse zu etablieren. Fragen der Angebotsplanung und Angebotsausweitung gehen damit nicht nur historisch der Bearbeitung von Problemen der Angebotsdurchführung voraus. Da sie immer wieder neu zu bearbeiten sind, bleibt diese Aufgabe auch nach der beispiellosen Expansion, die die Erwachsenenbildung in den letzten 50 Jahren erfahren hat, weiter die zentrale Herausforderung, vor der die Erwachsenenbildung steht. Die in vielen Fällen unterstellte Freiwilligkeit der Teilnahme steht wiederum im unmittelbaren Zusammenhang mit dem

Status der Adressat_innen als Erwachsene. Während sich die Schulpflicht über die Erziehungsbedürftigkeit von Kindern und Jugendlichen begründen lässt, folgt aus der Annahme einer Mündigkeit Erwachsener gerade das pädagogische Verbot, Erwachsene zur Teilnahme an pädagogischen Angeboten zu verpflichten. Wo Bildung Erwachsener organisiert wird, muss dies als Ausdruck einer Entscheidung auch der Teilnehmenden erscheinen. Nicht zuletzt aus dieser Anforderung resultiert eine Professionalisierungsbedürftigkeit der Programmplanung.

Veränderte Situation des Lehrens

Auch der Stand und die Richtung der Diskussion um die **Professionalität des Lehrens** in der Erwachsenenbildung lässt sich sowohl auf historische als auch auf systematische Gründe zurückführen. Das historische Argument erscheint zunächst als Spiegelung dessen, was oben schon ausgeführt wurde: erst musste die Planung des Angebots sichergestellt werden, bevor man sich Fragen der Professionalisierung der Durchführung des Angebots zuwenden konnte. Irritiert wird dies allerdings durch den Umstand, dass die neueren Diskussionen zur Professionalisierung des Lehrens in der Erwachsenenbildung im Europäischen Rahmen entstanden sind und insofern in einem anderen Denkzusammenhang stehen. Nicht länger die Expansion des Weiterbildungsangebots, sondern vielmehr die Durchsetzung einer Strategie des „Lebenslangen Lernens Aller" steht hier im Vordergrund. Das zentrale Problem, das hier verhandelt wird, ist nicht mehr die Frage nach der verantwortlichen pädagogischen Gestaltung der Lehre, sondern nach einer verlässlichen Qualität der lernbezogenen Angebote, die als eine Dienstleistung für die nachfragenden Teilnehmer_innen interpretiert werden. Die Verantwortung für die Gestaltung des Lernens verbleibt in diesem Verständnis bei denjenigen, die die Dienstleistung nachfragen, also bei den Lernenden. Konsequent weitergeführt, ließe sich aus einem solchen Verständnis die Annahme ableiten, dass es im Feld des Lernens Erwachsener eigentlich keiner Professionalität des Lehrens bedürfte. Das Thema der Professionalisierung des Lehrens wäre eher eine Frage der Qualität als eine der Professionalität. Gerade weil es sich bei den Adressat_innen in diesem Feld um Erwachsene handelt, wäre im Rahmen der Durchführung von Veranstaltungen Professionalität im engeren Sinne gar nicht gefragt. Erwachsene Kund_innen können selbständig Bildungsangebote nutzen, sofern deren Qualität nur ausreichend durch Zertifizierungen sichergestellt wird. Explizit diskutiert wurde die Frage der Professionalisierungsbedürftigkeit im Rahmen der professionalitätstheoretischen Wende der Professionalisierungsdiskussion der 1980er-Jahre, etwa in den Konzepten von Bernhard Koring und Bernd Dewe. Sie kommen zu dem Schluss, dass durchaus eine Professionalisierungsbedürftigkeit des Lehrens gegenüber Erwachsenen besteht, diese sich allerdings historisch erst neu entwickelt hat. Der beschleunigte Wandel gesellschaftlicher Verhältnisse, insbesondere die ständige Umwälzung und Expansion des gesellschaftlich zugänglichen Wissens habe dazu geführt, dass auch die Selbstverhältnisse Erwachsener nicht länger als stabil und in stetiger Fortsetzung begriffen werden können, sondern Übergänge und Krisen lebenslang zu bearbeiten sind. Fragen des Umgangs mit der unaufhebbaren Differenz zwischen wissenschaftlichem Wissen und Alltagswissen stellten sich ständig immer wieder neu. Auch erwachsene Lernende bedürften einer professionellen Hilfe bei der Realisierung der hierfür notwendig werdenden Reflexions- und Übersetzungsleistungen. Folgt man dieser Perspektive, wäre auch gegenüber Erwachsenen ein pädagogisch verantwortetes Angebot nach dem Muster einer professionellen Hilfe (und nicht nach dem Muster einer angebotenen Dienstleistung) zu realisieren. Fragen des Verhältnisses zwischen Erwachsen-Sein und der Inanspruchnahme pädagogischer Angebote müssten entsprechend anders gestellt werden.

Historischer Wandel von Erwachsenenverständnissen

Während im Konzept des Lebenslangen Lernens Erwachsener als selbständig handlungsfähige Nachfrager von Lehrdienstleistungen konzipiert werden, stellen die professionalisierungstheoretischen Konzepte Dewes und Korings die prinzipielle Notwendigkeit einer professionellen Unterstützung auch des Lernens Erwachsener heraus. Die Klärung der Frage, wie eine „Professionalisierung" des Lehrens angemessen realisiert werden kann, wird nicht zuletzt davon abhängen, welche Verständnisse von Lernen und von Erwachsenheit in der noch jungen Diskussion Plausibilität beanspruchen und welche sich durchsetzen können. Hierin zeigt sich eine grundsätzliche Verschränkung des historischen und des systematischen Blicks auf Erwachsenenbildung. Was unter Erwachsenenbildung verstanden werden kann und welche Rolle die Figur des Erwachsenen in diesem Zusammenhang spielt, das steht selbst nicht fest, sondern ist Gegenstand von gesellschaftlichen Auseinandersetzungen, die sich im historischen Verlauf verändern (Dinkelaker 2018, 2020). Nicht zuletzt die Expansion professionalisierter Erwachsenenbildung seit den 1960er-Jahren hat eine Veränderung des Erwachsenenverständnisses nach sich gezogen. Auch die internationale Durchsetzung der Figur des Lebenslangen Lernens Aller lässt sich erst aus diesen Entwicklungen heraus verstehen. An die Stelle der freiwilligen Selbstbildung tritt in ihr zunehmend die – immer auch ökonomisch begründete – Notwendigkeit zum Weiterlernen, wobei die zugeschriebene Verantwortung für das eigene (Nicht-)Lernen und die damit verbundenen Konsequenzen durchaus auch als Verpflichtung wahrgenommen werden können. In den Diskussionen zur Professionalisierung erwachsenenpädagogischer Tätigkeiten werden insofern auch Fragen der gesellschaftlichen Transformation des Erwachsen-Seins und des Lernens diskutiert. Diese Diskussion ist in vollem Gang und der Ausgang ist offen. Will man nicht hinter den mittlerweile breiten Erfahrungsstand des Berufsstands der Erwachsenenbildung zurückfallen, gilt es in ihr insbesondere auch die theoretischen Modelle zu berücksichtigen, die in den letzten fünf Jahrzehnten in Auseinandersetzung mit den Entwicklungen des Handlungsfeldes entstanden sind.

6 Literatur

Bernhardsson, Nils/Lattke, Susanne (2011): Core Competencies of Adult Learning Facilitators in Europe Findings from a Transnational Delphi Survey Conducted by the "Project Qualified to Teach". URL: http://asemlllhub.org/fileadmin/www.dpu.dk/ASEM/events/RN3/QF2TEACH_Transnational_Report_final_1_.pdf [letzter Zugriff: 02.10.2017].

Deutscher Bildungsrat (1970). Strukturplan für das Bildungswesen. Bonn.

Dewe, Bernd (1996): Das Professionswissen von Weiterbildnern: Klientenbezug – Fachbezug. In: Combe, Arno/Helsper, Werner (Hrsg.): Pädagogische Professionalität. Untersuchungen zum Typus pädagogischen Handelns. Frankfurt a. M.: Suhrkamp, S. 714–757.

Dinkelaker, Jörg (2015): Varianten der Einbindung von Aufmerksamkeit. In: Reh, Sabine/Berdelmann, Kathrin/Dinkelaker, Jörg (Hrsg.): Aufmerksamkeit. Geschichte, Theorie, Empirie. Wiesbaden: Springer VS, S. 241–266.

Dinkelaker, Jörg (2018): Lernen Erwachsener. Reihe: Grundrisse der Erziehungswissenschaft. Stuttgart: Kohlhammer.

Dinkelaker, Jörg (2020): Erzogenenbildung. Varianten der Adressierung Erwachsener im Horizont ihrer pädagogischen Vergangenheit. In: Napoles, J. N./Schemman, M./Zirfas, J. (Hrsg.): Erwachsene. Dokumentation der Jahrestagung der Kommission Pädagogische Anthropologie der DGfE 2019. Weinheim: BeltzJuventa.

Dinkelaker, Jörg/Ebner von Eschenbach, Malte/Kondratjuk, Maria (2020): Ver-Mittlung und Über-Setzung? Eine vergleichende Analyse von Relationsbestimmungen in erziehungswissenschaftlichen Konzepten des Wissenstransfers. In: Ballod, M. (i.V.): Transfer und Transformation. Frankfurt/M. Peter Lang.

Dinkelaker, Jörg/Hippel, Aiga von (2015): 32 Grundbegriffe: Zugänge zur Erwachsenenbildung und zum Lernen Erwachsener – eine Einleitung mit Nutzungshinweisen. In: Dinkelaker, Jörg/Hippel, Aiga von (Hrsg.): Erwachsenenbildung in Grundbegriffen. Stuttgart: Kohlhammer, S. 9–24.

Dinkelaker, Jörg/Kade, Jochen (2010): Wissensvermittlung und Aneignungsorientierung. Antworten der Erwachsenenbildung/Weiterbildung auf den gesellschaftlichen Wandel des Umgangs mit Wissen und Nicht-

Wissen. In: Report. Literatur- und Forschungsreport Erwachsenenbildung 34 (2), S. 24–34.

Dinkelaker, Jörg/Kraus, Katrin (2012): Didaktik – erwachsenengerecht und innovativ? In: EP – Education Permanent. Schweizerische Zeitschrift für Erwachsenenbildung (3), S. 4–7.

Egetenmeyer, Regina/Schüßler, Ingeborg (2012): Aktuelle Professionalisierungsansätze in der Erwachsenenbildung – bildungspolitische Einordnung und professionalitätsbezogene Systematik. In: Sgier, Irena/Latke, Susanne (Hrsg.): Professionalisierungsstrategien der Erwachsenenbildung in Europa. Entwicklungen und Ergebnisse aus Forschungsprojekten. Bielefeld: Bertelsmann Verlag, S. 17–34.

Eiben, Jürgen/Krekel, Elisabeth M./Saurwein, Karl-Heinz (1996): Soziologische Beratung im Alltag: einleitende Bemerkungen. In: Sozialwissenschaften und Berufspraxis 19 (3), S. 223–241.

Engel, Nicolas (2016): Die Übersetzung des Pädagogischen. Geistes- und kulturwissenschaftliche Perspektiven empirischer Erkenntnisgenerierung. In: Meseth, Wolfgang/Dinkelaker, Jörg/Neumann, Sascha/Rabenstein, Kerstin/Dörner, Olaf/Hummrich, Merle/Kunze, Katharina (Hrsg.): Empirie des Pädagogischen und Empirie der Erziehungswissenschaft. Beobachtungen erziehungswissenschaftlicher Forschung. Bad Heilbrunn: Julius Klinkhardt, S. 253–263.

Faulstich, Peter (1996): Höchstens ansatzweise Professionalisierung. Zur Lage des Personals in der Erwachsenenbildung. In: Böttcher, Wolfgang (Hrsg.): Die Bildungsarbeiter. Situation, Selbstbild, Fremdbild. Weinheim/München: Juventa, S. 50–81.

Fuhr, Thomas u. a. (2015): Lehren. In: Dinkelaker, Jörg/Hippel, Aiga von (Hrsg), Erwachsenenbildung in Grundbegriffen. Stuttgart: Kohlhammer, S. 9–24.

Gieseke, Wiltrud (1988): Professionalität und Professionalisierung. Bad Heilbrunn: Julius Klinkhardt.

Gieseke, Wiltrud (2003): Programmplanungshandeln als Angleichungshandeln. In: Gieseke, Wiltrud (Hrsg.): Institutionelle Innensichten der Weiterbildung. Bielefeld: Bertelsmann, S. 189–211.

Gieseke, Wiltrud (2016): Beratung über die Lebensspanne: Zwischen Steuerung, neuen Optionen und Erweiterung von Autonomiespielräumen – Wechselwirkungen. In: Gieseke, Willtrud/Nittel, Dieter (Hrsg.): Handbuch Pädagogische Beratung über die Lebensspanne. Weinheim/München: Beltz Juventa, S. 31–41.

Gieseke, Willtrud/Nittel, Dieter (Hrsg.) (2016): Handbuch Pädagogische Beratung über die Lebensspanne. Wein-heim/München: Beltz Juventa.

Griese, Hartmut (Hrsg.) (1979): Sozialisation im Erwachsenenalter. Weinheim/Basel: Beltz.

Harney, Klaus (2002): Weiterbildung aus der Sicht des Bildungsmanagements. In: Hessische Blätter Für Volksbildung 52 (2), S. 125–136.

Harney, Klaus/Jütting, Dieter/Koring, Bernhard (Hrsg.) (1988): Professionalisierung der Erwachsenenbildung. Fallstudien – Materialien – Forschungsstrategien. Frankfurt a. M.: Peter Lang.

Helsper, Werner (2002): Lehrerprofessionalität als antinomische Handlungsstruktur. In: Kraul, Margret/Marotzki, Winfried/Schweppe, Cornelia (Hrsg.): Biographie und Profession. Bad Heilbrunn: Klinkhardt, S. 64–102.

Helsper, W. (2021). Professionalität und Professionalisierung pädagogischen Handelns: Eine Einführung. Opladen: Barbara Budrich, UTB.

Heuer, Ulrike/Botzat, Tatjana/Meisel, Klaus (2001): Neue Lehr- und Lernkulturen in der Weiterbildung. Bielefeld: Bertelsmann.

Hippel, Aiga von (2011): Programmplanungshandeln im Spannungsfeld heterogener Erwartungen. Ein Ansatz zur Differenzierung von Widerspruchskonstellationen und professionellen Antinomien. In: REPORT – Zeitschrift für Weiterbildungsforschung 34, S. 45–57.

Hörster, Reinhard (2003): Fallverstehen. Zur Entwicklung kasuistischer Produktivität in der Sozialpädagogik. In: Helsper, Werner/Hörster, Rainhard/Kade, Jochen (Hrsg.): Ungewissheit. Pädagogische Felder im Modernisierungsprozess. Weilerswist: Velbrück Wissenschaft, S. 318–344.

Kommission der europäischen Gemeinschaften (2000): Memorandum über Lebenslanges Lernen. URL: http://www.die-bonn.de/id/745 [letzter Zugriff: 02.10.2017].

Kade, Jochen (1997): Vermittelbar/nicht-vermittelbar: Vermitteln: Aneignen. Im Prozeß der Systembildung des Pädagogischen. In: Lenzen, Dieter/Luhmann, Niklas (Hrsg.): Bildung und Weiterbildung im Erziehungssystem. Lebenslauf und Humanontogenese als Medium und Form. Frankfurt a. M.: Suhrkamp, S. 30–80.

Kade, Jochen/Lüders, Christian/Hornstein, Walter (1991): Die Gegenwart des Pädagogischen – Fallstudien zur Allgemeinheit der Bildungsgesellschaft. In: Oelkers, Jürgen/Tenorth, Heinz-Elmar (Hrsg.): Pädagogisches Wissen. Weinheim und Basel: Beltz, S. 39–65.

Kade, Jochen/Nolda, Sigrid/Dinkelaker, Jörg/Herrle, Matthias (2015): Videographische Kursforschung. Empirie des Lehrens und Lernens Erwachsener. Stuttgart: Kohlhammer.

Kade, Jochen/Seitter, Wolfgang (2004): Selbstbeobachtung: Professionalität lebenslangen Lernens. In: Zeitschrift für Pädagogik 50 (3), S. 326–341.

Kade, Jochen/Seitter, Wolfgang (2007): Umgang mit Wissen. Recherchen zur Empirie des Pädagogischen. Band 2: Pädagogisches Wissen. Opladen: Barbara Budrich.

Koring, Bernhard (1988): Erwachsenenbildung und Professionstheorie. Überlegungen im Anschluss an Oevermann. In: Harney, Klaus/Jütting, Dieter/Koring, Bernhard (Hrsg.): Professionalisierung der Erwachsenenbildung. Fallstudien – Materialien – Forschungsstrategien. Frankfurt a. M.: Peter Lang, S. 357–400.

Koring, Bernhard (1996): Zur Professionalisierung der pädagogischen Tätigkeit. In: Combe, Arno/Helsper, Werner (Hrsg.): Pädagogische Professionalität. Untersuchungen zum Typus pädagogischen Handelns. Frankfurt a. M.: Suhrkamp, S. 303–349.

Kraft, Susanne (2006): Umbrüche in der Weiterbildung – dramatische Konsequenzen für das Weiterbildungspersonal. Bonn. URL: http://www.die-bonn.de/esprid/dokumente/doc-2006/kraft06_01.pdf [letzter Zugriff: 26.09.2017].

Kraft, Susanne/Seitter, Wolfgang/Kollewe, Lea (2009): Professionalitätsentwicklung des Weiterbildungspersonals. Bielefeld: Bertelsmann.

Lencer, Stefanie/Strauch, Anne (2016): Ein Kompetenzmodell für Lehrende in der Erwachsenen- und Weiterbildung. Erste Ergebnisse aus dem Projekt GRETA. In: DIE – Zeitschrift für Erwachsenenbildung 23 (4), S. 40–41.

Fangmeyer, Anne/Mierendorff, Johanna (Hrsg.) (2017): Kindheit und Erwachsenheit in sozialwissenschaftlicher Forschung und Theoriebildung. Band der Reihe ‚Kindheiten – Neue Folge'. Weinheim/Basel: Beltz Juventa.

Nationales Forum Beratung in Bildung, Beruf und Beschäftigung (2006): Leitdokument – Mission Statement. URL: http://www.forum-beratung.de/cms/upload/Miss.Statement_aktualisierter_Vorstand_und_Layout_2016.pdf [letzter Zugriff: 26.09.2017].

Nittel, Dieter (2000): Von der Mission zur Profession? Stand und Perspektiven der Verberuflichung der Erwachsenenbildung. Bielefeld: Bertelsmann.

Nittel, Dieter (2011): Von der Profession zur sozialen Welt pädagogisch Tätiger? Vorarbeiten zu einer komparativ angelegten Empirie pädagogischer Arbeit. In: Helsper, Werner/Tippelt, Rudolf (Hrsg.): Pädagogische Professionalität. Zeitschrift für Pädagogik 57. Beiheft. Weinheim/Basel: Beltz, S. 40–59.

Nittel, Dieter/Schütz, Julia/Tippelt, Rudolf (2014): Pädagogische Arbeit im System des Lebenslangen Lernens. Ergebnisse komparativer Berufsgruppenforschung. Weinheim/Basel: Beltz.

Nittel, Dieter/Völzke, Reinhard (2002): Jongleure der Wissensgesellschaft. Das Berufsfeld der Erwachsenenbildung. Neuwied: Ziel.

Nolda, Sigrid (2001): Das Konzept der Wissensgesellschaft und seine (mögliche) Bedeutung für die Erwachsenenbildung. In: Wittpoth, Jürgen (Hrsg.): Erwachsenenbildung und Zeitdiagnose. Theoriebeobachtungen. Bielefeld: W. Bertelsmann, S. 91–117.

Nuissl von Rein, Ekkehard/Dollhausen, Karin (2011): Kulturen der Programmplanung. In: Zeitschrift für Pädagogik 57 (1), S. 114–129.

Oevermann, Ulrich (1976): Programmatische Überlegungen zu einer Theorie der Bildungsprozesse und zur Strategie der Sozialisationsforschung. In: Hurrelmann, Klaus (Hrsg.): Sozialisation und Lebenslauf. Reinbek bei Hamburg: Rowohlt.

Otto, Volker (Hrsg.) (1997): Professionalität ohne Profession: Kursleiterinnen und Kursleiter an Volkshochschulen. Bonn: Deutscher Volkshochschulverband.

Peters, Roswitha (2004): Erwachsenenbildungs- Professionalität. Ansprüche und Realität. Bielefeld: Bertelsmann.

Pongratz, Ludwig A. (2008): Lebenslanges Lernen. In: Dzierzbicka Agnieszka/Schirlbauer, Alfred (Hrsg.): Pädagogisches Glossar der Gegenwart. Von Autonomie bis Zertifizierung. Wien: Löcker, S. 162–171.

Reichart, Elisabeth/Lux, Thomas/Huntemann, Hella (2018): Volkshochschul-Statistik: 56. Folge, Arbeitsjahr 2017. https://www.die-bonn.de/doks/2018-volkshochschule-01.pdf [letzter Zugriff: 30.10.2019].

Schäffter, Ortfried (1993): Die Temporalität von Erwachsenenbildung. Überlegungen zu einer zeittheoretischen Rekonstruktion des Weiterbildungssystems. In: Zeitschrift für Pädagogik 39, S. 443–462.

Schiersmann, Christiane (2015): Beratung. In: Dinkelaker, Jörg/Hippel, Aiga von (Hrsg.): Erwachsenenbildung in Grundbegriffen. Stuttgart: Kohlhammer.

Schütze, F. (2021). Professionalität und Professionalisierung in pädagogischen Handlungsfeldern: Soziale Arbeit. Opladen: Barbara Budrich, UTB.

Schulenberg, Wolfgang (1972): Zur Professionalisierung der Erwachsenenbildung. Braunschweig: Westermann.

Seitter, Wolfgang (2001): Von der Volksbildung zum lebenslangen Lernen. Erwachsenenbildung als Medium der Temporalisierung des Lebenslaufs. In: Friedenthal-Haase, M. (Hrsg.): Erwachsenenbildung im 20. Jahrhundert – was war wesentlich? München/Mehring.: Hampp, S. 83–96.

Seitter, Wolfgang (2015): Profession und Professionalität. In: Dinkelaker, Jörg/Hippel, Aiga von (Hrsg.): Erwachsenenbildung in Grundbegriffen. Stuttgart: Kohlhammer, S. 87–92.

Siebert, Horst (1991): Programmplanung als didaktisches Handeln. In: Tietgens, Hans (Hrsg.): Didaktische Dimensionen der Erwachsenenbildung. Frankfurt a. M.: DIE, S. 90–108.

Tenorth, Heinz-Elmar (1992): Laute Klage, stiller Sieg: Über die Unaufhaltsamkeit der Pädagogik in der Moderne. In: Benner, Dietrich/Lenzen, Dieter/Otto, Hans-Uwe (Hrsg.): Erziehungswissenschaft zwischen Modernisierung und Modernitätskrise: Beiträge zum 13. Kongreß der Deutschen Gesellschaft für Erziehungswissenschaft vom 16. – 18. März 1992 in der Freien Universität Berlin. Weinheim u. a.: Beltz, S. 129–139.

Tietgens, Hans (1981): Teilnehmerorientierung als Antizipation. In: Breloer, Gerhard/Dauber, Heinrich/Tietgens, Hans: Teilnehmerorientierung und Selbststeuerung in der Erwachsenenbildung. Braunschweig: Westermann, S. 177–235.

Tietgens, Hans (1988a): Professionalität in der Erwachsenenbildung. In: Gieseke, Wiltrud (Hrsg.): Professionalität und Professionalisierung. Bad Heilbrunn: Klinkhardt, S. 28–75.

Tietgens, Hans (1988b): Professionalität in der Erwachsenenbildung. In: Hessische Blätter für Volksbildung 38 (2), S. 88–97.

Tietgens, Hans (1991): Didaktische Dimensionen der Erwachsenenbildung. Frankfurt a.M.: DIE.

Wittpoth, Jürgen (1997): Erwachsenenpädagogische Professionalität. In: Arnold, Rolf (Hrsg.): Qualitätssicherung in der Erwachsenenbildung. Opladen: Leske + Budrich, S. 63–77.

Wrana, Daniel (2006): Ökonomisierung und/oder Pädagogisierung der Weiterbildung. Überarbeitete und durch Literaturverweise ergänzte Fassung des Vortrags im Panel Weiterbildung und Gouvernementalität auf dem DGFE-Kongress 2006 in Frankfurt. Online-Ressource: verfügbar unter www.forschungsnetzwerk.at/downloadpub/wrana.pdf [Letzter Zugriff: 11.10.19].